よくわかる中国道教文化

趙益
王楚　著
青山優太郎　訳

グローバル科学文化出版

目次

まえがき

陳　洪
徐　興無

私たちは文化の中で生活していて、「文化」とゆう言葉をよく口にする。だが、いざ文化とは何かを説明してもらうと、曖昧な言い方になってしまうかもしれない。これは我々のせいではない。学界にも百六十余りの文化に関する定義があるという。定義が多いからと言って、人々の思想が混乱しているというわけではない。それは「文化」の内包が多く、一言では語り切れないのである。イギリスの文化人類学者エドワード・タイラー（１８３２〜１９１７）は１８７１年に大著『原始文化』を発表し、文化の概念を初めて明らかにした。「文化、あるいは文明とはすなわち広汎な民族学上の意義から言えば、あらゆる知識、信仰、芸術、法律を含み、かつ社会成員として求められる才能や習慣の集合体である」[1]。実は、「文化」とは、いわゆる「自然」に対して言うもので、中国古代の観念では、

1　（英）エドワード・タイラー『原始文化』、連樹声訳、広西師範大学出版社、２００５年、１ページ。

自然は「天」に属し、文化は「人」に属し、人類の活動が成果を伴えば、それらは全て文化に帰結できるのである。孔子は「飲食男女、人之大欲存焉（飲食と男女間の愛は人の大きな欲望がとどまる所）」[1]という。このような自然な欲望から見ると、人類の活動および創造は生産と生殖という二種類にすぎない。そして目標はただ二つ、生存と発展である。しかし、人間の生殖と生産は自然の意味での種の継続と食料の摂取ではなく、人間は物質的な富と精神的な富を作り出し、もう天のお陰で口過ぎするのでなく、人間は遺伝子を伝達・交換するだけでなく、文化知識、知恵、感情と信仰を継承、交流し、人種の繁殖と持続も文化の延長となった。だから、文化は人類の創造能力に根ざしている。文化は人類を自然から解放させて、自分の世界を創造し、さらに私たちの文化で自然を利用し、自然を変えるのである。

文化は永遠に止まらない人類活動に存在するため、人間の文化は豊富・多彩で、変わり続けるのである。異なった文化には、異なった方向性、異なった特質、異なった形式がある。これらの差異があるからこそ、衰微し、さらには消えてしまう文化もあれば、更新していく文化もあるのである。「文化」という用語は名詞というより、動詞というほうがいいとさえ言われている。[2]本世紀初めに国連教育科学文化機関（ユネスコ）が発表した『世界文化レポート』に次の文がある。すなわちグローバル化が

1　『礼記・礼運』
2　（蘭）ヴァン・ペルセン（Van Peursen, C.A.）『文化戦略』、劉利圭等訳、中国社会科学出版社、1992年、2ページ。

進み、かつ情報技術の革命が進む中で「文化はもう昔のように思われていた静止、閉鎖、固定されたものではない。文化は実際、マスメディアやインターネットを通して国境を超え交流し、かつ創造することができるものとなった。我々は今、文化をすでに完成した製品ではなく、一つの過程とみなすべきである」[1]。

文化とは何かを知った後、また文化観とは何かを理解する必要がある。これはすなわち、人々が文化に対する認識および態度である。文化観は先に次の問いに答える必要がある。すなわち、我々の文化はどこから来たのか？という問いである。異なった民族、宗教、文化共同体における人々の見方はひときわ異なって見えるが、古来、人類は共通の信仰を持っていた。それは、文化は我々のような平凡な人々によって創造されたものではないということである。

神から与えられたものと考える人がいる。例えばギリシャ神話で、神の末裔であるプロメテウスは人間を作り上げ、しかも人間に天文地理の知識、舟車の作り方、文字を教え、そして天上から火を盗んで人間に与えたという。ヘブライ文化を代表する旧約聖書では、神は一週間かけて世界を創造し、六日目には自身の姿、形そっくりに人間を創造し、食べ物を得る方法を教え、人間に世界を管理する文化的使命を与えたという。

1　国連教育科学文化機関（ユネスコ）編『世界文化報告――文化的多様性、衝突与多元共存』、関世傑等訳、北京大学出版社、2002年、9ページ。

聖人によって創造されたとする説もあり、この点で中国の古代文化は代表的である。火は燧人氏によって発見され、八卦は伏羲によって描かれ、舟車は黄帝によって造られ、文字は倉頡氏によって造られた……。しかし、聖人の文化創造は、空想によってつくられたものではなく、天地万物と自身の啓示を受けたものである。中国の古い『易経』には、古代聖人の造物《ぞうぶつ》の方法として、「仰則觀象於天、俯則観法於地、觀鳥獸之文與地之宜、近取諸身、遠取諸物（仰《あお》いでは象を天に観《み》、俯《ふ》しては法を地に観、鳥獣の文《ぶん》と地の宜《ぎ》を観、近くはこれを身に取り、遠くはこれを物に取る）」とある。『易経』は最初に中国の「文化」と「文明」の定義を与えた。「剛柔交錯、天文也。文明以止、人文也。觀乎天文以察時變、觀乎人文以化成天下（剛柔交錯するは天文なり。文明にして止まるは人文なり。天文を観て、以て時変を察し、人文を観て、以て天下を化成す）」。文は文才、質感を指し、文飾と秩序である。剛と柔の力が交わることで、宇宙はカオスから抜け出し、天文になった。天文の明るい光は人間の模倣によって利用され、そこで野蛮さから解放され、人文が生まれた。聖人は天文を観察することによって、自然の変化を予知する。人文を観察することによって、人類社会を教化する。また、『易経』には、「一陰一陽之謂道。繼之者善也、成之者性也。仁者見之謂之仁。知者見之謂之知（一陰一陽これを道と謂《い》う。之を繼ぐ者は善也。之を成す者は性也。仁者は之を見て之を仁と謂ひ、知者は之を見て之を知と謂ふ）」とある。宇宙・自然には「道」が存在・運営されており、そこには陰陽という二つの動力が含まれ、男と女が子供を産むように、物事にいろいろな本性を与え、聖人、君子だけが「道」に啓発され、その中から知恵を得ることができる。その自覚と意識は、現代文化論でいう「文化の自覚」に相当する。

では、なぜ聖人はこのようにしたのか。それは我々平凡な人々は「文化の自覚」の心を有しておらず、身もまた「道」の中にあるか知らないためである。『易経』は「百姓日用而不知、故君子之道鮮矣（百姓《ひゃくせい》は日々に用ひて而《しか》も知らず。故に君子の道鮮し）と慨嘆した。「君子の道鮮し」とは何か。「鮮」は少ないということで、文化が優れていないという意味なので、聖人が啓蒙してくれるのを待たなければならない。中国文化における文化の使命は聖賢によって担われるので、だから孟子は天が人民を産み、その中の「先知覚後知（先知をもって後知を覚らせる」、「先覚覚後覚（先覚をして後覚を覚さしむ）」を教えたという。[1]

文化は神から与えられたものであっても、聖人が創造したものであっても、崇高で神聖なものである。そのため、各文化共同体の人々は、自分の文化を認め、賛美し、自分の文化や価値観で自然、社会、自己を見つめ、個人の心と環境の関係を調節し、調和のとれた行動様式を養成する。

中国は今まさに文化について語ることを好む時代にある。一般の人々は茶文化、酒文化、美食文化、養生文化に注目している。これは我々が日常生活の中で価値や意義を探っているということを意味している。社会や国家は政治文化、道徳文化、風俗文化、伝統文化、文化継承や創造に注目し、優秀な伝統文化を発揚することを提唱している。これは、我々が国家と民族のために精神力と発展の方向を

1 『孟子・万章』

求めるということを示している。神や聖人が天下を統治し、かつ教化する時代は既に歴史となった。私たち平凡な庶民だけが「文化の自覚」を持ち、私たち一人ひとりが文化の継承者であり、創造者であることを認識してこそ、社会と国家全体が「文化の自信」を持つことができる。

しかし、私たちは「百姓日用而不知（百姓は日々に用ひて而も知らず）」「文化蒙昧《もうまい》」の時代から脱せば離れるほど、私たちの「文化の自覚」を深く反省しなければならない。なぜなら「文化の自覚」とは、至るのが難しい境地だからである。文化を語ることが好きで、文化を知っている、あるいは「文化の意識」があると「文化の自覚」があるのでしょうか？答えは否である。たとえば、我々は「文化の自負心」や「文化の劣等性」という二つの文化意識をよく表現しているが、なぜそうなったのでしょうか？私たちは単一不変の文化の中で生きていることができないからである。昔から、中国の文化は、絶えず異文化と出会い、対話・衝突・融合してきた。中国の文化はもはや古代の文化ではなく、絶えず変化している。この時、私たちは自分たちの文化に縛られたり、異文化に左右されたりして、間違った文化意識を持ってしまうこともある。孔子が川の流れを見つめながら「逝く者は斯かく の如きか」といった。流水はこのようで、文化もこのようである。中国文化の主流と脈絡について、私たちは「春江水暖鴨預言者」（春の川の水が暖かくなってきたことはカモが先ず第一番目に知る）」のような親切な体験と微細な気づきがあるだけでなく、孔子のように岸に立って観察し、人類の歴史という長い時間座標と世界の多元文化という空間座標で中国文化を位置づけてこそ、初めて優れる見識と客観的真実の知識を得ることができる。異文化と交流・参考・融合する能力を強化し、自分の文化を革新する能力を強化し、これは「文化自主」の能力とも呼ばれる。中国現代社会人類学者費孝通はこう言う。

「〝文化の自覚〟は今の時代の要求であり、それは一定の文化に生活している人がその文化に対する自覚を持って、そしてその発展の過程と未来に対して十分な認識があることを指しており、文化の自覚は全世界の範囲内で〝和而不同〟を提唱する文化観の具体的な体現であると言えるかもしれない。中国の文化がグローバル化の流れへの対応につながり、大いに活かされることを願う」[1]

もし「文化の自覚」の意識を有したのであれば、「文化の自信」の心態をつくり、かつ「文化の自主」の能力を増強することが求められる。したがって、我々のような一般的な民衆は絶えず自らの文化を理解することが求められるとともに、異文化をも理解することが求められるのである。

中国文化は極めて奥深いが、決してその門を入ってはいけないわけではない。このため、私たちは中国文化に関する知識叢書を共同で編纂し、読者に中国文化の発展過程、特徴、成果、制度文明と精神文明などの主要な知識を紹介した。

中国文化は「天人合一」（天・人を対立するものとせず、本来それは一体のものであるとする思想）

1　費孝通「経済全球化和中国〝三級両跳〟中的文化思考」、『光明日報』、2000年11月7日。

を尊び、中国人が本を書くのにも「究天人之際、通古今之変」（天人の際を究め、古今の変を通じる）という理想があり、本の内容を宇宙の秩序に沿って並べている。例えば、中国古代の儒教教典の一つである『周礼』は、時空の秩序によって周王朝の官制を天、地、春、夏、秋、冬の六官に分けて記述した。秦の呂不韋が学者に命じて編集させた史論書『呂氏春秋』は、一年十二月の順序で十二紀を編集した。晩唐の詩人司空図の詩論書『詩品』は、太陰太陽暦の二十四節気にちなんで、詩中に表出される情趣を「雄渾」から「流動」に至る二十四類に分かって、『二十四詩品』と称した。私たちのこの叢書は、中国文化の内容を網羅することはできないが、中国文化の趣を体現したものとなっていることを願って、そこで「二十四品」の雅号を借りて、一組の中国文化の小品を献上し、読者はきっと小をもって大を知り、やさしいところから難しいところへ一歩々々進み、古人の言葉のように、「嘗一臠肉知一鑊味」（一臠《いちれん》の肉を嘗めて一鑊《いっかく》の味を知る）ができると信じている。

２０１５年７月

道教とは何か

魯迅はかつてこう言う。

「人は往々にして僧を憎んだり、尼を憎んだり、教徒を憎んだり、道士を憎んだりしない。この道理を知っている者は、中国の大半を知っている」「中国は道教に根ざしている……このように歴史を読むと、多くの問題がすらすらと解決できる」

現代中国において、我々は黄色い衣を纏った僧侶にしばしば出会うかもしれない。しかし、青色の服を着た道士に出会うことはまずない。道教に接触しても、長生成仙、錬丹修真、符籙、呪禁に関する一部の直感的な印象だけではなく、ほとんどはすでに道教の本当の内包を知らず、まして魯迅の至言を理解するなど言うまでもない。この状況は全く意外ではない。一方で、中国の近代化百数年来の社会の変化は激しく、深層の内質はしばしば外部の幻影・グレアに遮蔽される。一方で、常人は貴遠卑近で、(学術研究で)古代のものを重んじ現代のものを軽んじる。日常的で手近なことに慣れがちで、その問題に気づかない。廬山の本当の姿を知らないのは、ただ私が山中にいたからである。

実際、中国と海外の道教研究者らにとり、「道教とは何か」ということも答えに窮する問題の一つである。「道教」の性質、内包及びそれと中国文化との深い関連について、異見がまちまちであるだけでなく、しかも相当な曲解が存在している。したがって、先の魯迅の言説を巡っては賛同した者もいれば、また批判した者も存在するのである。しかしながら、その言説の意味を深く理解する、もしくは読み取ることができる人は極めてまれである。これも不思議ではない。なぜなら道教は非常に複雑で、同時に有耶無耶な現象だからである。「道教とは何か」という問いは、ほとんどの道教研究者にとり、必ず直面しながら、どうしようもない難問となっている。だから、道教とその中国文化の中での役割について深く理解しようとする人は、まずこの問題から始めなければならない。

道教とは何かを明らかにするためには、宗教とは何か、そして中国社会における宗教状況から話さなければならない。

宗教およびその意義

「宗教」という言葉は、近代日本の学者が西洋から来たことば「Religion」を翻訳したもので、中国仏教の古い合成語を使った。「宗教」は一つの並列複合語として、唐代の「仏陀の教えを教とし、仏弟子の教義を宗とする」という部派《ぶは》仏教の説に由来している。正直に言えば、日本人学者は部派仏教の原始的な意味を考慮したかどうかに関わらず、この「旧瓶」に「新酒」を盛れ、特に「教」と「宗」の二字を意味の上から組み合わせて、中国と西洋を同時に考慮し、翻訳に巧みである。

宗教

宗教は人類文明の表徴の一つである。古代から現在、そして未来に至るまで存在するものである。しかし、我々は宗教を明確かつ詳細に定義することは難しい。それは宗教が複雑かつ深淵なものであり、全てを網羅するのは不可能だからである。違った角度から見れば、視点によって得られた結論は千差万別である。しかし、これは我々が宗教に対して深い理解を得てはならないということを意味しない。宗教を考察する中で定義の難しさ、視点の多様化と理論の差異は、まさに宗教の複雑な内包に対する理解の深さを物語っている。

全体としては、宗教は超自然的な力とそれを持った人格化した「神」に対する信仰である。このような信仰は熱狂的な崇拝と友愛の心に符合し、人々は奉祀を通じて神の報いと引き換え、自身の苦難を解決できると信じている。

古代も現代も未来の人類も、人間の力では左右できない現実的なジレンマと、解けない究極の疑問が存在することが知られている。いかなる技術的な手段も、有効であれ無効であれ、人間の道徳や良心には何の役割もないということを、古代の人々はとっくに発見していた。[1] 同時に、これらの手段が

1　（米）ウィリアム・A・ハヴィランド『文化人類学』（第十版）、上海社会科学院出版社、2006年、392ページ。

仮に有効であっても、彼らが直面する切迫した問題の根本的な解決にはならないということは、事実が証明している。そこで、神は誕生した。ただ一種の超自然な力が、人間に挑戦を乗り越え、問題を解決する希望を持たせているからである。人々のこのような希望が強くなると、宗教が生まれた。

原始宗教

最初の宗教はしばしば「原始宗教」あるいは「原始呪術――宗教」と呼ばれ、その形態は極めて複雑で、単に呪術、汎霊観（あるいは「万物に霊観念がある」）から多神教、単一神教への単線進化ではなく、一貫して大集合であった。人類学者がまとめた多くの現象、例えば汎霊観念、汎生観念、自然崇拝、何らかの魔法行為の占い、呪術や巫法、精神瞑想、召魂降霊、神秘主義、巫医、偶像崇拝、巫技、シャーマニズム、ブードゥーやブードゥー教のトーテム崇拝、中国文明で顕彰されている祖先崇拝、霊肉不死などは原始宗教の範疇に含まれる。

原始宗教は先民の自然と人類自身に対する反省から始まり、環境災害と集団生活の苦境に対処する時の無力さと孤立無援を強化し、知識の蓄積を促進しただけでなく、社会組織の発展と道徳倫理の建設を推進し、文明発生の重要なシンボルの一つである。原始宗教の顕著な特性は「原生性」であり、「原生性宗教」とも呼ばれる。原生的な宗教は創生ではなく自発的に発生し、それは「数千年にも及ぶかもしれない様々な時代の思想の堆積」[1]であり、その歴史の中に明確な創教人、形成時代とはっきりし

1　（英）アーチボルド・ロバートソン『基督教的起源』、宋桂煌訳、生活・読書・新知三聯書店、1958年、11ページ。

た累積過程がない。

少し留意するだけで、私たちの現代の人々は、これらの原始宗教の要素が道教やその他の民間信仰の中でまだ生きていることを発見するのは難しくない。これは普通のことで、原始的な宗教は先史時代から近現代まで続き、それは死んだのではなく生きていて、ずっと社会生活の各方面に作用を発揮しているからである。[1] 文明時代の「原生性宗教」は、その主な形態が民間信仰であり、古代中国では典型的だった。これを理解することは、道教を知る上で重要な基本である。

創生宗教

人類の文明がさらに発展し、社会、経済が著しく変化した時、「創生性宗教」が現れた。創生性宗教は、既存の原始宗教の伝統に由来し、また改革、革新を加えた新興宗教であり、それらはいずれかの人またはいくつかの特殊な群体である――多くの場合、歴史に真実の名前を残していないが――自分の宗教信念に基づいて自発的に創建され、確定的な創教時間と形成過程がある。創生性宗教は階級社会の苦難生活に由来し、特に人々の普遍的関心のある問題、例えば人の世の苦難の根本と解決方法、善と悪の出所、性質と結果、そして現世と彼岸の世界の関係などを強調した。[2] 創生性宗教は、最初は末世

1　金沢『宗教人類学導論』、宗教文化出版社、２００１年、１０４ページ。
2　同上。

観に基づく宗教の救世運動として表現されていたが、次第に多くの知識人が義理建設に参加するようになり視野が広がり、単純な救世運動から根本的な問題に対する考え方や徹底した解脱へと発展していった。このような思考が宇宙、社会、人生の本質を探求する高度に上昇し、建設されると、言語、人種、地域、政治を越えて世界性を持ち、いわゆる「民族宗教」から「世界宗教」に発展する。人々が周知のキリスト教、仏教、イスラム教はすなわち三大世界性の創生宗教である。古代から今まで創生性宗教は絶えず存在し続けてきたが、これは永遠に止まることはないだろう。道教は創生宗教の性質を持っていて、ただそれは比較的に長い歴史期間の原始宗教、各種の創生宗教と本土の世俗観念の包容体である。これについては、以下で詳しく検討する。

宗教は本質的に非理性的であり、現実を否定するものであるから、創生性宗教と文明が発達した世俗社会、特に実用的な理性の上に成立した文化との間には根本的な対立が存在している。これによって、創生性宗教は、宗教の根本的な気質を堅持するか、世俗と妥協するかというジレンマに一貫して直面している。歴史の発展過程で無数の創生宗教は、現実を徹底的に否定する宗教の天性（性質）から、救世運動の革命と解脱を求める極端な方式を堅持し、それによって世俗の倫理と対立して、結局政治と社会の二重の圧力を受けて、最後に地下に入っていわゆる「秘密宗教」になった。一方、多くの義理化された創生宗教も絶えない改革を通じて、現実の政治、世俗文化との関係をうまく処理して、自分の生存を解決した。そして、より完備した教団組織制度、礼儀規戒制度と宗教職業者チームを創立して、[1]自分の存在を保障することを前提として、その最終目標の実現を画策した。しかし、世俗的な理性と社会の現実と完全に妥協すれば、必然的に自分と対立するようになり、宗教としての存在基盤を失い、結局は世俗文化と統合される。中国の古代社会における各種宗教要素（原生宗教と創生宗教を含む）は、往々にしてこのようである。

今日になって、宗教はまた著しく変化した。多くの古い宗教は絶えずの義理化、制度化、体系化を通じて発展し、現代文化の構成部分になった。同時に、新しい創生宗教は絶えず活気に満ちており、それらは現代社会の一般的な宗教生活の多彩な内容を構成している。

宗教の意義

宗教の意義は極めて深く、そして広い。文明の発展について言えば、宗教は人類の高級段階の産物である。人が神を創造したのであって、神が人間を創造したのではなく、宗教は実際に人の人柄（立派な人間としてふるまう）に対する崇拝と信奉であり、それは人と動物の本質的な区別――意識に由来する。（ソ連）クレビライフが『宗教史』で述べたように、「人間の想像がある程度進んでこそ、経験の現実から脱して、一般的な表象、ひいては概念を形成し、仮想的な構造を作り出すことができる」。[2]宗教の義理化という特質は、主に精神、思想、観念、心理状態、感情と価値の体系の方面に現

1　金沢『宗教人類学導論』、宗教文化出版社、２００１年、１０４ページ。
2　（ソ連）クレビライフ『宗教史』（上冊）、王光容等訳、中国社会科学出版社、１９８１年、12ページ。

れて、同時に倫理、道徳、法律と哲学などの具体的な内容を内包しており、全てを網羅した観念体系である。

宗教の目的は人生の根本的な問題を解決することである。だから、自然と社会の真実を絶えず探求し、巨大な認知能力を発展させ、俗化と神聖化を結合した宇宙哲学と人生哲学になる。しかし、現実的な苦痛や宇宙の存在などの根本的な問題は最終的な解答を得ることができないので、宗教が得るのは常に一種の儚い、歪曲した解決のモードであり、時には必然的に階級の烙印を押されて、大衆の精神のアヘンになる。それにもかかわらず、「完璧な彼岸の存在」は人間の内在的な需要であり、人間の「究極のケア」でもある。同時に、人間性を神性すなわち人間が創造した最高の理想化境界に見倣すように努力することは、人間自身の問題解決に対する渇望とたゆまぬ追求を反映し、人間の努力の方向を代表している。

中国古代社会における宗教状況

中国文明の発祥は非常に早く、少なくとも紅山文明の時期には既に原始宗教観念を根づいていた。明らかなことは、商代文明がすでに「家為巫史」の状況に別れを告げ、「民神異業、敬而不遜（民、神は業《しごと》を異《こと》にして、敬《うやま》って瀆《けがす》さず）」という原始宗教の成熟した段階に入り、「殷人尊神、率民以事鬼、先鬼後礼（殷人は神を尊び、民を率いて以って神に事《つか》え、鬼を先にして礼を後にする」（『礼記』）。ト辞から考察すると、商代人の崇拝は分散して具体的で、天神、地祇、人鬼、さらには最高神「帝」に至るまで含まれていないものはない。

全体的に見れば、中国の原始宗教は多彩であり、様々な形態が表現されていたが、シャーマニズム、自然崇拝、祖霊崇拝が比較的に突出している。特に「シャーマニズム（Shamanism）」とは、十七世紀末に西洋の旅行家アーヴィング・イイスブラント・イディッシュが極東のツングース地方で発見・命名した一種の信仰形態であり、後に文化人類学者の研究を経て、世界的にも遺存する原始宗教的なタイプであるとされている。[1]シャーマニズムの本質は、「シャーマイン」が人神の仲介役となり、宗教的な呪術儀礼を借りて神霊と交流し、人神の仲人として歌を舞い、酔いし紛れに神を招いたり、神に憑依させたりして、魔よけ、病気を治し、雨を作り、占いや予言を行うことである。中国の原始時代の「巫覡《げき》」（覡＝男の祈禱師）は「シャーマニズム」に近い。巫女は神を降ろす役割をし、神の依り代となる（神の人への憑依）。例えば、商代の巫師の主要な活動は天地を貫くこと、即ち天に神を見たり神を降地させることであり、比較的典型的な「シャーマニズム」に属する。ある程度言えば、このタイプは中国の原始宗教の主要な形態の一つであり、ただ中原地区の文明が発展してから次第に消えて、中国の周縁地区、例えば東北とシベリア地区で保留されている。実際、荊楚・呉越地方では、

1　孫作雲『中国古代神話伝説研究（下）』、『孫作雲文集』第三巻、河南大学出版社、２００３年。烏丙安『神秘的薩満世界』、上海三聯書店出版社、１９８９年。秋浦『薩満教研究』、上海人民出版社、１９８５年。

原始信仰は常にシャーマニズムの風格を呈しており、『九歌』が残した資料によると、南方地区は少なくとも六朝《りくちょう》時代まで[1]、薩満の呪術はまだかなりの遺存があり、南方の一貫した原始宗教の特色を反映して、後漢以来の北方中心地区の一脈相伝の、解除、避禍、ケギルを根本的な目的とする祈禁咒式の民間信仰とかなりの違いがある。そのため、道教の「形成」時期における様々な原始宗教由来の属性の相違をもたらした。

しかし、中国文明の成長の著しい特色は原始宗教が早くから消え始めたことである。主流文化地区、例えば中原華夏文化地区が最も顕著である。周代人の宗教は自然崇拝と祖先崇拝を主とし、「国家」の面から祭祀を展開し、「天命」観念を発展させ、そして天命に従うことから出発して徳を重んじて民を守り、「呪術——宗教」を礼楽に変えた。このようなシャーマン風は少なくとも西周初期には主流ではなく、典型的な表現の一つである。孔子の「鬼神を敬って遠き道を行く」「怪力乱神を語らず」は、エリート思想の実現が神本位主義から人間本位へと転換したという標識である。

原始宗教が次第に衰退した根本的な原因は、中原文明の実用理性精神の発展から始まった。この精神の核心は「現実の存在」が「究極の存在」を超えていることに注目して、現世の現実に有利なすべての法則は正しいことであり、すべて実用的なのは「天命」の規定である。実用理性は根本的に農業環境とその経済形態による結果であり、そして春秋戦国のような「枢軸となる時代」の文明が絶えず

1　六朝とは、中国史上で建康（建業）に都をおいた、三国時代の呉、東晋、南朝の宋・斉・梁・陳の総称。

深化・強化させ、伝統を形成した。実用性に影響された中国の古代社会では、エリート大伝統も民俗小伝統も、宗教色が極めて薄い。「天神――地祇――人鬼」の多神信仰や祖霊崇拝などは常に存在しているが、その派生産物――儒家思想が主張する「神道設教」か、民俗社会で流行している様々な民間宗教信仰はすべて「神」から「人」に帰し、人世の倫理道徳に同化され、次第に合流していく。すべて世俗の倫理に反した荒唐無稽な「淫祀」、「迷信」の内容は、精華伝統、世俗政治だけでなく、一般的な社会観念にも排斥されていた。

原始宗教はこのような軌跡を辿ったが、創生宗教は尚この運命を脱していなかった。中国の古代階級社会が発達・成熟して後、気候がもたらした自然災害が頻発し、農耕を巡る人と地の葛藤、農耕・遊牧両区域の対立と融合などの要因が、人々の生活を困難にし、階級の抑圧が深く、現世に不満を抱いて神霊に訴えて苦難から逃れ、解脱しようとする創生宗教はいつまでも続いた。外から来た仏教も短い時間で東アジア世界に広まった。実際、中国の歴史上のほとんどの大小規模暴動は、東漢の「太平道」の黄巾蜂起から清朝末期の「太平天国」に至るまで、いずれも「末世観」に影響された宗教救世運動であった。しかし、実用理性伝統の強大な力と、儒家の思想が人の世の倫理を構築するたゆまぬ努力によって、ほとんどの創生宗教は漸く消滅したのではなく、政治統治、世俗文化と社会一般の価値観念と妥協した。仏教の中国化と道教の他の創生宗教に対する包容と改造は、この歴史的事実を最もよく説明した例証である。このような態勢の下で、世俗と対立した立場を固守してきた宗教は、地下に入って「秘密宗教」になったほかないが、同化していく運命から脱することはできなかった。

もちろん、すべての宗教が生き残るためには、政治や世俗の文化倫理との関係をうまく処理し、自らの物質的土台を作らなければならない。問題は、中国古代の創生宗教は民族全体の信仰を形成しておらず、国家権力と統合して一つになっていなかった。制度化によって比較的独立した教団が形成されたが、政治とは完全に一線を画してはいなかった。さらに重要なことは、仏教であれ道教であれ、宗教的に行われた義理化の進行は、根本的に現世の倫理と融合しているにすぎないということである。総合的に見ると、中国古代の創生宗教は絶えず続いていたが、ほとんどは中国の文化内核と高度に合致した。

中国古代宗教の発展や変化、形成の歴史過程で全社会を主導したのは、血縁や道徳に基づいた儒家思想である。それは本質的にはすべての宗教を排斥したが、宗教がそれに近づくことや帰依することに反対していなかった。だから、中国の古代社会には宗教がなかったとは言えないが、中国の古代宗教は独特な「宗教性」を持っていた。この独特な「宗教性」は宗教と世俗倫理の深い融合であり、道徳や絶対精神に対する誠実な信仰が人格化された神への崇拝に取って代わったといえる。その結果、呂思勉の言葉を用いて、「中国はこれまで宗教、哲学と人倫日用の軌範に一貫しており、決して分裂していない。儒・釈・道は三教といって、並行して非矛盾であり、その名は違うが、実は大きな違いはない」[1]。

1　呂思勉『両晋南北朝史』、上海古籍出版社、1983年、1371ページ。

以上は理論面の分析にすぎない。理論的に見ても、中国の古代宗教の実態を完全に理解できないことは明らかである。中国の古代宗教、特にその宗教の特質を理解する一番いい方法は、目をそれらの深い経巻から一時的に外して、私たちが置かれている社会と具体的な生活に向けることである。

今日でさえ、祖先を尊敬する以外に、中国人の最もよくある宗教の行為はどこにも神がいるので、神がいて礼拝して、最も卑しい土地、城隍（町の守り神）から、玉皇大帝（道教諸神の最高神）まで、天・地・山・川それとも江・河・湖・海であろうと、更には各郷と各村にも、それぞれ神が存在するのであり、信仰の対象となっているのである。拡大して見ると、中国の古代社会は無数の神霊から構成された一つの巨大な祠廟であり、人々は祠の神は仏であり道であり、仙であり鬼であるとは全く気にしないで、何か効き目があると、すぐ線香が尽きない。祖先崇拝、神崇拝、歳時の祭儀、生命礼俗、おまじないの法術などを含む一連の信仰と義理化された仏、道教が混ざって、中国社会の一般的な信仰体系を構成した。この信仰システムは「機能的な神霊の雑炊」とも言われている。外来宗教と創生宗教は最後にこの雑炊の中に溶け込んだ。中国の優れた宗教研究者の楊慶堃さんは、それを「叢散性宗教」にまとめた。いわゆる「叢散性」はそれらの散漫さと無組織性を指摘しただけでなく、更に重要なのはそれらの普遍性と機能性を強調し、つまり彼らは中国社会の中で本当に機能を発揮した「宗教」である。「叢散性宗教」に対して「制度性宗教」、すなわち、社会の中に存在し、政治的な許可と規範を受けている仏教、道教である。しかし、「制度性」とは、相対的なものでしかない。中国古代社会の仏教、道教の表面から見た組織、制度、厳格な神祇システムと独特な神聖儀式があったが、寺院であれ、道観であれ、存在して機能を発揮したいなら、民衆の需要に応じて、同時に社会の協賛に頼ることがあって、その「教団」は永遠に絶対的な独立をやり遂げることができない。さもなくば、山の奥に隠れて苦行僧の修業の場にもなるし、士人の逃げ場にもなることしかできない。その神祇は、お釈迦様も阿弥陀仏も、弥勒仏も、元始天尊も、太上老君も、庶民の目には明らかな区別がない。さらに面白いことに、仏教、道教に属する四大菩薩、五百羅漢、媽祖《まそ》、閻魔、真武は、実は民俗の再創造であり、宗教経典の原型とは根本的に異なっている。また、仏教、道教の教団内部では、すべての僧侶・道士が深い経典を読み、その精義を理解できるわけではなく、すべての人が義理のために手柄を立てるわけでもない。寺観では簡明な経典が一般的であり、儀式に用いられることが多い。皇室や国家に奉仕するための大きな祭祀は、通常、ごく少数の寺観でしか行えないが、庶民に奉仕するための祈福は、ほんのわずかではあるが、社会に散在している小さな寺観の日常的な機能である。多くの場合、社会の底辺の民衆に直接奉仕するのは寺観ではなく、游方（＝行脚）僧や雲遊（＝放浪）道士である。明らかに、学者が指摘したように、「歴史の圧倒的多数の時期に、中国社会制度の枠組み体系の下では、著しい構造的、公式的、組織的な宗教が欠けている」ということは、純粋な「制度性宗教」は薄弱で、不十分であり、更に重要なのは一般社会において顕著な作用を発揮していなかったのである。一方で、中国の古代社会という長い歴史の中で、「叢散性宗教」は普遍的に流行して、世俗の倫理と社会一般の価値観と符合して、社会の中で巨大な作用を発揮した。これはつまり、中国古代社会には実際に流行し、社会一般観念に認められ、本当に宗教機能を発揮した普遍的な宗教が存在し、「民間宗教」（民間仏教、民間道教を含む）とも言える。その特質はその教義、儀式と組織がすべて世俗の社会生活と一体になっていることにあって、その精神内核であろうと、形式化の儀式・組織であろうと、世俗制度、社会秩序と融合し、中国社会の世俗構造を通じて役割を果たした。

道教は理論的には「叢散性宗教」と「制度性宗教」の両方を兼ね備えていると考えられている。しかし、実際の状況は、ほとんどの時間にわたって、道教は「叢散性宗教」の性質と状態をより多く示し、しかもその千年余りの発展の過程でずっと大衆の世間に流れて最終的に「大衆化宗教」になった。

道教の名義、内包と本質

「道」の本義は道路であり、必経の道、法則として解釈し、また先秦各派の学術の中で公認された宇宙本体の名になった。その中で、老子が宇宙を解釈・尊崇する「道」は独特で顕著であるため、漢初に思想・学術の総括を行う時、「道家」と称され、九流十家の筆頭となった。老子の『道徳経』の思想はとても複雑で、豊富な天道、世事、人生に関する素朴な知恵を含んでおり、両漢の時代にはすでに重要な経典として奉納されて、当時のいわゆる「黄老の学」の中核的な構成部分である。魏晋の時代に「三玄」の学を尊び、『道徳経』はその一つであり、また新たな解釈を注入された。老子の生没年はもともと不明であったが、道家の『道徳経』の地位と意義によって、早くから強烈な神秘的な色彩を与えられ、次第に神格化の過程を開始した。歴史上最初に老子を正式に祭祀した皇帝は東漢（後漢の別称）の明帝であり、彼は延熹八年（１６５）に特使を陳国の苦県に派遣し、老子の祠《ほこら》を建てた。翌年には濯龍（漢代の宮苑名で、洛陽の西南角にあった）に老子の祠を建て、老子を預言者の先聖から「神」に転化させた。

当時の民間社会では、老子は創生宗教「救世主」の典型であった。漢末には天災が頻発し、政治は暗黒で、民生は困難で、宗教の救世運動は次々と出現した。「救世運動」は終世観による救世主義から始まり、核心思想は転生した救世主がその民を奴隷から救い出し、太平時代の栄光を取り戻すことであった。「老子生まれ変わり」や「天師降世」、「弥勒下生」は当時最も流行した救世主義信仰であった。「老子の生まれ変わり」の者は「李弘」と呼ばれ、李弘の名を借りた救世運動は漢末から始まり、老子が当時の新興宗教の聖主となった直接の起源である。同時期に出現した張角の太平道と張陵の五斗米道は、いずれも老子を奉じていた。五胡十六国時代前秦（氐族の苻健によって建てられた国）の前後に生まれた「正一法文天師教戒科経」には、「老君が張道陵を天師として授ける」という言葉がある。また、北魏の寇謙之は北方で流行した宗教救世運動の遺存に基づいて新教派を創立した時、「老君降誡」を託して、老子の聖主の地位を更に強化した。他の地域で相次いで発生した創生宗教派閥の中でも、老子をより高い地位に置いた。老子は聖人になり、またある意味で最高の神格の一つとなり、その代表の「道」と「道家」はこれらの新しい宗教の内部に意味があるだけでなく、社会全体においても、次第に特定の意味を持つようになった。

そこで、仏教大衆化の刺激と社会のニーズに促されたことにより、互いに関連する創生宗教は整合の傾向が現れ、「道」という言葉は、仁義なくこの整合体の代称になり、時には「仏」、「仏教」、「仏法」と併び、「道」、「道教」、「道法」と呼ばれ、時には旧名を踏襲して「道家」と呼ばれた。

「道教」の原義は大道の教、宣道（法施）の教を指すので、儒家の伝統と外来の仏教はその時すべて自身を「道教」と称した。整合された新興宗教も例外ではなく、南朝宋の顧歓が著わした『夷夏論』はすでに「仏教」「道教」を同列に論じていた。その後『魏書・釈老志』は寇謙之の行為を「清整道教」（儒家の価値に背かれた神霊の戒律を取り除く）と称した。道教を専門に成立したのは、五世紀の間である。この時になって、「旧瓶」に「新酒」を盛り込んだ。

「道教」は漢末、魏晋以来、様々な多元発生した創生宗教の整合体である。これらの創生宗教は東漢の太平道とその後の「天師」を名乗った各種教派の遺存、五斗米道、「老君転生」「弥勒下生」の救世運動、各地の鬼道と神仙道、帛家道、李家道などがあり、数が多く、糸口が複雑である。総じて言えば、それらは本土の原始宗教が鬼神信仰、神仙崇拝及び各種祈祷・呪禁のように遺存していることを基礎として、多くの仏教要素を吸収して次第に形成され、同時に義理化、組織化の傾向を始めた。南北朝時代末期には、総体的な経蔵の形成を標識として、いくつかの影響の大きい自身の経典を有する系統が一体に統合され、初歩的な形式の構築が完成した。

道教の包容と統合の過程はいつまでも続いた。これは唐代以降、現世になると、既存の原生宗教が社会の中で生きた状態として存在し、新しい創生宗教が次々と出現し、同時に包容統合体である道教自身が更に長い蔓を作ることを免れないからである。道教の発展はこれまで片思い的な過程ではなく、従属的、受動的な結果であった。
今日の時点で道教の最後結果を見て、そしてそれを遡ってみると、我々は次のような簡単な結論が得られた。名目の上で、道教は儒、釈、道という三教の一つで、儒家思想、中国化仏教に対する別の体系である。歴史という観点からみると、道教は叢生と包容的なインターリーブ過程である。実質的に、道教は中国古代社会の「叢散性宗教」である。典型的には、普遍的な宗教の主流または重要な側面である。更に重要なのは、道教は中国古代社会の一般的な信仰であり、すなわち「国民心理の真相」を深く反映した。魯迅のいわゆる「中国の根本はすべて道教にあり」という意味はまさしくここにある。

原典を読む

『老子』（抜粋）

【解題】

『老子』は中国の最も偉大な経典の一つである。特に経典の「空籠性」と「再塑性」を持っていて、つまり、取っても尽きないで、埋めても足りない、常に新しいスタイルに形成され、新しい意味を持つようになる。最も早く『老子』に神学の要素を与えたのは『老子想尔注』で、作者は五斗米教団の指導者・張魯であると伝えられている。その後、道家や道教により注釈や解釈、説明が数多く加えられるようになった。ここでは後世に多く発揮された若干の段落を抜粋し、かつ道教が実際に受容した状況を考慮して、原文は『道徳経河上公章句』を底本とし、王弼の版本を参考にした。訳文は陳鼓応や楼宇烈などの学者の研究成果を吸収した。

體道第一

道可道、非常道。名可名、非常名。無名天地之始、有名萬物之母。故常無欲以觀其妙、常有欲以觀其徼。此兩者同出而異名。同謂之玄。玄之又玄、衆妙之門。

【訳文】

道《みち》の道《みち》とすべきは、常《つね》の道《みち》に非《あら》ず。名《な》の名《な》とすべきは、常《つね》の名《な》に非《あら》ず。名《な》無《な》きは天地《てんち》の始《はじ》めにして、名《な》有《あ》るは万物《ばんぶつ》の母《はは》なり。故《ゆえ》に常《つね》に無《む》は以《もっ》て其《そ》の妙《みょう》を観《み》んと欲《ほっ》し、常《つね》に有《う》は以《もっ》て其《そ》の徼《きょう》を観《み》んと欲《ほっ》す。此《こ》の両者《りょうしゃ》は同《おな》じきより出《い》でて名《な》を異《こと》にす。同《おな》じく之《これ》を玄《げん》と謂《い》う。玄《げん》の又玄《またげん》は、衆妙《しゅうみょう》の門《もん》なり。

無源第四

道冲而用之、或不盈。淵乎似萬物之宗。挫其鋭、解其紛、和其光、同其塵。湛兮似或存。吾不知誰之子。象帝之先。

【訳文】道《みち》は冲《ちゅう》にして之《これ》を用《もち》うるに、或《ある》いは盈《み》たず。淵《えん》として万物《ばんぶつ》の宗《そう》に似《に》たり。其《そ》の鋭《えい》を挫《くじ》き、其《そ》の紛《ふん》を解《と》き、其《そ》の光《ひかり》を和《やわ》らげ、其《そ》の塵《ちり》を同《おな》じくす。湛《たん》として存《そん》する或《あ》るに似《に》る。吾《われ》、誰《たれ》の子《こ》なるかを知《し》らず。帝《てい》の先《せん》に象《に》たり。

能爲第十

載營魄抱一、能無離。專氣致柔、能嬰兒。滌除玄覽、能無疵。愛民治國、能無爲。天門開闔、能爲雌。明白四達、能無知。生之畜之。生而不有、爲而不恃、長而不宰。是謂玄徳。

【訳文】営魄《えいはく》を載《の》せ一《いつ》を抱《いだ》き、能《よ》く離《はな》るること無《な》からん。気《き》を専《もっぱ》らにし柔《じゅう》を致《いた》して、能《よ》く嬰児《えいじ》たらん。玄覧《げんらん》を滌除《てきじょ》して、能《よ》く疵無《きずな》からん。民《たみ》を愛《あい》し国《くに》を治《おさ》め、能《よ》く無為《むい》ならん。天門開闔《てんもんかいこう》して、能《よ》く雌《し》たらん。明《めい》白四達《はくしたつ》して、能《よ》く無知《むち》ならん。之《これ》を生《しょう》じ之《これ》を畜《やしな》い、生《しょう》じて有《ゆう》せず、為《な》して恃《たの》まず、長《ちょう》じて宰《さい》せず。是《これ》を玄徳《げんとく》と謂《い》う。

猒恥第十三

寵辱若驚、貴大患若身。何謂寵辱若驚。寵爲下。得之若驚、失之若驚。是謂寵辱若驚。何謂貴大患若身。吾所以有大患者、爲吾有身。及吾無身、吾有何患。故貴以身爲天下者、則可以寄於天下。愛以身爲天下者、乃可以託於天下。

【訳文】

寵辱《ちょうじょく》驚《おどろ》くがごとく、大患《たいかん》を貴《たっと》ぶこと身《み》のごとし。何《なに》をか寵辱《ちょうじょく》驚《おどろ》くがごとしと謂《い》う。寵《ちょう》を下《げ》と為《な》す。之《これ》を得《え》ては驚《おどろ》くがごとく、之《これ》を失《うしな》いては驚《おどろ》くがごとし。是《これ》を寵辱《ちょうじょく》驚《おどろ》くがごとしと謂《い》う。何《なに》をか大患《たいかん》を貴《たっと》ぶこと身《み》のごとしと謂《い》う。吾《われ》に大患《たいかん》ある所以《ゆえん》の者《もの》は、吾《わ》が身《み》有《あ》るが為《ため》なり。吾《わ》が身《み》無《な》きに及《およ》びては、吾《われ》何《なん》の患《うれ》いか有《あ》らん。故《ゆえ》に貴《たっと》ぶに身《み》を以《もっ》てして天下《てんか》を為《おさ》むる者《もの》、則《すなわ》ち以《もっ》て天下《てんか》を寄《よ》すべし。愛《あい》するに身《み》を以《もっ》てして天下《てんか》を為《おさ》むる者《もの》、乃《すなわ》ち以《もっ》て天下《てんか》を託《たく》すべし。

歸根第十六

致虚極、守靜篤。萬物並作、吾以觀其復。夫物芸芸、各復歸其根。歸根曰靜。是謂復命。復命曰常。知常曰明。不知常、妄作凶。知常容。容乃公。公乃王。王乃天。天乃道。道乃久。沒身不殆。

【訳文】

虚《きょ》を致すこと極まり、静を守ること篤《あつ》し。万物並び作《おこ》れども、われはもって復《ふく》を観る。それ物芸芸《うんうん》たれども、おのおのその根《こん》に復帰《ふっき》す。根に帰るを静という。これを復命と謂う。復命を常《じょう》という。常を知るを明《めい》という。常を知らざれば、妄《みだり》に作《な》して凶なり。常を知れば容《よう》。容なればすなわち公《こう》。公なればすなわち王。王なればすなわち天。天なればすなわち道。道なればすなわち久し。身を没するまで殆《あや》うからず。

象元第二十五

有物混成、先天地生。寂兮寥兮。獨立而不改、周行而不殆。可以爲天下母。吾不知其名。字之曰道。強爲之名曰大。大曰逝。逝曰遠。遠曰反。故道大。天大。地大。王亦大。域中有四大、而王居其一焉。人法地、地法天、天法道、道法自然。

【訳文】

物あり混成し、天地に先だちて生ず。寂《せき》たり寥《りょう》たり。独立して改めず、周行して殆《とど》まらず。もって天下の母となすべし。われその名を知らず。これに字《あざな》して道という。強《し》いてこれが名をなして大という。大を逝《せい》という。逝を遠という。遠を反《はん》という。故に道は大なり。天は大なり。地は大なり。王もまた大なり。域中《いきちゅう》に四大あり、而うして王はその一に居る。人は地に法《のっと》り、地は天に法り、天は道に法り、道は自然に法《のっと》る。

反朴第二十八

知其雄、守其雌、爲天下谿。爲天下谿、常徳不離、復歸於嬰兒。知其白、守其黒、爲天下式。爲天下式、常徳不忒、復歸於無極。知其榮、守其辱、爲天下谷。爲天下谷、常徳乃足、復歸於樸。樸散則爲器。聖人用之、則爲官長。故大制不割。

【訳文】

その雄を知りて、その雌を守れば、天下の谿《たに》となる。天下の谿となれば、常徳《じょうとく》離れず、嬰児《えいじ》に復帰す。その白を知りて、その黒を守れば、天下の式となる。天下の式となれば、常徳忒《たが》わず、無極に復帰す。その栄を知りて、その辱を守れば、天下の谷《たに》となる。天下の谷となれば、常徳すなわち足りて、樸《ぼく》に復帰す。樸散《さん》ずればすなわち器となる。聖人これを用うれば、すなわち官長となす。故に大制は割《さ》かず。

偏用第四十三

天下之至柔、馳騁天下之至堅。無有入無間、吾是以知無爲之有益。不言之教、無爲之益、天下希及之。

【訳文】

天下の至柔《しじゅう》は、天下の至堅《しけん》を馳騁《ちてい》す。無有は無間に入る。われここをもって無為の益あるを知る。不言の教《おしえ》、無為の益、天下これに及ぶもの希《まれ》なり。

洪徳第四十五

大成若缺、其用不弊。大盈若沖、其用不窮。大直若詘、大巧若拙、大辯若訥。躁勝寒、静勝熱。清静爲天下正。

【訳文】

大成は欠くるがごとくにして、その用弊《やぶ》れず。大盈《たいえい》は沖《むな》しきがごとくにして、その用窮《きわ》まらず。大《たい》直《ちょく》は詘《くっ》するがごとく、大功《たいこう》は拙《せつ》なるがごとく、大弁《たいべん》は訥《とつ》なるがごとし。躁《そう》勝てば寒、静勝てば熱。清《せい》静《せい》は天下の正たり。

貴生第五十

出生、入死。生之徒十有三、死之徒十有三。人之生、動之死地亦十有三。夫何故。以其生生之厚。蓋聞、善攝生者、陸行不遇兕虎、入軍不被甲兵。兕無所投其角、虎無所措其爪、兵無所容其刃。夫何故。以其無死地。

【訳文】

出《い》ずれば生、入れば死。生の徒十に三あり、死の徒十に三あり。人の生くるや、動きて死地に之《ゆ》くものまた十に三あり。それ何の故ぞ。その生を生とするの厚きをもってなり。蓋《けだ》し聞く、「善《よ》く生を摂する者は、陸行して兕虎《じこ》に遇わず、軍に入りて甲兵を被《こうむ》らず」と。兕もその角を投ずる所なく、虎もその爪を措《お》く所なく、兵もその刃を容《い》るる所なし。それ何の故ぞ。その死地《しち》なきをもってなり。

歸元第五十二

天下有始、以爲天下母。既知其母、復知其子、既知其子、復守其母、沒身不殆。塞其兌、閉其門、終身不勤。開其兌、濟其事、終身不救。見小曰明、守柔曰強。用其光、復歸其明、無遺身殃。是謂習常。

【訳文】

天下《てんか》に始《はじ》め有《あ》り、以《もっ》て天下《てんか》の母《はは》と為《な》す。既《すで》に其《そ》の母《はは》を知《し》り、復《また》其《そ》の子《こ》を知《し》り、既《すで》に其《そ》の子《こ》を知《し》りて、復《また》其《そ》の母《はは》を守《まも》れば、身《み》を没《ぼっ》するまで殆《あや》うからず。其《そ》の兌《たい》を塞《ふさ》ぎ、其《そ》の門《もん》を閉《と》ずれば、終身勤《しゅうしんつか》れず。其《そ》の兌《あな》を開《ひら》き、其《そ》の事《こと》を済《な》せば、終身救《しゅうしんすく》われず。小《しょう》を見《み》るを明《めい》と曰《い》い、柔《じゅう》を守《まも》るを強《きょう》と曰《い》う。其《そ》の光《ひかり》を用《もち》いて、其《そ》の明《めい》に復帰《ふっき》せば、身《み》の殃《わざわい》を遺《のこ》すこと無《な》し。是《これ》を習常《しゅうじょう》と謂《い》う。

『庄子』（抜粋）

『逍遥』

【解題】

『荘子』は『老子』と同様、道教神学の最も重要な資源であった。『荘子』は義理が復雑で奥が深く、その中で逍遥放任、自然適性、心斎座忘などの思想は、最も道教に吸収された。同時に、『荘子』が構築した道と一体の「真人」は、道教の「神仙の説」に理論基礎を提供した。『荘子』には内・外・雑編があり、内編はたいてい荘子の説であり、外・雑編は荘子の後学の論である。ここで選文した「逍遥遊」、「斉物論」、「養生主」、「人間世」、「大宗師」は内篇に属する。注釈及び解説は主に郭慶藩『荘子集釈』、陳鼓応『荘子今注今訳』を参考にした。

【原文】

小知不及大知、小年不及大年。奚以知其然也?朝菌不知晦朔,蟪蛄不知春秋、此小年也。楚之南有冥霊者、以五百歳為春、五百歳為秋。上古有大椿者、以八千歳為春、八千歳為秋。而彭祖乃今以久特聞、衆人匹之、不亦悲乎！

故夫知効一官、行比一郷、徳合一君、而徴一国者、其自視也亦若此矣。而宋栄子猶然笑之。且挙世而誉之而不加勧、挙世而非之而不加沮、定乎内外之分、弁乎栄辱之竟、斯已矣。彼其於世未数数然也。雖然、猶有未樹也。夫列子御風而行、泠然善也、旬有五日而後反。彼於致福者、未数数然也。此雖免乎行、猶有所待者也。若夫乗天地之正、而御六気之弁、以遊無窮者、彼且悪乎待哉！故曰、至人無己、神人無功、聖人無名。

【訳文】

小知は大知に及ばず、小年は大年に及ばず。奚を以て其の然るを知るや。朝菌は晦朔を知らず、蟪蛄は春秋を知らず。此小年なり。楚の南に冥霊なる者有り、五百歳を以て春と為し、五百歳を秋と為す。上古に大椿なる者有り、八千歳を以て春と為し、八千歳を秋と為す。而るに彭祖は乃ち今久しきを以て特り聞こえ、衆人之に匹せんとす。亦た悲しからずや。

故に夫の知は一官に効あり、行いは一郷に比い、徳は一君に合して、一国に徴さるる者の、其の自ら視るや、亦た此の若し。[1]而して宋栄子猶然として之を笑う。[2]且つ世を挙げて之を誉むれども、勧む

1　これは、前述の「知効一官」の何人かを指す。これは、前文の小鳥が無知で自得している状態を指す。だから一部の人の知恵は官職に適するに足りるので、行為は十分に地方をかばって、徳行は一国の君主に符合することができて、それによって一国の民衆に信用して、彼らの自分で見る姿、これらの大鵬を嘲笑する小鳥のようだ。

2　宋栄子。戦国時代の思想家。その事跡は『荘子・天下』『荀子・非十二子』『孟子・告子』などに見られる。

るを加えず。世を挙げて之を非れども、阻むを加えず。[1]内外の分を定め、栄辱の竟を辯（辨）ずる斯のみ。[2]彼其の世に於いて、未だ数数然たらざるなり。然りと雖も、猶お未だ樹たざるもの有り。[3]夫の列子は風を御して行き、[4]泠然として善し。旬有五日にして後反る。彼福を致す者に於いて、未だ数数然たらざるなり。此行くを免ると雖も、猶お待つ所の者有り。[5]夫の天地の正に乗りて、六気の辯（変）を御し、以て無窮に遊ぶ者の若きは、彼且に悪にか待たんとする。[6]故に曰わく、至人は己無く、神人は功無く、聖人は名無し。

1 宋栄子は天下人の賞賛を以って励ましたり、天下人の非難を以って落胆したりしないという意味である。
2 宋栄子は自己と外物の境界域を分けて、栄光と屈辱の区別を明らかにすることができる。
3 未樹とは功績を見たことがない。宋栄子はこのような徳行を持っているが、まだ功績を建てていないところがある。
4 列子とは、列禦寇である。その事績は『荘子』、『尸子』、『韓非子』などに見られる。今は『列子』という本があるが、真偽は疑問である。御風とは、風に乗る。
5 頼るところがあって、完全に自主的になることができない。列子御風は、歩くのを免れたが、風がなければいけない。
6 天地の正とは、天地の本性。六気とは、諸説が違っている。司馬彪云「陰陽風雨晦也」。弁は「変」を通じて、これは変化の法則を指す。天地の本性に応じて、六気の変化を制御して、無限大の境地を漫遊するなら、彼は何を頼りにするか？

『斉物論』

【原文】

一受其成形、不亡以待盡。與物相刃相靡、其行盡如馳、而莫之能止、不亦悲乎！終身役役而不見其成功、苶然疲役而不知其所歸、可不哀邪！人謂之不死、奚益、其形化其心与之然、可不謂大哀乎？人之生也、固若是芒乎？其我独芒、而人亦有不芒者乎？

物無非彼、物無非是。自彼則不見、自知則知之。故曰彼出於是、是亦因彼。彼是方生之説也、雖然、方生方死、方死方生。方可方不可、方不可方可。因是因非、因非因是。是以聖人不由、而照之於天、亦因是也。是亦彼也、彼亦是也。彼亦一是非、此亦一是非。果且有彼是乎哉？果且無彼是乎哉？彼是莫得其偶、謂之道枢。枢始得其環中、以応無窮。是亦一無窮、非亦一無窮也。故曰莫若以明。

夫大道不称、大弁不言、大仁不仁、大廉不嗛、大勇不忮。道昭而不道、言弁而不及、仁常而不成、廉清而不信、勇忮而不成。五者園而幾向方矣。故知止其所不知、至矣。孰知不言之弁、不道之道？若有能知、此之謂天府。註焉而不満、酌焉而不竭、而不知其所由来、此之謂葆光。

【訳文】

一たび其の成形《せいけい》を受くれば、亡《ほろ》ぼさずして以て尽くるを待たん。物と相い刃《さから》い相い靡《そこな》い、[1] 其の行き

1　言葉と事物の間には様々な形の接触があり、「相刃」「相磨」は接触の二つの状態である。

尽くすこと馳《は》するが如《ごと》くにして、これを能《よ》く止《とど》むるなし。亦《また》悲しからずや。修身役役《えきえき》として其の成功を見ず。茶然《でつぜん》として疲役《ひえき》して、其の帰《き》するところを知らず。哀《かな》しまざるべけんや。人は之を死せずと謂うも、奚の益かあらん。[1] 其の形化して其の心も之と然り。大哀と謂わざるべけんや。[2] 人の生くるや、固より是くの若く芒きか。[3] 其れ我れ独り芒くして、人も亦芒からざる者あるか。[4]

物は彼れに非らざるは無く、物は是《こ》れに非ざるはなし。[5] 彼よりすれば則ち見えざるも、自《み》ずから知れば則ち之を知る。[6] 故に曰く、彼は是より出で、是れも亦た彼に因る、と。[7] 彼と是れと方《なら》び生ずるの説なり。然りと雖《いえど》も、方《なら》び生じ方《なら》び死し、方《なら》び死し方《なら》び生ず。方《なら》び可にして方《なら》び不可、方《なら》び不可にして方《なら》び可なり。是《ぜ》に因《よ》り非《ひ》に因《よ》り、非に因り是に因る。是《ここ》を以て聖人は、由らずして之を天に照《て》らす、亦是《ぜ》に因るなり。[8] 是《こ》れもまた彼なり、彼もまた是れなり、彼もまた一是非《いちぜひ》、此れもまた一是非なり。

1 このような人は死ななくても、何の意味があるか？
2 人の形は盛衰があり、精神も変化する。これは大きな悲しみではないか？
3 人は生まれて、こんなに茫然としているか？
4 私だけが茫然としているかどうか、他の人の中にも茫然としていないものがあるか？
5 物事はこのものの「彼」として存在しないこともあり得ないし、このものの「これ」として存在しないこともあり得ないという意味である。
6 他の人からは見えないところを自分の立場で考えても分かる。
7 「彼」は「これ」から来たもので、「これ」は「彼」にもよるという意味である。
8 聖人はお互いの生気に陥らないという意味で、天道の姿を見て、自然の意味に従っている。

果して且《そ》も彼是ありや、果して且《そ》も彼是なきや。彼と是と其の偶を得る莫《な》き、之を道枢《どうすう》と謂ふ。[1] 枢《すう》にして始めて其の環中[2]を得て、以て無窮に應ず。是《ぜ》もまた一無窮、非《ひ》もまた一無窮なり。故に曰く明を以てするに若《し》くは莫し、と。

夫《そ》れ大道は称あらず、大弁は言わず、大仁は仁ならず、大廉は嗛ならず、大勇は忮わず。[3] 道は昭《あきら》かなれば、而《すなわ》ち道ならず。言は弁ずれば、而ち及ばず。仁は常なれば、而ち成らず。廉は清ければ、而ち信ならず。勇は忮えば、而ち成らず。五者は円なるに而《しか》も方に向かうに幾《ちか》し。[4] 故に知は其の知らざる所に止《とど》まれば、到れり。孰《たれ》か不言の弁、不動の道を知らん。[5] 若《も》し能《よ》く知るもの有らば、此れを之《こ》れ、天府と謂《い》う。焉《これ》に注《そそ》げども満たず、焉《これ》に酌《く》めども竭《つ》きず。而《しか》も其の由《よ》りて来たる所を知らず。此れを之《こ》れ葆光《ほうこう》と謂う。[6]

1　道枢とは、天道の要、万物の営みの要義を意味する。

2　環とは、枢機が挿入した丸穴で、中心が空いている。

3　至上の道は名号ではなく、最高の弁舌は言葉ではなく、偉大な仁愛は具体的な善行ではなく、高尚な廉潔は自分で清廉を言わず、極致の勇猛は傷つけられないという意味である。

4　もともと円で方に傾いている。

5　だから、人の知恵は彼の知らないところで止まって、極点です。言葉を使わない弁論では、言いようのない天道を、人はどうして知ることができるだろうか？

6　この意味を知っているものがあれば、天地の府庫という。いくら注ぎ込んでも満たされないので、いくら取っても枯れないです。この状態を「葆光《ほうこう》」という。

『養生主』

【原文】

吾生也有涯、而知也無涯。以有涯随無涯、殆已。[1]已而為知者、殆而已矣。[2]為善無近名、為悪無近刑。[3]縁督以為経、可以保身、可以全生、可以養親、可以尽年。

【訳文】

吾《わ》が生や涯あり、而《しか》も知や涯なし。涯あるを以て涯なきに随《したが》うは、殆《あやう》きのみ。已《のみ》にして知を為《な》す者は殆《あやう》きのみ。善を為すも名に近づくことなく、悪を為すも刑に近づくことなかれ。督に縁《よ》りて以て経《つね》と為さば、以て身《み》を保《たも》つべく、以て生を全うすべく、以て親を養うべく、以て年《よわい》を尽くすべし。[4]

1　私の命には限りがあるが、世の中の知恵は限りがないので、限りがある命で無限の知恵を求める。これは非常に疲れる。
2　それを知っている以上、知恵を求めなければならない。
3　「善」を行うには功名に近づかず、「悪」のために刑罰を加えてはいけないという意味である。
4　自然に順応することを養生の常とし、体を養生し、真性を保つことができ、両親を養い、天寿を全うすることができるという意味である。

『人間世』

【原文】

顔回曰、吾无以進矣、敢問其方。[1]仲尼曰、斎、吾将語若、有心而為之、其易邪、易之者、皞天不宜。[2]顔回曰、回之家貧、唯不飲酒、不茹葷者、数月矣、若此則可以為斎乎？曰、是祭祀之斎、非心斎也。[3]回曰、敢問心斎。仲尼曰、若一汝志、无聴之以耳、而聴之以心、无聴之以心、而聴之以気、耳止於聴、心止於符、気也者虚而待物者也、唯道集虚、虚者心斎也。

【訳文】

顔回　私はこれ以上はわからなくなりました。敢えてその方法を問いたいと思います。

仲尼　斎《ものいみ》をすることだ。私はお前に語っておこう。心があって執着して斎を為すのは易しくはない。これを易しいという者は、偉大な天が宜《よ》ろしいとは言わない。

顔回　回の家は貧しく、唯、酒を飲まず、葷を茹でず、数月が立ちます。このようなものは斎と為すことができるでしょうか？

仲尼　これは祭祀の斎であり、心斎ではない。

1　進とは、さらに勉強し、心身を修練すること。方とは、困惑を解消する方法。

2　この文の意味は、あなたがわざと修行するのは容易であるか？もし容易なら、それは天理に合わないである。

3　祭祀之斎とは、前の文の顔回が言ったように、「酒を飲まないと生臭物が食べられない者」を主として、祭祀の斎戒に用いられる。

顔回　敢えて心斎を問いたいと思います。
仲尼　若（お前）は汝（お前）の志（心の動き）を一つにすることだ、これを聴くのに耳ではなく心で行え、いや心ではなく、気で聴け。耳は音を聴くことに止まり、心は符合するに止まる。気は虚でどんなものも待って受け入れる。唯、道は虚に集まり定着し、虚こそが心斎である。

『大宗師』

【原文】

且有真人而後有真知。何謂真人、古之真人不逆寡、不成雄、不謨士、若然者、過而弗悔、当而不自得也、若然者、登高不慄、入水不濡、入火不熱、是知之能登仮於道也若此、古之真人、其寝不夢、其覚无憂、其食不甘、其息深深。[1]真人之息以踵、衆人之息以喉。[2]屈服者、其嗌言若哇。[3]其耆欲深者、其天機浅。古之真人、不知説生、不知悪死、其出不訢、其入不距。[4]翛然而往、翛然而来而已矣。不忘其

1　昔の真人は、眠っている時に夢を見ないで、目が覚めた後に心配事がないで、食事は甘美を求めないで、呼吸は安定していて深いである。
2　真人は足で息をしてもいいです。凡夫は喉で呼吸する。
3　議論が行き詰まった時、言葉のやりとりが喉を塞いでいるようだ。
4　生の時は喜びもなく、死には抵抗もないという意味である。

所始、不求其所終。受而喜之、忘而復之。[1] 是之謂不以心捐道、不以人助天、[2] 是之謂真人。

死生命也、其有夜旦之常天也。[3] 人之有所不得与、皆物之情也。[4] 彼特以天為父、而身猶愛之、而況其卓乎？[5] 人特以有君為愈乎己、而身猶死之、而況其真乎？[6] 泉涸、魚相与処於陸、相呴以湿、相濡以沫、不如相忘於江湖。与其誉堯而非桀也、不如両忘而化其道。[7]

夫道有情有信、无為无形。[8] 可受而不可伝、可得而不可見。[9] 自本自根、未有天地、自古以固存。[10] 神鬼

1 真人は物事を快く受け入れようとするが、事務を忘れて真に帰ることもできる。
2 本句の意味は、利己心で道を傷つけず、人力で天を補佐しない。
3 死と生は、命であり、夜の昼の摂理のような自然の摂理である。
4 人は物事に干渉できないことがある。それらはすべて物事の真実である。
5 この文の意味は、天に仕えて万物の父とする人だけが、自らそれを敬い、まして天よりも優れた道があるということであるか？
6 帝王は自分より優れていると思っているだけで、彼に忠誠を尽くすつもりである。ましてこれよりもっと純粋な道はないであるか？
7 本句の意味は、尭を褒めてそれを非難するより、むしろ両者の是非を忘れて帰路に帰るべきである。
8 道は、実情があって信験があって、無作為・無形である。
9 心伝を得ることができて、口授をしてはいけなくて、理解することができて、目で見てはいけない。
10 道はもともと、天地がない時にはすでに存在する。

神帝、生天生地。[1] 在太極之上而不為高、在六極之下而不為深。先天地生而不為久、長於上古而不為老。狶韋氏得之、以挈天地。伏戯氏得之、以襲気母。維斗得之、終古不忒。日月得之、終古不息。堪坏得之、以襲崑崙。馮夷得之、以遊大川。肩吾得之、以処大山。黄帝得之、以登雲天。顓頊得之、以処玄宮。禺強得之、立乎北極。西王母得之、坐乎少広。莫知其始、莫知其終。彭祖得之、上及有虞、下及五伯。傅説得之、以相武丁。奄有天下、乗東維、騎箕尾、而比於列星。

【訳文】

真人あって、而る後、真知ある。古えの真人とは、逆境に逆らわず、名誉や栄達にも成さず、事にもはからず、このような者は、過失があっても悔いることなく、当たっても自得しない、このような者は、高いところに登っても慄《おそ》れず、水に入っても濡れず、火に入っても熱くない、認識を自然の道理まで登りつめることができたからこのようなことができたのだ。古えの真人は、寝ても夢を見ず、覚めても憂いがなく、食べても甘いものにひかれず、その息は深深として、真人の息は深深と踵《かかと》でするが、衆人の息は表面的に喉《のど》でしている。外界に屈した者は、嗌《むせ》び言うことはものを哇《は》くようだ。その耆欲の深いものは、天機が浅い。古の真人は、生を説《よろこ》ぶことを知らない、死を悪《にく》むことを知らない、出てくるからといって訢《よろこ》ばず、入る（死ぬ）からといって距《こば》（拒）まず、翛（悠）然として、往き、翛然として、来るだけである、その始まる所を忘らず、その終わる所を求めず、生命を受けて喜び、

1　道は、鬼神と神を産み、天と地を産み出す。

万事を忘れて、もとに返す、これを「心をもって道を損《あやつ》らず、人をもって天を助長しない」と言う。こうした人を「真人」と言う。

死と生は運命である。夜と旦（朝）が常にあるのも天（自然）である。人の与《あずか》るを得ない所があるのが、皆万物の実情（真相）である。人は父を天とあがめて、愛情を注ぐのだから、万物から卓越したものを愛するのは当然である。人は自分の君主を自分より愈《まさ》るとして、身を捧げて死ぬのだから、（万物を支配する）真実に従うのは当然である。泉が涸《か》れて、魚が陸に打ち上げられ、湿（しめった息）で相呴（吹）き、沫《あわ》で相濡らすのは、江（河）湖で相忘れているのには及ばない。堯を誉め桀《そし》を非るよりは、両方（聖君も暴君）とも忘れ、道に化するのが一番よい。

「道」は実際に存在するや信ずるに足る真実性はあるが、作為性もないし、形もない、身に受けても人に伝えることはできない、体得しても見ることはできない、それ自体、すべての存在の本源であり根源である。天地ができる前から存在し、鬼神や上帝を霊妙にし天地を生み出す。太極の上にあっても高いとは為さず、六極の下にあっても深いとは為さず、天地より先に生まれても久しいとは為さず、上古から長く存在するのに老いたとは為さず。狶韋は道を得て天地を携え、伏戯氏は道を得て気の母（源）に入り、維斗（北斗星）は道を得て永遠にたがうことなく、日月は道を得て永遠にやすむことなく輝き続け、堪坏は道を得て崑崙の山に入り神となり、馮夷は道を得て大きな川（黄河）に遊ぶ神となり、肩吾は道を得て泰山に処《お》る神となり、黄帝は道を得て雲天に昇天し、顓頊は道を得て玄宮に処《お》り、禺強は道を得て北極に立つ神となり、西王母は道を得て少広山に座り、生まれも死もわからないほど長生きし、彭祖は道を得て有虞氏舜から春秋の五伯の時代まで生き、傅説は道を得て殷王の武丁の宰相となって天下を奄有（支配）し、（死んでからは）東維に乗り箕や尾の星にまたがり、列星に並んだ。

『老子銘』

【解題】

『老子銘』は後漢の辺韶の撰で、元々は苦県老子廟の前に刻まれ、桓帝の意を受けて作られたもので、その事は『水経注・渦水注』に見られる。元碑は今はもう存在しない。北宋の欧陽脩、趙明誠などはすでに著書があり、南宋の洪適『隷釈』に完全な碑文が収録された。嗣後の謝守灝が編著した『混元聖紀』にも収録された。清代の厳可均はこの文を『全後漢文』に組み入れた。碑は老子神話、初期の道教思想、仏道関係において重要な意義を持っており、それによって従来から国内外の学者から非常に重視されてきた。当所の原文は劉屹新校本（劉屹新「論〈老子銘〉中的老子と太一」、『漢学研究』第二十一巻第一号、２００３年６月）より選択されたものである。

【原文】

老子姓李、字伯陽、楚相県人也。春秋之後、周分為二、称東西君。晋六卿専征、与斉楚並僭号為王。以大並小、相県荒蕪、今属苦。故城猶在、在頼郷之東、水処其陽。[1]其土地郁塕高敞、宜生有徳君子焉。老子為周守蔵室史、当幽王時、三川実震、以夏殷之際、陰陽之事、鑑喩時王。[2]孔子以周霊王廿年生、到景王十年、年有十七、学礼於老聃。計其年紀、聃時以二百余歳。聃然、老旄之貌也。孔子卒後百廿九年、或謂周太史儋為老子、莫知其所終。

其二篇之書、称天地所以能長且久者、以不自生也。厥初生民、遺体相続、其死生之義可知也。或有「浴神不死、是謂玄牝」之言。由是世之好道者、触類而長之、以老子離合於混沌之気、与三光為終始。[3]観天作讖、升降鬥星、随日九変、与時消息、規矩三光、四霊在旁。[4]存想丹田、太一紫房、道成身化、蟬蛻渡世。自羲農以来、世為聖者作師。班固以老子絶聖棄知、礼為乱首、[5]与仲尼道違、述『漢書・古今人表』、

1　相県の古い町は今もなお残っている。頼郷の東にあり、その南に川が流れている。

2　周幽王二年三川地震のことを言います。夫の伯陽父が国運のことを異に予言している。後世、伯陽の父を老子とする。

3　三光とは日、月、星。この句は、後の世の道家の学説が好きな人が老子の学説をまねて、老子と天地の初めの混沌の気が急に離合すると思って、日月星と一緒に始まる。

4　観天作讖とは、星を観察して予言を下す。消息とは、盛衰、増減。規矩とは、規・矩は円、方を校正する工具であり、ここでは三光の運行を校正する意味である。四霊とは、龍、鳳、亀、麟の四つの神霊を指す。

5　この文の中で、「絶対聖棄知」は「道徳経」の第十九章を参照。「礼は乱首」の出所は、『道徳経』第38章の「夫礼者、忠信の薄さ、乱の首」であり、これらは礼教を提唱することを主とする儒家と衝突している。

検以法度、抑而下之、老子与楚子西同科、材不及孫卿、孟軻。[1] 二者之論殊矣、所謂「道不同不相為謀」也。

延熹八年八月甲子、[2] 皇上尚徳弘道、含閎光大、存神養性、意在淩雲。[3] 是以潜心黄軒、同符高宗、夢見老子、尊而祀之。[4] 於時陳相辺韶、[5] 典国之礼、材薄思浅、不能測度至人、弁是与非、案拠書籍以為。

老子生於周之末世、玄虚守静、楽無名、守不徳、危高官、安下位、遺孔子以仁言。辟世而隠居、変易姓名、唯恐見知。夫日以幽明為節、月以虧盈自成。損益盛衰之原、依伏禍福之門、人道悪盈而好謙。蓋老子労不定国、功不加民、所以見隆崇於今、為時人所享祀、乃其逃禄処微、損之又損之之余胙也。[6] 顕虚無之清寂、雲先天地而生、乃守真養寿、獲五福之所致也。[7] 敢演而銘之。其辞曰、於惟玄徳、抱虚

1 楚子西とは、春秋時、楚国令尹、楚昭王兄。この文の意味は、班固は儒教を提唱し、老子の学説を喜ばないので、『漢書・古今人表』の中で、老子の地位に対してわざと低く抑えるという意味である。

2 延熹とは、東漢桓帝の年号、延熹八年すなわち西暦１６５年。

3 ここでは武帝のことを借りて桓帝は仙人の趣味をを好んだ。

4 潜心黄軒とは、黄軒、黄帝軒氏、ここは黄老道術を指す。同符高宗とは、符、徴候。高宗、商王武丁、武丁は夢に傅説を見た。その事は『尚書・説命』にあって、ここの言うところは漢桓帝が老子を夢に見たのである。桓帝が老子を祭るという記録は「後漢書・桓帝紀」に見られる。「八年春正月、遣中常侍左悺之苦苦県、祠老子」。

5 辺韶とは、陳留峻儀人、文章で有名、陳相を担当している。詳しくは『後漢書・辺韶伝』を参照してください。

6 「損之又損之」というのは、『道徳経』「道の日損であり、損をした上に損をしたので、そのためにならなかった」ということである。余胙とは、祭祀の残りの肉という意味で、「脱禄処微」は老子の知恵の余りという意味である。

7 虚無は道の本体、いわゆる「道体虚无」である。五福とは、五種類の福報。尚書・洪範「五福、一曰は寿、二曰は富、三曰は康寧、四曰は悠好徳、五曰は考終命」。老子昭顕道体虚無の寂寞状態は、「無」をもって天地に先んじて生まれたので、真性を

守清、楽居下位、禄執不営、為縄能直、屈之可縈。[1]三川之対、舒憤散逞。「陰不填陽、孰能滞並」。[2]見機而作、需郊出坰、肥遁之吉、辟世隠声。[3]見迫遺言、道徳之経。[4]譏時微喻、尋顕推冥、守一不失、為天下正。[5]処厚不薄、居実舎栄。稽式為重、金玉是軽。絶嗜去欲、還帰於嬰。皓然歴載、莫知其情、頗違法言、先民之程。要以無為、大化用成。[6]進退無恒、錯綜其貞、以知為愚、沖而不盈。[7]大人之度、非凡所訂。九等之叙、何足累名。[8]同光日月、合之五星。出入丹廬、上下黄庭。背棄流俗、舎景匿形。[9]

守り、命を養うことができ、五つの福祉の賜を得ることができた。

1 この句の意味は、老子は功名の利禄に無心で、縄を作ってもまっすぐで、折れたくてもぐるぐる回ることができる。
2 『国語・周語』所載の伯陽の父のこと。「陰は陽を埋めず、不可能は遅滞せず」は伯陽父のために地震の本質的な内容を説明した。
3 坰＝「坰」、ここでは城下から遠い郊外を指す。肥遁とは、隠遁すること。この句は老子が周室運衰を見て隠遁したことを指す。
4 見迫遺言。老子は関尹喜の依頼を受けて、無理やり『道徳経』を作り、事は『史記・老荘申韓列伝』を参照してください。
5 「道徳経」は時事を揶揄し、隠微を闡発し、顕要の道理を摘出し、玄奥の意図を説き、専一を守り抜くことで天下の正道を成すという意味である。
6 前数句は老子の修行に対する要求であり、最後に諸法の要義は「無為」にある。
7 進退無恒とは、進取または謙遜、常則がない。この句の意味は、老子の進退には常則がなく、真意は錯綜して、知恵を愚昧とし、虚を突くことによって満たされないという意味である。
8 九等とは、人や物の九等次を並べる。本句の意味は、老子は名をもって累ではない、すでに俗世を超している。
9 丹廬とは、丹房。黄庭とは黄、中央の色、庭、四方の中、黄庭は中心という意味である。景はすなわち「影」で、道教は修行を通じて影を隠すことができると考えている。

苞元神化、呼吸至精。世不能原、仰其永生。天人秩祭、以昭厥霊。羨彼延期、勒石是旌。[1]

1　延期とは、長い間、ここで老子を祭る伝統は昔からあった。勒石是旌とは、刻石を旌表とする。

道教の淵源と形成

道教の起源と道教がどのように整合して「形成」した過程は、非常に重要な問題であり、道教の内包と本質に直接関係している。

あらゆる新興の創生宗教は、原生宗教及び原生宗教から発展してきた民間信仰に基づいて生まれたものである。一方、道教は最初から新興の創生宗教と民間信仰の整合体であるため、その淵源を遡ると、その直接の起源に注目するだけでなく、原始資源を考察する必要がある。このようにしてこそ、その整合と形成をよりよく知ることができる。

道教の原始資源

全体的に言えば、道教の原始資源は主に原始の呪術宗教とその社会の中でまた絶えず発展変化するアクティブ状態の存在であり、長期にわたって積み上げられた素朴な知識と、春秋戦国の「枢軸時代文明」以来のエリート思想も含まれている。具体的に分析すると、次のようなものがある。

まずは、不死信仰である。

人間が死んだ後に霊魂が天に昇るのは「万物には霊観（観＝寺の堂塔）がある」という重要な表現の一つで、世界でも比較的初期の原始宗教形態に属す。しかし、中国古代の「不死」信仰は明らかに違っている。霊魂出竅(肉体から霊魂が分離すること)を求めずに霊魂と肉体は共に死なないと信じる。性質的には、「汎生観念」に重きが置かれ、すなわち自然界に超然的な力が存在するのと同じように、人間にも「神人」や「仙人」が存在し、宇宙と融合して永生を得ることができるといい、後の先秦道家哲学がその思想を発揮した。

一方で、素朴な医療と養生の経験に基づいて発展してきた呪術の思惟は、二つの技術方法を通じて長生を求めることができると信じている。一つは修練術であり、一つは服食術（食事、丹薬と草木薬を服用する）である。修練術には各種の心身を鍛える方法が含まれているが、服食術は各種の人工薬物と自然物を食べることである。この観念は戦国から秦漢時代に興隆した「方仙道」の理論基礎であり、魏晋・南北朝の時代に最高峰に到達し、後に義理化された道教の主流思想の一つとなった。

二つ目は、泛神崇拝と祭祀・祈祷である。

いわゆる泛神とは、原始宗教の汎生観、汎霊観念の発展であり、天、地、山、川、雲、雨、雷、電気、木、石、草、さらには祖魂、人鬼、器物などであり、それらは等しく霊力を備えていると見なされ、祭祀に用いられた。商人から「天」や「天帝」に代表される至上の神の観念が育まれてきたが、全体的には無主の状態が保たれ、人格化された神は形成されていない。

三つ目は、シャーマニズムの巫道である。前章で述べたように、「シャーマニズム」の巫道は中国古代の原始的な呪術宗教の主要な形態であり、その主要な特色は「巫」が人――神の媒介になって邪を祓い、病気を治し、雨を作り、占いと予言などの原始的な宗教活動を行うことである。西周以降の人文が隆盛するに伴い、シャーマニズムの巫道は中原の主流文化の中で休止したが、南方などの辺境地区では依然として非常に活発であった。『楚辞』の作品の中で、多くの人が神と通じ合い、魂を呼び戻し、羽が生え天に昇って仙人になったという内容を見ることができる。

四つ目は、素朴な医療や養生の術である。

医療は最初に発展した経験知識の一つで、中国古代の医学者はこの基礎の上でまた各種の養生術を発展させた。例えば、呼吸をととのえ、心身を落ち着ける「調息の法」や体を按摩する治療法、体内の陰陽二気を調和させて体力の消耗を防ぐ「房中術」など。

五つ目は、先秦（秦による中国統一以前の時代、一般には春秋戦国時代）の道家および戦国時代から漢代初期にかけて流行した「黄老の学」である。

先秦時代の老荘思想（老子と荘子の思想を合せた学説）は非常に複雑であり、根本的には宗教信仰ではなく哲学観念である。その本質は宇宙本体のもつ超越性や絶対性の認識に至ることである。ここから、努めて自らを万物と一体化させ一体性をもたせようとし、また宇宙においてその啓示を受けようとするのである。いかなる主体や客体間における隔たりをも取り除くことにより、安寧の境地に達することができるのである。したがって、道教の思想は極めて容易に「宇宙論」式の宗教信仰になり、加えて道教の義理化は道家思想へのすり寄りと融合をもたらしたのである。

秦漢時代に流行した「黄老の学」は、本質的に先秦道家の「清浄無為」の思想を発揮した政治・学術の観念であるが、政治の加入により、道家の神学への転化傾向が促され[1]、さらに黄老崇拝を形成し、伝統的な自然神、祖霊崇拝と共に国家祭祀の構成部分となった。

もちろん、この五つの方面は際立った点のみを言ったものであり、道教の原始資源の全部をカバーすることはできない。同時に、それらは多く重なり合い、互いに混じり合うところがあって、いずれも孤立した現象ではない。

道教の直接的な起源

前漢の成帝時代、斉の甘忠可は『天官暦包元太平経』を著し、「漢の終わり、天帝が赤精子《せきせいし》（中国古代の仙人）を派遣してこの道（経典）を伝授してくれた」（『漢書・李尋伝』）と言った。これは既に初期の「末世論」「伝世説」を含んでおり、かつ「太平」救世運動の始まりとなった。この後に『太

1　任継癒主編『中国道教史』、上海人民出版社、1990年、14ページ。

平清領書』が現れ、すなわち今も残っている『太平経』である。『後漢書』襄楷伝によると、後漢の順帝の時、宮崇が、その師の干吉《かんきつ》が曲陽泉水のほとりで得た神書百七十巻であるとして、朝廷に献上したが、採用されなかった。後に襄楷は再び献上したが、依然として桓帝に動じなかった。いくつかの浮沈を経験したにもかかわらず、『太平経』は次第に世に知られるようになった。『太平経』の思想は複雑であるものの、その中の『太平思想』の要素は既に十分明らかになっており、乱世の際に出現された創生宗教のシンボルとなった。

「太平理想」とは、太平を希求し、苦しみから逃れ、根本的な問題を解決することを切に希望する思想である。これは「救世主義」の変形で、中国式の「千年王国主義」であり、文明以降の創生宗教の思想基礎である。後漢の末、天災が頻発し、政治は暗黒であった。「太平理想」は庶民の需要に応じて、宗教の思想になり、宗教の革命が起こった。『後漢書』の三十八巻には「安、順以後、風威稍薄、冦攘寝横、縁隙而生、剽人盜邑者不闋時月、仮署皇王者蓋以千数。或托験神道、或矯妄冕服」とある。その特徴は「天師」の降臨をもって、民衆による一揆をまとめ、太平の世を実現させることである。

太平道、黄巾の乱

最大規模のものは張角による『太平道』一揆である。張角は河北省鉅鹿の人間であり、『三国志・張角伝』の注『典略』によると、張角は自らを「大賢良師」と称し、黄老道を遵奉し、弟子を育てた。病人を治癒したため、信者の数は非常に多いものとなった。張角は弟子を八人伝教のために全国各地に派遣したが、結果、十年余りの間に青、除、幽、冀、刑、揚、蹐の信者は数十万になった。張角は『太平経』の影響を受けたと考えられ、同時に多くの救世運動のように、「蒼天はすでに死に、黄天は立とうとし、歳は甲子園にあり、天下大吉」という不吉な予言を広めておき、出事の兆しを感じた。早くも熹平二年（173）六月、洛陽では当地の虎噴寺の東壁に「黄人」が現れたという噂があり、その知らせが伝わると、数万人の弔問客が殺到して道が閉ざされた。この「黄人」は民間で普遍的に信仰されている「中黄太一」神のことであると考えられる。これは張角の仕業とまでは言えないが、当時普遍的に流行した一種の救世主降臨の兆に違いない。「蒼天」は漢の統治を意味し、「黄天」は「中黄太一」が支配した新しい太平時代を意味する。甲子年の中平元年（184）二月、張角は思い切って暴働を起こし、三十六カ国から数十万人が一斉に蜂起した。張角は「天公将軍」、弟の張宝は「地公将軍」、張梁は「人公将軍」と称し、全軍とも黄巾を巻き、「黄巾軍」と称された。これにより天下は大いに動揺することとなった。黄巾蜂起は間もなく鎮圧されたが、局地戦はその後も久しく続き、新たな小規模な蜂起を繰り返した。この暴動は後漢王朝の統治を根本的に揺さぶり、「三国」割拠の始まりをもたらした。創生宗教としての影響は画期的であったといえる。

五斗米道

引き続き起きていた宗教運動の中で、当時と後世に大きな影響をもたらしたのは五斗米道である。五斗米道の創始者に関して、道教を研究する者は皆、張陵と呼ぶ(後に尊称で張道陵となる)。宋代以降、道教が独自の歴史を体系的に整理し始めた際、いわゆる「張天師世家」という詳細な系譜が形成された。もちろんこれは宗教内史の神格化にすぎない。

道教以外の正史の記載は、非常に混乱していた。

このような混乱は実はとても正常である。創生宗教とその救世運動は最初は民間の下層民衆に起こったが、後に思想と地位のある人々に引き継がれて拡大された。正統な歴史記録は、後期宗教内史のように整理されたり神格化されたりすることがないため、必然的に風説の誤りや記録の相違が生じる。しかし、人・地・事に関する具体的な記録には違いがあるものの、これらの史料が反映している五斗米道の中身は十分にわかっている。

最初の五斗米道は蜀の地で起こしたかもしれないが、爆発は間違いなく漢中地区である。創始者は呪術に長け、人の病気を治療するので、多くの人が信徒に参加した。さらに創始者は信者を集団として組織し、信徒はまず懺悔し、五斗の米やその他の什物を納めなければならないのでこの名がある。創生宗教式の秘密社団はすべて病気を治療することを呼びかけて、信徒に以前の過失を認め、白状することを求めてそして反省させ、二度と繰り返さないで、五斗米道も例外ではなかった。しかし、それは早くから義理化の向上を始めた。例えば「道書」を作って、「老子五千文」などを習わせました。同時に、教団組織もかなり厳密になっており、過失を懺悔するために「静室」を設け、「義舎」を建立して、教民を呼び寄せるのが特徴であるが、この「静室」「義舎」を教団単位の「治」に転化させた。張魯の前には「治」は二十四個もあったが、分布はまだ広まらなかった。

張魯の生涯はよく知られており、『三国志』の伝記以外に、『華陽国志』および『後漢書』にも記載されている。総合的に見ると、張魯は五斗米道のキーパーソンであり、もともと張修が創始した教団を奪い、さらに拡大・強化した。同時にその祖、父から更に自身に至る正統宗系を構築して勢力を拡大し、一つの政教合一の割拠勢力を形成し、一躍漢末の群雄の一人となった。張魯政権は三十年ほど続き、建安二十年（215）に曹操に敗れた。張魯本人は曹操に降伏し、鎮南将軍の命を受けて優遇され、徒衆も組織の存続を許されたが、三輔（長安を含む）、洛陽、鄴城の三地区に強制的に移された。西晋になって、五斗米道の後裔はこれらの地域で太平道の後裔と交わって発展し、「三張」を教主とし、「三天正一盟威之道」を標榜した宗教組織を形成し、後の北魏・寇謙の「清整道教」の基礎となった。

その他の救世運動

太平道、五斗米道とともに「天師降世」「老君転生」に頼る他の救世運動もあった。史料には老君の生まれ変わりを託称する「李弘」やそれに関連する民間救世革命が多く、「老君当治、李弘応出、天下縦横、反逆者衆、称名李弘、歳歳有之」とある（『老君音誦誡経』）。「歳歳有之」の李弘は、名前を騙し取っただけで、本当にその人がいるのではなく、老君の生まれ変わりの化身である。[1] 梁劉勰『滅惑論』に、「張角、李弘、毒流漢季。盧悚、孫恩、乱盈晋末」とあり、張角、李弘、盧悚、孫恩を併べて、さらに救世運動の性質を証明した。これらは社会の下層農民の手による反乱運動から始まり、後に創

1　王明『農民蜂起所称的李弘和弥勒』、『道家和道教思想研究』、中国社会科学出版社、1984年。

生宗教の秘密教団組織に転化し、すべて道教を形成した直接的源である。東晋末から道経の系統には「金闕帝後聖李（帝）君」の降臨・救世を予言した讖言が多く、唐宋時代まで説かれていた。

各地の民間信仰

このほか、各地の「鬼道」、つまり民間原始宗教の遺存によって発展してきた民間信仰も道教の直接的起源の重要な部分である。重要なのは四つの地域である。一つは巴蜀（「巴」「蜀」共に現在の四川省にあった古代の国名）。巴蜀の原始宗教はもともと盛んで、張陵であれ、張修であれ、張魯の道であれ、西南の氐人や羌人・叟人の信仰とも密接な関係がある。後漢以来、東西羌や蜀郡の諸夷の反乱が続き、「天師」を自称して「鬼道」を興す者もしばしば発生した。例えば、『華陽国志・大同志』には、益州の陳瑞が「以鬼道惑民、其道始用酒一斗、魚一斗、不奉他神。貴鮮潔、其死喪産乳者不百日不得至道治。其為師者曰祭酒。父母妻子之喪、不得撫殯入吊及問乳病者。後転奢靡、作朱衣、素帯、朱幘、進賢冠。瑞自称天師、徒衆以千百数」と、その典型である。

二つ目は東方の浜海一帯である。同地区は昔から方仙道が盛んで、太平道黄巾蜂起の主戦場の一つでもあり、庶民から世家の大族に至るまで鬼神信仰が強く、西晋の時に趙王倫が乱を起こし、道士を「太平将軍」とした。『晋書・趙王倫伝』では「作厭勝文、使巫祝選択戦日。又令近親於嵩山著羽衣、詐称仙人王喬、作神仙書、述倫祚長久以惑衆」という。

三つ目は北方中原地区である。北方の中原地区の民間信仰は特色があり、主に自然神崇拝、鬼神祭祀及び原始的な呪術に基づいて発展してきた各種の祈禳呪禁の術が盛んであった。

四つ目は南方の呉楚地区である。南方地区では原始呪術と原始宗教の遺存「信巫鬼、重淫祀」が残されている。両漢時代になっても、江南と西南一帯にはこのような独特の伝統が続いた。民間では民間のシャーマニズムは特に盛んで、種々の「師巫」が活躍し、宗教教団も出現していた。三国時代には琅琊人・于吉の道団は江東で活動し、南北朝時代の『洞仙伝』ではそれを「于君道」と称した。この「于吉」が漢の順帝時代、宮廷で崇拝された師であるかどうかは分からないが、太平道と関係がある可能性が高い。呉以降も「李家道」、「帛家道」、「葛氏道」が江東で活動した。「李家道」は蜀の李阿(またの名を李八百)が呉で興した教団に由来するとされている。その「呪われた水で人を治療する」ということで、遠近の人々が一致して従い、病役を避けたい吏民が弟子に転じたのは千人近くで、弟子がまた教授になった。『抱樸子内篇・道意』では「布満江表、動有千計」という。「帛家道」は三国時代に道士帛和によって作られたと伝えられているが、彼は字を仲理といい、董氏を師と仰いだ人物であった。そしてまた彼は、西城山の王君が伝えた『太清中経』『神丹方』『三皇文』『五岳図』など南方の神仙道における重要な符図を詣でた。当時、多くの人がその名に仮託したため、本当の「帛和」はほとんど不明であるが、その出身地がどこで、一人であるのか二人であるのか、すなわち「帛家道」の始祖であるのかは不明である。しかし、「帛家道」は東晋南方の神仙道の一つの流派であることは間違いなく、また上清系の主要な源の一つであるかもしれない。「葛氏道」とは、葛洪が『抱朴子内篇』で述べた家伝の道法を指す。『抱朴子内篇』によると、葛氏道の始祖は世間から離れて隠れ住む江東の左慈であり、葛洪叔祖の葛玄は左慈を師とし、『太清丹経』『九鼎丹経』などの経法を受け、葛玄は葛洪の師となった。葛洪はまた、その義父である南海太守の鮑靚君にも教えを受けた。鮑靚は有名な仙人・陰長生に教えを受け、尸解仙《しかいせん》の法があったという。葛氏一系の特色は神仙可学（凡人は仙人を学ぶことによって仙人になることができる）を強調し、特に金丹の法を尊ぶことであり、南方民間の古い宗教と密接な関係があり、同時に東晋の新興宗教である上清、霊宝の両系とインタラクティブな関係がある。

道教の整合と「形成」

もし仮に、このような豊富な原始資源および直接的な「縁故」があろうとも、道教の統合と形成は決して自然発生の出来事ではない。伝統的な縁故があるが、復雑な多くの民間信仰と新興創生宗教、最後に「道教」に帰せられたのは、また三大外部条件の斡旋もあった。第一に、漢末以来絶えない社会動乱、西晋末年の異族侵入及び晋室の南渡、第二に西からもたらされた仏教の刺激、第三に、魏晋以来の思想多元化、玄学の勃興による精神創造である。

漢末の動乱後、群雄割拠《ぐんゆうかっきょ》となり、三国が対立して覇を競い、社会は甚大な破壊を受けた。百姓は死に、骸骨は草むらのようで、生き残った人々は四方を走り、あちこち流浪した青州・関隴・京洛・荊州・

冀州及び蘇北・皖北の民は、百余万口に達した（『魏晋南北朝史』）。魏はしばらく北方を統一した後、完全な安定はもたらされなかった。司馬氏は蜀、呉を倒し、中国を統一したが、西晋の政治は清明ではなく、貴族統治者の奢侈と貪暴、社会の矛盾は依然として際立っていた。291年から306年までの間にまた支配階級内部の大混戦（「八王の乱」）が発生した。これに加えて凶作が頻発し、疫病が流行し、ついに民衆に極端な困窮の境地に至り、天下は騒然となり、各地で流民の蜂起が続出した。天災と人災がますます激しくなった中、遊牧民族の内遷はまた新たな問題をもたらし、階級矛盾と民族矛盾が重なり合い、ついに「五胡の蜂起」「永嘉の乱」を引き起こし、西晋王朝は覆滅し、漢族の大部分は江南に移動し、東晋を建てた。匈奴などの民族は中国北方の大部分を支配し、大小十数の割拠政権を生み出した。後漢末から一世紀半近くの悲惨な時代と苦痛な生活は、宗教勃興の温床であったに違いない。

本土の創生宗教の救世運動以外に、仏教の伝来、流行と成功の定着はもう一つの顕著な触媒であった。仏教は漢末から徐々に伝えられ、西晋時代には盛んになり、重要な経典は大規模に翻訳され、『般若経』は重要な影響を与えた。西晋が滅びた後、激動した北方地区は更に仏教の伝化をもたらし、翻訳、義解、求経、布教の方面に多くの僧侶が現れ、寺院は興隆し、信者は広く、教団の組織、制度も更に規範化した。漢族の南遷に伴い、仏教はまた南方地区に展開して、貴族の士人はあまねく仏教を尊崇して、東晋中期に襄陽を中心に活動した道安教団と、東晋後期に廬山を中心に活動した慧遠教団は、義理建設に優れた貢献をし、大乗仏教が中国思想との本格的な結びつけを開始した。仏教の道教に対する刺激は二つの方面に現れた。一つは道教の建設者たち、特に義理化の向上に参与した知識人たちで、仏教を模倣して道教自身の義理、経典及び組織システムを構築することに努めた。第二に、道教は生存と発展のために、仏教を超えてより多くの資源を獲得しようとした。両方面の刺激は道教の「形成」と整合を生んだことができて、同じくエリート階層で論争が現れたことを招いた。この論争は南北朝時代に最高潮に達し、政治にもある程度波及した。

魏・晋の時代に、漢代から儒学独尊の状況は打ち破られ、多元的な思想構造を形成し、そこで各方面ですべて創造があった。その中で、当時流行した玄学は道家哲学に新たな発展をもたらした。例えば何晏、王弼は『老子』の思想を十分に発揮し、「無」を万有の本体とし、「無名」を推賞し、「道合自然」を主張した。また「自然」を本とし、「名教」を末とし、「崇本息末」に力を入れた。向秀、郭象は『荘子』の「各足其性」「任其自慢」を発展させ、「玄同彼我、然と天下為一」という究極の追求を提出した。また、稽康は「天地合徳、万物貴生、寒暑代往、五行以成」という自然観で養生理論をさらに豊かにし、「羨門と寿を競い、王喬と年を争う」の仙になる可能性を証明した。同時に、魏晋の士人は普遍的にわがままな自然を尊崇し、世俗的な拘縛からの解放を求め、酒を飲み、薬を飲み、生活の小節にこだわらず、生死の束縛から離れ自由気ままでいる神仙に対して強烈な尊奉とあこがれを示し、かつてないほどの自由精神を発展させた。これらの種々のことは、すべてその後の新しい神仙・道教の理論基礎となり、また、中古（中国では魏晋・南北朝・隋唐を指す）以降の道教義理化の重要な資源でもあった。

晋室南渡以降の新局面

西晋は滅亡し、南北に分裂した。乱世の時、もともと宗教が勃興する時でもあった。仏教はすでに普及を加速し、多くの本土の創生宗教の要素も融合し、改革と革新が現れ始め、新しい局面を迎えた。新しい局面における各種の新しい要素は、以前の直接な縁故に相対的に比較して言えば、ある意味での「新生宗教」である。これまでの道教の要素と区別するために、我々は「新道教」と呼ぶ。北方では、西晋時代に五斗米道の余衆が中原各地に点在し、三張（張陵、張衡、張魯）天師を頼りに「正一盟威道」を尊ぶとともに、固有の民間信仰を結合し、新たな発展を遂げた。西晋が滅亡し、鮮卑拓跋氏が北魏を建国すると、分散していた創生宗教教団の多くが再重合・復興の動きを見せた。この情況の下で、宗教改革家の一人——寇謙之は歴史の舞台の上に現れた。

寇謙之（３６５～４４８年）の字は輔真で、戸籍は元々谷昌平（今の北京）にあった。後、馮翊万年（今の陝西省を臨む潼北）に移り、自らを東漢の功臣・寇恂の十三代目の子孫と称した。寇謙之は早くから張魯の道術を修め、かつ嵩山にて修練を積んだこともあり、名声は次第に高まり、新しい教祖としての条件を備えた。神瑞二年（４１５）十月、寇謙之は太上老君が彼に「天師の位」を授け、「雲中音誦新科戒」二十巻を賜り、道教を清めさせ、三張の偽法を取り除くよう命じたと宣言した。八年後、寇謙之はまた、太上老君の玄孫が嵩山に降臨し、『録図真経』六十余巻を親授し、かつ鬼神を召し出す方法とその他の秘法を賜り、ならびに北方の「泰平真君」を補佐するよう命じたと公言した。この「泰平真君」とはすなわち、暗に北魏の太武帝である拓跋を指している。一連の布石を経て、始光年の時、寇謙之は自ら北魏の都に赴き、太武帝に道書を献上した。同時に北魏の重臣である崔浩の助力を得て平城東南に新たな道場を建てた。太延末年、北魏の太武帝は寇謙之の進言に従い、「太平真君」と改元し、そして自ら道壇に行き、寇謙之を国師に封じた。

寇謙之は老君降世に託して教主を名乗ったが、意識的に救世運動の暴力の本性と三張（張陵、張衡、張魯）五斗米道の巫鬼要素を捨てて、仏教に基づいて「礼度」を強調する宗教の義理と「服食閉錬」の実践方法、規範化した礼儀作法を確立し、政治の管理を受け入れて、世俗的な倫理と結び付けて、創生宗教に対する改革と義理化の向上を達成したと言える。改革後の北方新道教は、北朝の時代に影響が持続的に拡大し、同時に、南方新宗教及びその経典とある程度のインタラクティブが存在した。しかし、六世紀の南北道教の最終的な統合では主導的な地位にはなかった。

南方では、本土の信仰は元々各種のシャーマニズムを特色とし、鬼神祭祀が盛んで、また、多くの民間で一般的に流行している符籙を標識とする厭勝《えんしょう》（まじないで憑《つ》き物、悪霊などを押え伏す）の術、例えば「霊宝」「三皇」の最も原始的な形態は、まさに符、咒の一種である。南方の神仙信仰も非常に発達しており、服食、錬気、解化の術はいずれも深い縁がある。晋室の南渡では、漢末以来の各地の創生宗教、特に三張五斗米道などの影響が大きかった救世運動の遺存が大量の流民によって持ち込まれ、仏教の普遍的な流行とあいまって、南方の様々な宗教要素が新たな動きを見せ、新たな局面を形成した。

南方本土の宗教の新局面が出現した最大のきっかけと特色は士人の参加である。初期に重要な役割を果たしたのは、葛洪家族である。葛洪、字は稚川、原籍は琅琊《ろうや》郡（山東省東部）、後漢初期に丹陽句容（江蘇省句容県）に移住し、比較的に早い南から来た中小士族（豪族）の一つに属す。祖父は呉に仕え、寿県侯に封ぜられた。葛洪のおおおじであった葛玄、字は孝先、古今に通じて、修練が好きで、奇術がある。葛洪の『神仙伝』によると、葛玄修道の事跡は二つの面で顕著である。一つは、世間から離れて深山に隠れ住み、仙人左慈から『九丹金液仙経』を受け、すなわち神仙道を修行し、優れた成果を得た。葛玄が南方神仙道昌興の中心人物として極めて高い地位を占め、後に新道教によって「葛仙公」、「太極左仙翁」と尊ばれたのもこのためである。第二に、「斎戒に奉じて、老君と太極真人を感動させ、天台山に降り、『霊宝』等経三十六巻を授ける」と言われ、これは実際に民間の「霊宝」信仰を整理し、規範化した功績である。古霊宝経の大部分は、その名の下に入れられている。葛玄は「葛氏道」信仰の伝統を築いただけでなく、杖をついて各地を歩き、弟子が多く、修道集団を創始し、長い間に活躍した。葛洪は青年期に伝統的な儒家の教育を受けると同時に、父・葛玄の弟子である鄭隠を師とし、神仙の学を学んだ。永嘉六年前後に著名な道士、南海太守である鮑靚の嬢を妻に迎え、以後修道生活に入った。その後、ほとんどの時間に、しばしば召集されたが、葛洪はほとんど断り、山中に隠れて仙術を研鑽し、練丹の実践を行い、著述に従事した。葛洪は誠実な神仙論者であるが、厳密には宗教者ではなく、より厳格な儒家の立場を保った。葛洪の思想と行為の核心は、実用的な理性の態度を持ち、技術の手段を通じて不死になることができると信じているため、一生を通じて錬丹術を主とする実践方法を追求し、各種の民間の「妖道」を排斥、批判した。葛洪は、西晋の武帝から東晋の哀帝までの期間に暮らし、道教が醸成した重要な段階にあった。そのため、神仙理論を集大成した同時に、南方神仙道教の種々の起源に対しても重要な整理・創案の功があり、初期の道経を収集し、伝授し、各種の方術をまとめ、得道（見得）者の伝記を編纂するなど、客観的に後に出現した南方新興道教の重要な基礎となった。

西晋が滅亡し、晋室の南渡で東晋王朝を樹立すると、客観的に大きな文化融合をもたらした。第一の理由は大規模な移民である。仏教、北方の道教、玄学、伝統的な儒学などの学術思想を含む。南の文化は相対的に立ち後れており、このような交流は自然に立ち後れた側に刺激を与え、それによって変革をもたらした。

もちろん、社会の変化も新しい矛盾をもたらし、南方で典型的なのは賦役が重く形成した深刻な階級搾取である。このような社会情勢の中で、民間の宗教を利用して立ち上がった暴働が始まった。統治者が政権の安定を守るために、民間宗教の改革を強化する必要があったのは、二つの相反する原因が共通している。全体的な道教の場合、東晋の成立から南北朝にかけて、大量の新道派が出現し、道教の普遍的な統合が起こった。その中で最も著しいのは、南方の新しい神仙・道教の「霊宝」と「上清」の二系である。

「霊宝」の起源は南方で流行している古い「汎生論」の信仰であり、その核心は天地の間にある種の超自然的な力を持つ宝符が存在していることを信じて、災害を取り除き、危急を救うことができる。西晋と東晋の時期、南方の士人たちはこの民間信仰を継承した上で、仏教の厄運と救助の観念を吸収し、そして大量に大乗仏教の名詞概念と叙述風格を借用して、霊宝の秘符をめぐり一連の神託式の経典を創撰して、霊宝新道教を発展させた。霊宝系の特色は、新たな主神「元始天尊」を構成したことであり、救世の思想が強く、独自の仙人となった個人救済とは一線を画し、大衆性のある創生宗教と言える。

霊宝の民間宗教の本色は、その発展傾向と最後の結果に流行性を持たせた。敦煌の遺書に南北朝から隋・唐の時代の霊宝経が多く保存されているのは、比較的に平易なので、多くの信徒に信奉されて転読、写本されていたからである。霊宝思想の大衆性から、霊宝経を尊ぶ人々は、より制度的、系統的な教団組織と儀礼規範を発展させた。

もし霊宝は民間の淵源を主流とし、仏教の資源を多く採取するならば、上清道教はもっと多くの士人の「独創」を体現した。晋室の南渡では、中下貴族の夫人である魏華存と彼女の率いる女性の秘密隠遁修道団体も、当時の建鄴城付近の茅山地区にやってきた。この地方はもともと方仙道の雰囲気が強く、伝説の中で昇仙する「三茅」信仰が流行し、後漢末から南方に移住した士人の一族、例えば許氏、華氏、陶氏なども代々信奉し、強い修道観念を持っていた。魏華存の団体は「通霊」の能力を持った若い楊羲を加入させ、彼を「霊媒」として利用し、シャーマニズム的な神霊憑依、瞑想受啓などの方法で、許氏の一族（許謐・許封父子を中心とする）を入道させることに成功し、上清新仙道教を共同で創出した。

上清系道教は、南方の新しい道教の典型的な代表であり、六朝時代の南方の地域文化の特性と南方の神仙道教の特質を最も備えた道教の歴史的な形態でもある。まず、上清系道教自身も融合と統合の産物であり、初期神仙道教の多くの元素を吸収し、霊宝系道教と相互に融通した。次に、上清系道教が士人の参加による整合した新しい道教形式として、エリート思想と民俗伝統の両方においてかなりの程度の反映があり、後期の道教思想の義理と方法の実践など多くの方面に直接的な影響を与えた。最後に、上清系は継承の上で、義理の度合いが非常に高い経典システムを発展させた。中でも陶弘景がまとめた『真誥』は、宗教的な「啓示録」の属性を最も持っていた。

上清系道教は精緻化した士人宗教であり、絶対的に高尚な神仙境界と究極の真理を追求の目標とし、「仙真口授」の受容と理解を入道の門と進階の証としている。功徳を積み、精進を重ね、これによって仙籍に登録した人にこそ、この至妙の上道を知ることができる。上清系は新たな人間関係を構築した。それは南方のシャーマニズムに由来し、これまでの神話の遺存と通俗の信仰を吸収して、そして義理化の向上を得て、「歌舞降神」のような「呪術——宗教」の儀式化要素を保持し、さらに士人たちの精神的な追求を表現した。「人が神とつながる」はもはや物事を制御する呪術の手段ではなく、一種の救いと解脱の理想表現に進化した。上清系道教は「三元八会の書」以外に「流戸濁文淫僻の字」を作ることに反対した。それは真理の垂象を尊び、文字やその他の形式に流すのではなく、悟りを強調した。したがって、上清系道教の根本的な実践方法はこのようなすばらしい象と極めて符合する存思と瞑想であり、服食（丹薬と草木薬）や修業などは補助の術にすぎない。「存思」とは、一種の精神的な観察・体験であり、心を主体として内外の生き生きとした、いつまでも止まらない、幻想的でまた真実を失わない想像である。存想の意義は後世の内丹思想の源泉であるだけでなく、それによって道教の趣が士人の精神生活に入ることを完全に可能にした。[1]

晋・宋の時代になると、南方における新しい神仙道教の興隆と他の道教元素との融合が進み、自身を整理する必要が出てきた。宋から梁にかけて、陸修静、陶弘景を代表とする入道者と先導者は南方の新しい神仙道教を整理し、改革と義理化を高めた。

陸修静（406～477）は字を元徳といい、呉趣（今の浙江省呉趣）の人、南方貴族の出身で、三国時代の東呉丞相である陸凱の末裔である。幼い時より儒学を修めたが、成人後、養生の術を好み、まず雲南に赴き、隠居して道を修めた。その後、同地の名山を巡り、仙の跡を追い求め、道書を遍く探索した。元嘉三十年（453）、宋の文帝は彼を入宮させ、道を教えることを許可した。後、太初の難を退け、彼は南方を離れた。そして大明五年（461）に廬山の東南で道館を建立し、そこで隠居して道を修めた。宋の明帝は泰始三年（467）、再び建康に赴くよう命じ、崇虚館に住むように命じた。当時、南方の新神仙道教による経を造る活動は既に大きな成果を挙げており、陸修静は長期の収集を経て、既に非常に多くの経文を得ていた。経、戒、符、図などは計千百巻余りに上り、整理された。そして前にある基礎の上で正式に三洞（洞真・洞玄・洞神）の三分体系を確立し、泰始七年（471）に『三洞経書目録』を編纂した。また、陸修静は「祖述三張、弘衍二葛」とし、道教全般

1　趙益『六朝南方神仙道教和文学』、上海古典出版社、2006年、168～169ページ。

についても理論的な整合作業を多く行った。「大敞法門、深弘典奥。朝野註意、道俗帰心。道教之興、於此為盛」(『三洞珠嚢』巻二引『道学伝』)。

陸修静の最も重要な観念は、修道を重んじて斎戒を行うべきだと主張し、心を清める行為を基本としてこそ、善を行い、悪を防ぎ、道を作ることができると考えた。斎戒とは、心身を清めて謝罪し、悔悟し、敬虔に礼拝するという、あらゆる宗教に備わる神聖な儀式である。陸修静は完璧に斎戒の義理カーネルを構築し、さらに具体的な儀礼の建設を重視し、斎戒儀範類道経を百巻余り編纂し、道教の最も重要な神圣な儀礼——斎戒の儀式手順、儀式規範を初歩的な統一と完備にさせた。

陶弘景(456~530年)は字を通明といい、後に諡真白先生となった。丹陽秣陵(今の江蘇省南京)の人である。南方士族の出身であり、その七代前の祖である陶浚は呉の鎮南将軍で、句容侯に封ぜられた。弘景は弱冠の年(男子の二十歳前後)で、当時劉宋相国であった斉高帝に召し上げられ、諸王の侍読となり、定期的に朝廷に参加した。永明二年、三十六歳の陶弘景は辞禄を上表して茅山に隠居した。梁の武帝が即位した後、何度も礼を請い、朝廷は大事ごとごとに諮問に行った。弘景は山から出ないが、常に書状で応対し、当時の人々から「山中宰相」と呼ばれた。隠遁しながら政治には常に関わってきたエリートの典型であった。

陶弘景は生まれつき独特な節操があって、多方面にわたる才能を持ち、琴・碁を善くて、書道をして、博物に通じて、読書に精勤して、天文暦、陰陽五行、風角星算、山川地理、方図産物、医術本草によく通じている百科事典式の全才である。陶弘景は家伝の信仰を受け継ぎ、幼い頃から神仙養生に励み、後に華陽に隠棲し、東陽孫遊岳から符図経法を受け、名山を遍歴し、仙薬と道経を探索し、辟谷（五穀を食べないで空気だけを食べる）・導引（もみ療治）を得意とし、また丹薬に親しむことができた。しかし、陶弘景は仏教にも傾倒した。かつて仏が菩提心を授けた夢を見て、「勝力菩薩」と記していたので、鄮県の阿育王塔に自ら誓いを立て、五戒を受けた。このため、陶弘景は、儒・釈・道が合流すると主張し、儒・釈・道三教の理論を折中し混ぜ合わせようとした。陶弘景は南方の新神仙道教、特に上清系道教の整理と伝播に対して功績が甚だ大きかった。主要なものは次の三方面におけるものである。

一つ目は上清が創られた時期の「真人口授」を収集、効力を発揮させたことである。上清内史の記載によると、東晋の興寧三年（365）六月ごろから、多くの仙真が霊に通じた若者の楊羲の館舎に降り、彼に多くの修真の要旨を伝授し、彼に世の文字で記録し、殷勤に先導者として真の上仙を修しようとする句容人許謐・許父子に伝えてもらうように頼んだ。楊羲が筆録を許氏父子に伝えた後、後者はまたいくつかの転写をして、そして修道の過程の中で絶えず霊媒の楊羲を通じて仙真たちに尋ねて、お互いの問答は同様に楊羲が書いて伝達して、これによって楊羲、許が直筆した真人の口伝を形成した。これらは上清の信者が尊んで奉じた真人誥であり、実質的には上清創教者の啓示録式の作品であり、「預言者語録」の性格を持っている。上清の教法が陸修静の後にしばらく沈淪したことや、天啓文字がしばしば秘かに顕在化したことなどから、楊羲・許氏父子のこれらの写本は、許氏の子孫や多くの先導者の手を経て、大いに散逸した。陶弘景は宋の永明三年（485）に茅山を訪れ、楊・

許手書を初めて入手した。その後、収集と同時に整理・校訂・注釈が開始され、斉の永元元年（499）に『真誥』が編成された。

『真誥』は上清創教者の思想観念を最もよく反映する文献である。その内容を見ると、『真誥』は長い歴史を持つ神々の信仰をまとめ、葛洪のもとで義理化の改造を加え、成熟した宗教思想に昇華させた。その他の要素では、東方浜海地区の伝統信仰を吸収し、北方から伝わった「五斗米道――正一盟威天師之道」の多くの要素を受け入れ、同時に併起した霊宝系、三皇系の内容を採録し、更に多くの仏教理論を取り入れた。『真誥』は、上清創教の根源、神霊譜系をさらに解釈し、天国と地獄の構造を構築した。「真昭」は中国式の「啓示録」で、「先知文学」や「予言文学」のさまざまな特徴を持っており、例えば、演劇化された人・神の受け渡しの場面、多様な占いや予言、神託、大量の神聖な詩や賛美歌、神話、寓話、豊かな象徴や隠喩などが、後世に大きな影響を与えた。

第二に、神祇の体系を整理、統合したことである。南方の新しい神仙道教は最初から包容体であり、だから統合の中で神霊系譜を義理的に整理するのは非常に切実な任務である。陶弘景は、「階業不同、高卑有制」の原則に従って『真位牌業図』を編纂した。天神、地仙、鬼官によって、上から下まで七つの等級に分けられ、各等級には「中位」の主神と「左位」「右位」の輔神がある。厳密に論ずると、最高一級以下の神霊等級配置において、「真霊位業図」は厳密な内在論理を表していない。これは今存本が乱雑したためかもしれないが、陶弘景の独特な傾向に由来するかもしれない。彼は総体的に上清系の仙真を得道者の楊羲、許氏父子を含めて高い等級に置いたため、上清系に対する尊崇を顕著に表現した。

第三に、神仙・道教の方法の実践において、特に養生・修練の分野で多くの成果をあげた。陶弘景の宗教思想は葛洪より濃厚であるにもかかわらず、「技術」の道を通じて霊肉不死を実現することを重視する思想原則は葛洪と同じである。彼の著述の中には、医薬、養生と服気導引、辟谷、鍊化、金丹、剣解などの修練術に関するものが多く、当時に至る道教の実践方法の集大成である。陶弘景の関連著作の多くは散逸しており、『養生延命録』『登真隠訣』だけが残っているが、唐宋の道教修業説に吸収されたことは間違いない。

新道教が台頭した後、きちんとする同時に、道教のエリート分子の思想もそれに応じて新しい動向が現れた。その中で最も重要なのは「六天故気」の代わりに「三天正道」という宗教変革の主張であり、南朝宋の『三天内解経』はこの観念を集中的に反映している。この新しい観念の中で、復興と輝かしい時代の「三天」は必ず過去のものと堕落した時代の「六天」に取って代わるべきで、「正道」は「故気」に打ち勝って、「無為大道」「清約大道」「仏道」の三道は全部「大帰真道」になる。「無為大道」「清約大道」の具体的な表現は明らかではないが、同時に『三天内解経』の作者個人のある種の仮想的な概念である可能性もあるが、「三天正道」が「六天故気」に取って代わるのは明らかに新道教の興起と義理化の向上の思想反映であり、疑いがない。

新道教の興隆と同時に出現したのは大規模で普遍的な「造経運動」である。文明時代の創生型宗教は、すべて造経から始まった。以上のように、南方新道教の様々な独創は、同様に大量の経典を編制することによって現れた。造経運動は、新道教が少なくとも形式的には濃厚な「経文宗教」の特徴を呈し、道教の統合、形成の重要な基礎を築いた。

経文の創撰と派生——経、経群、経系

当時すでに存在していた経典は主に『太平経』と老子『道徳経』であり、それ以外はばらばらな方技（方士の行う技術。医術・占星・不老不死などの術）の書である。錬丹類の経文の起源は古く、独自の系統でもある。これらの経典の影響はもちろん発生したが、すでに明らかに新道教の需要に適応できなかった。

新しい宗教経典の創撰は宗教の普及と義理化と密接に関連している。初期の太平道、三張五斗米道、正一盟威道など、影響を拡大して義理立てを行うためには、経文を構築する必要があった。寇謙之の北方新道教と南方の新道教も例外ではない。義理建設について言えば、南方の新道教は最も多くの成果を獲得し、だから経典の創撰の方面で更に際立った。

最も早く出現したのは幾つかの核心的な経典である。三皇経は「三皇文」であり、霊宝経は「五篇真文」または「霊宝五符」である可能性がある。上清経は「大洞真経三十九章」である。これらの経典の内容は単一で、文字数も多くなく、霊宝経の「本源」の部分は一千百九字であり[1]、「大洞真経三十九章」

1　『霊宝経義疎』、『中華道蔵』第五冊、華夏出版社、敦煌遺書2861V、2256ページ。

の最初は三十九神名であるかもしれないが、「三皇文」ももともとは三巻ほどではなかった。東晋初の造経運動の展開に従って、これらの核心経典自体に派生があるだけでなく、だんだんそれを中心とした「経群」を形成した。三皇経は「大有籙図天皇内文」「大有籙図地皇内文」「大有籙図人皇内文」の三巻を形成し、霊宝経は「十部妙経」二十一巻を形成し、上清経は「大洞真経三十九章」を中心とした「上清大洞真経」三十一巻を形成した。この三大『経群』のほか、古い『正一盟威』系統と、五〜六世紀に生まれた『神呪経』『昇玄経』がそれぞれの経群を形成した。

造経運動の深化は東晋中期以降である。士人の参加と義理化の向上は南方新道教の興隆の重要なきっかけであり、もちろん敷衍《ふえん》或いは経典創撰の直接な動力でもある。まず葛氏家族の葛巣甫が新しく霊宝経を作った。続いて普通の士人・王霊期が上清経を新撰した。更に一部の無名の作者の貢献を加えることによって、南方新道教の二大経群はかつてない拡張を得た。「三皇文」はもともと南方で最も影響の大きい古い符図であったため、その経群も次第に発達し、最終的には「霊宝」「上清」と共に「経系」を形成した。経系の構成は、古くからあった経・経群のほか、新たに符籙や儀規、口訣、戒律、方法などの新しい経文が加わった。陸修静は、三大経系によって形成された「三洞」経典を整理する際、霊宝経の内容によって十二種類に分類し、その後、「三洞」全体の分類体系として用いられた。十二の類型は「十二部」と呼ばれ、本文、神符、玉訣、霊図、譜録、戒律、威儀、方法、衆術、記伝、讃頌、表奏（後に「章表」とする）である。「十二部」は、体式を主とし、内容の主旨を考慮した分類であり、分類自体が道経の実際に符合するため、当時の道経全体の類型の概括とも見られる。

道教の整合と「形成」

道教の整合は経典の整合（あるいは経蔵体系の形式）を主要な表現とする。

陸修静は「総括三六」、「三洞経書目録」を編纂する前に、「三洞」という概念が形成された。このような経緯は非常に複雑で、簡単に言うと、「三洞」とは、南方道教が仏教に刺激されて上清系を主導し、南方道教の「造経運動」の成果によって、仏教の経蔵である上・中・下の「三乗」を模倣して構築された経蔵体系の観念である。「三洞」は南方新道教の興隆の重要な標識である。

しかし、「三洞」は道教を形成した歴史の実際を反映することができなく、道教の更なる統合の必要性にも合致しない。これまでの老子の『道徳経』経系（主に解釈、注解の著作で構成する）、及び『太平経』、正一経系と金丹諸経は、「三洞」に組み入れられなかった。さらに重要なことは、同じく「三洞」以前に出現し、道教形成の最も根本的な基礎であり、南方の新道教に重大な影響を及ぼし、自身は絶えず発展している「五斗米道――正一盟威」系統の経典は、その地位が合理的な配置を得ることができなかったことである。そこで、統合が進んだ六世紀の初めに「四輔」が現れた。

「四輔」は他に四部（太玄、太平、太清、正一）を設けた。「太玄」は老子『道徳経』以下の諸経、「太平」は『太平経』経系、「太清」は金丹諸経、「正一」は正一経系である。四部は三洞の「補佐」として加入し、「太玄」は「洞真」、「太平」は「洞玄」、「太清」は「洞神」をそれぞれ補佐し、「正一」は七部に貫通している。そこで、老子経系の『道徳経』や『太平経』の経系、そして金丹諸経はすべて経蔵の体系に組み入れられた。「正一経」は更にある種の「補償」を得た――「四輔」の一つであるが、

「宗道徳、崇三洞、遍陳三乗」（『道教義枢』七部義引『正一経図科戒品』）と「統括三洞」である。

教団の組織化・制度化も整合の重要な表現である。初期の創生宗教である太平道、五斗米道などは、救世軍の蜂起を起こさせるために政教合一の制度を実施したが、これは明らかに世俗政治に許されていない。他の民間宗教は往々にして大衆の郷社に集まっているので、どうしてもばらばらに流れてしまう。士人を主とする上清新教は、秘密結社の形式をとって、布教と拡大の需要には足りなかった。そこで、新道教は五斗米道の「治」と「静室」を統合し、同時に仏教寺院制度を模倣して独自の教団形式である「道館」を構築し、陸修静より次第に入館して修道する独立教団制度が確立された。北方では「観」といい、「館」とは意味が違うが、性質はたいてい似ている。唐の時代以降、道教の修行の所を総称して「観」と言い、大きいものは「宮」と言う。[1]

儀式、特に儀式の手順と儀式の規範の整理と構築は、同様に道教を整合する表現の一つである。整理の方面では、新道教は原始宗教の遺存元素、例えばシャーマニズムの招神下凡（神を下界に招き寄せる）および創生宗教の首過（過失を懺悔する）などに対して、すべてある程度の整理を始めた。構築の方面では、上清系は秘密伝授の性質のため、経典儀式の規範を重視した。霊宝系は民間宗教の特色に富んでいるため、祭祀儀式、特に斎戒を強調した。霊宝儀式は後世に大きな影響を与え、陸修静が完成した霊宝科儀は今でもすべての道教儀式の基本構造である。[2]

1　陳国符『道蔵源流考』、中華書局、１９６３年、２６８ページ。
2　（仏）索安（Anna Seidel）『西洋道教研究年代史』、呂鵬志ほか訳、中華書局、２００２年、25ページ。

総体的に、道教の整合は内容体系ではなく形式体系であり、教理、神譜、方法にも整合があるが、明らかではない。この方面の仕事は唐代から始まり、宋代に一段落した。道教は叢生しているため、「整合」は常に相対的であり、最終的な結果はありえない。

南方における新神仙道教の興隆と道教の統合は、普遍化を汲み、エリートの伝統と世俗の政治的支持を得ようとする仏教に異教の圧力を感じさせ、強烈な批判を加え始めた。道教も反撃して、典型的な代表は顧歓である。顧歓は、六朝時代の道士、字は景怡または玄平。呉郡塩官県（現在の浙江省嘉興市海寧市）の出身。彼は幼い時貧しく、早くに孤独の身となったが、好学家であり、天台山に開館、百人近い信徒を抱えるようになった。斉高帝は彼を揚州主簿に招請、そして斉武帝の永明元年（483）に彼を太学博士に招請したが、いずれも誘いを頑なに断った。顧歓は当時の有名な道士であり、上清経や楊、許の直筆書の収集整理に参与した。宋斉の時、仏と道の間にはお互いに攻撃が激しく、顧歓はこのために『夷夏論』を著し、表面では「道則仏也、仏則道也」それぞれ優劣があると主張したが、実は仏、道に夷、夏の別があると考え、儒、道は一宗から出て、「露首偏拠、夷礼濫用」に反対した。『夷夏論』は「仏教」と併ぶ「道教」という言葉が初めて登場しただけでなく、エリート思想界の「三教論衡」の先駆けとなった。

原典を読む

『太平経』(抜粋)

『太平経』巻三十七『五事解承負法』第四十八

【解題】

『太平経』の出現について、詳細は不明である。先に前漢の成帝の時に斉の甘忠可が『天官暦包元太平経』十二巻を作って、最初に「太平経」と称されるようになったが、後世の『太平経』と関係があるかどうかは不明である。後漢の順帝の時、琅邪人の宮崇は天子の宮殿に行って、師の乾吉がえた神書百七十巻を献上したが、順帝に採用されなかった。後に襄楷は再び献上しても桓帝に動じなかったが、ここから次第に世に知られるようになった。宮崇に献上された乾吉の書は『太平清領書』と呼ばれ、後に道教の『太平経』となった。原書は百七十巻あったが、現存するのは『道蔵』など五十七巻である。また、唐末の道士である閭丘方遠が抜粋した『太平経鈔』があり、甲乙丙丁戊己庚辛壬癸十部に分けられたが、現代学者の王明の研究によると、その中の「甲部」は偽書であり、後人の仕業である。全体的には、『太平経』は諸手にまとめられ、真偽が半々で、内容が複雑で、陰陽五行と道家の説を受け継ぎ、また不吉な予言と神仙の術を吸収し、また巫覡の論も入り混じって、その意義と趣旨は善悪応報を説いて、神道の教育を主張し、太平の世を実現することを理想とした。

『太平経』は「承負」という説を掲げ、その趣旨は、罪は必ず犯罪者に承負され、報いを受けることである。「承負説」は中国古代の「積善余慶、積悪余弊」という観念の発展で、仏教の「輪廻の報い」という言葉と一体化した。ここでは、「承負」についての一節を選択して注釈し、原文は王明の『太平経合校』に則り、注釈は楊寄林の『太平経』（中華書局、２０１３）を参考にした。

【原文】

蔽暗弟子再拝言、夫大賢見師説一面、知四面之説。小賢見師説一負、知四負之説、故易為説也。[1] 其愚暗蔽頓之人、不事見為説之、猶復心懐疑、故敢具問天師。師既為皇天解承負之仇、為後土解承負之殃、為帝王解承負之厄、為百姓解承負之過、為万二千物解承負之責。又言、下愚弟子乃為天問事、不敢不冒過悉道之。願具聞其意何等也？

「平言」

「今帝王人民有承負、凡事亦皆自有承負耶？」

「善哉、子為天問事、誠詳且謹」

1　「一面を話せば、四方を知る」、「一敗を言えば、四敗を知る」と、一を聞いて十を知る意味である。

「今毎与天師対会、常言弟子乃為天問疑事、故敢不詳也」

「善哉、子有謹良之意、且可属事行。今子楽欲令吾悉具説之耶？不惜難之也。但恐太文、難為才用[1]、具説天下承負、乃千万字尚少也、難勝。既為子挙其凡綱、令使衆賢可共意、而尽得其意、与券書無異也」

「唯天師語」

「明開両耳、安坐定心聴」

「唯唯」

「然、天地生凡物、無徳而傷之。天下雲乱、家貧不足、老弱饑寒、県官無収、倉庫更空。此過乃本在地傷物、而人反承負之。一大凡事解、未復更明聴」

「今一師説、教十弟子、其師説邪不実、十弟子復行各為十人説、已百人偽説矣。百人復行各為十人説、已千人邪説矣。千人各教十人、万人邪説矣。万人四面俱言、天下邪説」

「又言者大衆、多伝相征、不可反也、因以為常説。此本由一人失説実、乃反都使此凡人失説実核、以乱天正文、因而移風易俗、天下以為大病、而不能相禁止、其後者劇、此即承負之厄也、非後人之過明矣。後世不知其所由来者遠、反以責時人、故重相冤也。復為結気不除、日益劇甚[2]。故凡二事解、真

1　才用とは裁定、応用。才＝「裁」。
2　後世には、災厄の由来が遠いことを知らず、むしろ当時の人を非難してしまったため、再び恨みを抱き、また難除の恨みを結んでしまった。

人復更明聴」

「令一人為大欺於都市中、四面行於市中、大言地且陥成涵水、垂泣且言。一市中人帰道之、万家知之、老弱大小四面行言、天下倶得知之、乃使天下欺、後者増益之、其遠者尤劇。是本由一人言、是即承負空虚言之責也、後人何過乎？反以過時人。三事解、然真人復更明聴」

「夫南山有大木、広縦覆地数百歩、其本茎一也。上有無訾之枝葉実、[1]其下根不堅持地、而為大風雨所傷、其上億億枝葉実悉傷死亡、此即万物草木之承負大過也。其過在本不在末、而反罪末曾不冤結耶？[2]今是末無過、無故被流災得死亡。夫承負之責如此矣、寧可罪後生耶？四事解、然真人復更明聴」

「南山有毒気、其山不善閉蔵、春南風与風気倶行、乃蔽日月、天下被其咎、傷死者積衆多。此本独南山発泄気、何故反使天下人承負得病死焉？時人反言猶悪、故天則殺汝、以過其人、曾不冤乎哉？此人無過、反承負得此災、魂神自冤、生人復就過責之、其気冤結上動天、其咎本在山有悪気風、持来承負之責如此矣。五事解、然真人復更危坐、詳聴吾言。

「本道常正、[3]不邪偽欺人。人但座先人君王人師父教化小小失正、失正言、失自養之正道、遂相効学、後生者日益劇、其故為此。積久伝相教、倶不得其実、天下悉邪、不能相禁止。故災変万種興起、不可

1　無訾とは、計り知れない。

2　冤結《えんけつ》とは、恨みが鬱積する。本句の意味は罪は根に枝葉を持たないで、かえって枝葉を責めて、これはもしかしたら冤罪を郁結させることができるか？

3　本道常正とは本原の道、常守正直。これは『太平経』の説く義理を指し、他の邪説と区別する。

勝紀、此所由来者積久復久。愚人無知、反以過時君、以責時人、曾不重被冤結耶？」

「天下悉邪、不能自知。帝王一人、雖有万人之徳、独能如是何？[1]然今人行、豈有解耶？若食尽欲得之、而病人独不能食、乃到於死亡、豈有解耶？今交陰陽、相得尽楽。有子孫祭神求吉、而自若不能生子、豈有解耶？夫人生尽楽好善而巨壮、而固反不肖且悪、豈有解耶？[2]此尽承負之大効也。反以責時人、故不能平其治也。時人伝受邪偽久、安能卒自改正乎哉？遂従是常冤。因為是連久、天憐之。故上皇道応元気而下也、子勿怪之也[3]」

「『以何為初？以思守一』、何也？一者、数之始也。一者、生之道也。一者、元気所起也。一者、天之綱紀也。故使守思一、従上更下也。夫万物凡事、過於大末、不反本者、殊迷不解、故更反本也」

1　帝王は一人で、一万人の徳を備えても、どうすることができるだろう。
2　世の中の人は顔が綺麗で、体が強い人が好きであるが、自分は生まれつき才能がなく、徳がなく、醜さがある。これを解消する方法があるか？
3　上皇道とは猶言至道、最高の道。本句の意味は、このような状況がすでに存在して、皇天は世の人を哀れみ、だから至高の道は元気と世の中に来ることに応じて、あなたはこれに対して何も驚くことがないでください。

『大道家令戒』（抜粋）

【解題】

『大道家令戒』は『道蔵』版本の『正一法語天師教誡科経』に収録され、比較的早い北方正一系の経文として定評がある。文選の第一節は、道の化身「老君」が降世し、張道陵を天師とし、「正一盟威の道」を作って二十四治を立てた。文選の第二節は末世を宣揚することによって、衆民に善への道を勧め、災厄を脱する。両節とも創生宗教救世運動の顕著な特徴を示した。

【原文】

漢世既定、末嗣縦横、民人趣利、強弱忿争、道傷民命、一去難還、故使天授気治民、曰新出老君。[1]言鬼者何？人但畏鬼不信道、故老君授与張道陵為天師、至尊至神、而乃為人之師、汝曹輩足可知之、為尊於天地也。[2]而故悶悶、日一日、月一月、歳一歳、貪縦口腹、放恣耳目、不信道、死者万数、可不

1　漢世＝漢の時代。末嗣＝後裔。ここで「道」とは、道教の「大道」を指し、時には擬人化の最高神格や老子の化身を指す。授気治民とは、大通りに「気」を下して、民衆を治めるために用いる。新出老君とは、道教の話によると、「道」の化身は老子が西に行ったが、この時また大道の命を受けて再び漢の地に来たので、「新出老君」と呼ばれている。

2　なぜ鬼を借りて事を言うのであるか？これは人々が鬼を恐れて道を信じないので、老君は張道陵を天師として命じた。天師は最高で、神通は無極で、世間の師となった。

痛哉。[1]道以漢安元年五月一日、於蜀郡臨邛県渠停赤石城造出正一盟威之道、与天地券要、立二十四治、分布玄元始気治民。

欲朝当先暮、欲太平当先乱。人悪不能除、当先兵、病、水、旱、死。汝曹薄命、正当与此相遇。[2]雖然、吉人無咎。昔時為道、以備今来耳。[3]未至太平而死、子孫当蒙天恩。下世浮薄、持心不堅、新故民戸、見世知変、便能改心為善。[4]行仁義、則善矣、可見太平、度脱厄難之中、為後世種民。[5]雖有兵、病、水、害之災、臨危無咎。故曰道也、子念道、道念子。子不念道、道不念子也。故民諸職男女、汝曹輩荘事修身潔己、念師奉道。世薄乃尓、夫婦、父子、室家相守当能久、而不能相承事清、貞孝、順道、敬師、礼鬼、従神乎。[6]

1 あなた達は常に混沌とした状態にあり、日に日に、月に月に、年に年に、放蕩していて、口腹の欲を出して、色事の娯楽に貪欲で、道を信じないで、死者の数万計を招いて、まさかまだ痛ましいではないか。

2 朝日が欲しければ、夕方を先に過ごし、太平を楽しみたいなら、まず災いを経験しなければならないという意味である。人間の邪悪はまだ取り尽くすことができなくて、先に戦争、疫病、洪水、干ばつ、死亡に耐えるべきである。あなた達の運命は不幸で、ちょうどこの時期に会う。

3 吉人とは、神の加護を受けた良善の人、ここではもっぱら道を修める人を指す。それでも、善き人は必ず災厄から遠ざかるという意味である。昔は修行していたが、今のために備えている。

4 下世とは近世。近世以来、浮世風が軽薄で、人々の意志が堅堅ではなく、新旧信衆はこの世相を見て、この世の変化を明らかにすれば、改心することができる。

5 種民とは、大道に認められた忠実な信衆。仁義を施すことで、太平を見て、災厄を乗り越え、苦しみから逃れ、新時代の真の信衆となる。

6 本句の意味は、世の中がこんなに混乱しているので、夫婦、親子、家族が互いに守っていくことができる以上、お互いに伝承

『霊宝経』（抜粋）

一

【解題】

本節は『道蔵』版本の『太上霊宝五符序』下巻に収録されたものである。『太上霊宝五符序』は比較的早い霊宝系経文の一つであり、主な内容は「霊宝五符」をめぐる論述で、東晋初の頃に形成されたとされており、絶え間なく内容の追加過程を辿った。「霊宝五符」とは、初期の「霊宝」の一派が尊んでいた五種類の「霊符」で、本節は「霊符」の重要性と秘匿性について説明した。

【原文】

夫天書煥妙、幽暢微著、至音希声、陳而不煩。[1]是以西吾之刃、雖十寸而割玉。流星之金、雖繊介而徹視。[2]徒才大者用遍、有物細者用備、豈非霊宝五符、其由是乎？[3]聖人演天地之文、而敷言数万、葩竜

するこ とはできないのか、閑静の道に従事し、貞孝を篤守し、道義を従順し、天師を奉じて、鬼道を礼侍して、神に従属するのか？

1　煥妙とは、明るくて、玄妙である。天書は明るくて玄妙で、明晰で、意味が分かりにくい至高の妙の声のようであるが、また一つの列が整然としていて、煩雑ではない。

2　西吾の刃とは、西方の昆吾山が産した鋭い刃。本句の意味は、西の昆吾山が産んだ刃は、わずか10寸しかないが、玉を切って泥を切るようである。流れ星が空を横切る金色の光は、細くて小さいが、誰も見られない。

3　才能が優れた者はその広範な能力を発揮し、物を細かく察知した者はその備えの功を如実に示し、「霊宝五符」はこのようでは

鳳之形、暢動物者百篇。[1] 発山林八会之跡、為日用之務、成渕分之名。[2] 草木和仙通神、悟性命之無期、以致営溉、必有倫乎。唯至道而貴其契、真人而仰其文矣。[3]

……霊符之妙、寔由高聖之所宗、上哲之所佩、真人之所貴。霊仙之賛味玄淡、而朗其采色、天神而校其対也。[4] 其服禦日月星辰、八気五元、[5] 身体草木之方、当是五符下流、通泗之洙耳。[6] 其天辞虚籥、非

ないか。

1 葩竜鳳之形。葩はもともと花を指し、また華美な形をいう。竜章鳳篆《りゅうしょうほう》とは、道教で雲篆を象った文字図経文のこと。聖人は天地の中の竜章鳳篆を演繹して、数百千万に万物を感化する経典になる。

2 八会とは、宇宙初判、陰陽二気布成の天書経文のことで、よく「三元八会」と呼ばれる。本句の意味は、聖人が自然の中の雲篆の文を明らかにして、日常の道と深遠の適切な名分にすることである。

3 草木は仙と神と相通ずるもので、生命は終らず、絶えず滋養灌漑を必要とした。だから至道だけが私達にそれと符合することをくみ取ることができて、ただ真人だけが私達にその演繹の文字を尊ばせることができる。

4 本句の意味は、霊符は至妙至精で、高聖はそれを宗奉し、上哲は皆それを佩用し、眞人はそれを極めて大切にする。霊仙はその玄妙簡約を賛美し、色を輝かせ、天神は伝授の対応を検証する。

5 八気《はちき》とは、修道者には向かない八つの状態、すなわち風、寒、暑、湿、飢、飽、労、逸のこと。詳しくは『道枢・坐忘篇』を参照。五元とは内丹用語、『周易闡真』「一、三、五、七、九は陽五行、即ち先天五行。一は元精で、水に属し、壬水である。三は元性、木に属し、甲木である。五は元気で、土に属し、戊土である。七は元神、火に属し、丙火である。九は元精、金に属し、庚金である。これは五元である」

6 通泗之洙。洙泗二河は通じる。『水経注・泗水』によれば、泗水は大きく、洙水は小さい。本句の意味は、使役日月星辰、調養内丹、身体草木に関わる法術は、「霊宝五符」から派生した道術であり、泗水に通じる洙水のようである。

凡賢所聞、雖同載五符之中、故廢其竜跡、不顕大音矣。[1] 徒見而不知、亦何所言哉。聾者希聞黄鐘之響、盲者企睹白黒之津、奚有異於此耶。[2] 聖人雖不為其解高妙之意、然故自陳於本符之上、無損減也。[3]

二

【解題】

本文は『道蔵』版本の『太上洞玄魂宝赤書玉訣妙経』上巻に収録されたものである。『太上洞玄魂宝赤書玉訣妙経』は「古霊宝経」の「赤書五篇真文」の経群に属し、「五篇真文」を中心とした拡張論述の一つで、現存本も同じ絶え間なく内容の追加過程を辿った。「五篇真文」は実際、「五符」のさらなる発展であり、「秘篆真文」と表現され、衆生を救う呪力がある。本節は仏教の観念を借りて、諸天の人々を救済する思想について説明した。

1　虚籥とは、中心の空虚な管楽器。竜跡とは、聖明の行跡。本句の意味は、天降の文が中空の虚籥のようで、俗人には理解できないが、他の文語と一緒に「五符」に記載されているが、行跡は見えないという意味である。

2　本句の意味は、人々は霊宝五符の道を見て知らないで、まるで聴覚障害者は黄鐘の音を聞くことができなくて、盲目者は白黒の別を知ることができないようである。

3　聖人はその中の高深玄奥の寓意を詳しく説明してくれないが、自然にこの霊符の上に現れ、意は少しも欠陥がない。

【原文】

尓時元始天尊、太上大道君、五老上帝、十方大神[1]、会於南丹洞陽上館、坐明珠七色宝座。時有五帝大聖、玄和玉女、五万二千五百衆詣座、天灑香華、神竜妓楽、無鞅数衆、紫雲四敷、三景斉明、天元合慶[2]、衆真斉駕。時有精進学士王竜賜侍坐、請受法戒。

道告竜賜「吾於七百万劫、奉修霊宝、立願布施、持戒執斎、勤苦不退、展転生死、忍辱精進、断除異念、空受無想、積感玄寂、得作衆聖[3]。道尊常用慈念、欲令広度衆生、是男是女、好願至人、鹹使得見霊宝妙法。尓有善心、来帰法門、由尓前生万劫、已奉至真、功満徳足、致生道世、値遇法興[4]。今当為尓解説凝滞、十部妙経使尓救度十方諸天人民、勤為用心、勿使魔言[5]」

1　元始天尊は、「玉清元始天尊」とも呼ばれ、当時霊宝経が樹立した最高の神である。太上大道君は「霊宝天尊」「上清霊宝天尊」とも呼ばれ、洞玄教主のために、洞玄部経典を伝授する。五老上帝は五方五老とも言われ、初期の道教を尊ぶ5人の天神であり、それぞれ東方安宝華林青霊始老君、南方の梵宝昌陽丹霊真老君、中央宝劫洞清玉宝元霊元老君、西方七宝金門皓霊皇老君、北方洞陰朔単郁五霊玄老君である。十方大神とは、十の方角の大神を指す。ここではすべての補助神を指す。

2　三景とは日、月、星。天元合慶とは、日と月と星が同じ起点を共存する時。

3　ここは道尊が自説して成立した理由である。私は七百万の劫において、霊宝経を修得し、念願を立てて大衆に恵みを与えようとしている。普段は戒律を厳守して行斎法を守り、勤勉に努力して一度も退却することなく、生死の間を転々として、屈辱に耐えて刻苦しながら前進している。

4　本句の意味は、善への心を持ち、道法の門に帰するのは、前世の万回劫難の中で、最も真純な道を信奉しており、その功徳が円満であったからこそ、今日の道法の興隆に出会うことができたのである。

5　停滞とは、思考の渋滞、困惑のところ。本句の意味は、今からあなたのために分かりにくいところを説明します。十部の高妙

『真誥』（抜粋）

【解題】

『真誥』は東晋の趣寧（363〜365）前後に茅山において、「霊媒」である楊義に降りた真人が口授した「仙真降誥」（教え）を、許謐・許翙父子が筆写し、それを梁の道士陶弘景が南朝斉の永元元年（499）前後に編纂した道教上清派の経典である。『真昭』は仙人の降授を託したが、実質的には上清の創教者の集団創造であり、「啓発」という意味を持った文集であるが、書物は膨大で、内容も豊富で、形式は多様で、南方の新神仙道教上清系の思想観念、実践方法及びその他の宗教義理構造をより深く反映し、後世に大きな影響を与えた。ここで三節を選んだ。第一節はある日女仙「紫微夫人」が九華真妃を携えて楊義に降叙された実況の記録であり、第二節は「清霊真人君」が修道の弊害についての点化（啓発）を示し、第三節はある仙真（神仙）が「存思《そんし》」の方法についての教喩である。

一

【原文】

興寧三年、歳在乙醜、六月二十五日夜。紫微王夫人見降、又与一神女倶来。神女着雲錦襹、上丹下青、

な道を使って、十方諸天から逃れた民衆を救助します。あなたは必ず悟りを加えて、邪魔道を繁殖させないでください。

文彩光鮮、腰中有緑繍帯、帯系十余小鈴、鈴青色、黄色、更相参差。左帯玉佩、佩亦如世間佩、但幾小耳。衣服儵儵有光、照朗室内、如日中映視雲母形也。雲発鬒鬢、整頓絶倫。作髻乃在頂中、又垂余発至腰許。指着金環、白珠約臂。視之、年可十三四許。左右又有両侍女、其一侍女著朱衣、帯青章嚢、手中持一錦嚢、嚢長尺一二寸許、以盛書、書当有十許巻也。以白玉検検嚢口、見刻検上字雲「玉清神虎内真紫元丹章」。其一侍女着青衣、捧白箱、以絳帯束絡之。白箱似象牙箱形也。二侍女年可堪十七八許、整飾非常。神女及侍者顔容瑩朗、鮮徹如玉、五香馥芬、如焼香嬰気者也。初来入戸、在紫微夫人後行。夫人既入戸之始、仍見告曰、今日有貴客来、相詣論好也。

　於是某即起立。夫人曰、可不須起、但当共坐、自相向作礼耳。夫人坐南向、某其夕先坐承床下、西向。神女因見、就同床坐、東向。各以左手作礼。作礼畢、紫微夫人曰、此是太虚上真元君金台李夫人之少女也。太虚元君昔遣詣亀山学上清道、道成、受太上書、署為紫清上宮九華真妃者也。於是賜姓安、名郁嬪、字霊簫。紫微夫人又問某、世上曾見有此人不?。某答曰、霊尊高秀、無以為喩。夫人因大笑、於尓如何?某不復答。紫清真妃坐良久、都不言。妃手中先握三枚棗、色如幹棗、而形長大、内無核、亦不作棗味、有似於梨味耳。妃先以一枚見与、次以一枚与紫微夫人、自留一枚、語令各食之。食之畢、少久許時、真妃問某、年幾?是何月生?·某登[1]答言、三十六、庚寅歳九月生也。真妃又曰、君師南真夫人、司命秉権、道高妙備、実良徳之宗也。聞君徳音甚久、不図今日得叙因縁、歓願於冥運之会、依然有松蘿之纏矣。[2]

1　登＝すぐ。
2　本句の意味は、私は喜んでこの冥冥有定の巡り会いを望んで、松のように交わることができる。

某乃称名答曰、沈湎下俗、塵染其質、高卑雲邈、無縁稟敬。猥虧霊降、欣踊罔極。唯蒙啓訓、以祛其暗、済某元元、宿夜所願也。[1] 真妃曰、君今語不得有謙飾、謙飾之辞、殊非事宜。又良久、真妃見告曰、欲作一紙文相贈、便因君以筆運我鄙意、当可尓乎?·某答、奉命。即襞紙染筆。登口見授、作詩如左、詩曰、

雲闕堅空上、瓊台聳郁羅。紫宮乗緑景、霊観藹嵯峨。琅軒朱房内、上徳煥絳霞。俯漱雲瓶津、仰掇碧柰花。濯足玉天池、鼓枻牽牛河。遂策景雲駕、落竜轡玄阿。振衣塵滓際、褰裳歩濁波。願為山沢結、剛柔順以和。相携双清内、上真道不邪。紫微会良謀、唱納享福多。

某書訖、取視之、乃曰、今以相贈、以宣丹心、勿雲雲也。若意中有不相解者、自有征訪耳。

紫微夫人曰、我復因尓作一紙文以相暁者、以示善事耳。某又襞紙染筆、夫人見授詩雲、

二象内外泮、玄気果中分。冥会不待駕、所期貴得真。南岳鋳明金、眇観傾笈帉。良徳飛霞照、遂感霊霄人。乗飈儔衾寝、斉牢携絳雲。悟嘆天人際、数中自有縁。上道誠不邪、塵滓非所聞。同目鹹恒象、高唱為尓因。

1　本句の意味は、あなたに身をかがめられて凡間を下がり、私は心の中で喜び勇んでいる。私はただあなたの啓示と訓導を受けて、私の愚かさを取り除くことを望んで、世の人を匡済して、これは私が日夜願っていることである。

書訖、紫微夫人取視、視畢、曰、以此贈尓。今日於我為因縁之主、唱意之謀客矣。紫微夫人又曰、明日、南岳夫人当還、我当与妃共迎之於雲陶間。明日不還者、乃復数日事。又良久、紫微夫人曰、我去矣、明日当復与真妃倶来詣尓也。覚、下床而失所在也。真妃少留在後而言曰、冥情未攄、意気未忘、想君倶詠之耳[1]。明日当復来。乃取某手而執之、而自下床。未出戸之間、忽然不見。（巻一）

二

【原文】

君曰、然則学道者有九患、皆人之大病、若審患病、則仙不遠也。患人有誌無時、有時無友、有友無誌、有誌不遇其師、遇師不覚、覚師不勤、勤不守道、或誌不固、固不能久、皆人之九患也[2]。人少而好道、守固一心、水火不能懼其心、栄華不能惑其誌。修真抱素、久則遇師、不患無也[3]。如此則不須友而成、亦不須感而動也。此学仙之広要言也、汝当思此。（巻五）

1　冥情とは、おぼろげな感情。攄とは、叙髮する。本句の意味は、冥々の中の感情は叙情することができなくて、心の中の意地は忘れないで、あなたといっしょにこの気持ちを吟じたいである。

2　この句は修道の九患を述べる。すなわち、道を修める志があるが長期修道できず、長期にわたって修道できるが修道友はいない、修道友があって修道志がない、修道志はあったが適当な師匠に会わなかった、適切な師匠がいても、自分で気づくことができない、師匠が適当だと気づいて修道に精を出さない、勤勉修道できるが道を守ることはできない、あるいは道を守る志が不堅固で、不堅固ならば修道を永続させることはできない。

3　本句の意味は、真の道を修めさえすれば、素朴な心を持ち、時間が経てば、適当な師匠に出会う。心配しなくてもいい。

三

【原文】

守玄白之道、常旦旦坐臥任意、[1]存泥丸中有黒気、[2]存心中有白気、存臍中有黄気、三気倶生、如雲気覆身、因変成火、火又繞身、身通洞徹、内外如一。旦行、至向中乃止。[3]於是服気一百二十。都畢、道正如此、使人長生不死、辟却万害。(巻十)

『魏書・釈老志』(抜粋)

【解題】

魏収の『魏書』「釈老志」は北斉・文宣帝の天保末年に編纂され、道教の部分は主に北魏時代の道教、特に寇謙之の「清整道教」(道教を整理・整頓する)に関する情況を記録した。その時、南方と北方は別々の統治状態にあり、道教の起源に関する魏収の論述は北方で流行した伝統的な観点を受け継ぎ、当時すでに規模が大きい南方の新神仙道教の影響を受けていなかった。

1　旦旦とは、誠実な様子。
2　泥丸とは、脳神の別名。道教は人体を小天地とし、各部分に神の守護があり、脳神を「精根」、字「泥丸」と呼んでいる。
3　日とは、日中、昼。本句の意味は、存想の修習は朝から始めて、昼近くになったらやめる。

【原文】

道家之原、出於老子。其自言也、先天地生、以資万類。上処玉京、為神王之宗。下在紫微、為飛仙之主。[1] 千変万化、有徳不徳、随感応物、厥跡無常。[2] 授軒轅於峨嵋、教帝嚳於牧徳、大禹聞長生之訣、尹喜受道徳之旨。[3] 至於丹書紫字、升玄飛歩之経。玉石金光、妙有霊洞之説。如此之文、不可勝紀。其為教也、緘鐍去邪累、澡雪心神、積行樹功、累徳増善、乃至白日升天、長生世上。所以秦皇、漢武、甘心不息。[4] 桓帝置華蓋於濯竜、設壇場而為礼。[5] 及張陵受道於鵠鳴、因伝天官章本千有二百、弟子相授、其事大行。斎祠跪拝、各成法道、有三元九府、百二十官、一切諸神、鹹所統摂。又称劫数、頗類仏経。其延康、竜漢、赤明、開皇之属、皆其名也。及其劫終、称天地俱壊。[6] 其書多有禁秘、非其徒也、不得

1　玉京とは、道教では天帝が住んでいる所と言う。紫微とは、すなわち紫微垣、天帝の居所。

2　「有徳不徳」は、『道徳経』第38章に出てくる。本句の意味は、道は千変万化し、徳はあっても虚偽の徳行を表さず、意志に従って物事に感応し、一定の運行方式がない。

3　この句は軒轅氏、帝、大禹、関尹喜が道を受けることを述べて、つまり軒轅黄帝の道成は峨眉山で、帝は牧徳台で経由されて、大禹は餌に従って長生きして、関尹喜は老子が関門を出る時『道徳経』を授与される。

4　秦の始皇帝、漢の武帝は晩年に仙人を求めることに熱中した。

5　桓帝。原作「霊帝」が間違っている。漢桓帝は老子を洗濯竜宮で祭っている。そのことは延熹9年（１６６）であり、『後漢書・桓帝紀』を参照してください。

6　劫数とは、本来は仏教用語で、仏教は天地の生成から滅までの一周期を一劫とし、一劫には成、住、壊、空の四つの時期が含まれ、一劫の時間は極めて長い。道教はそれを模倣して五劫を設け、延康、竜漢、赤明、開皇、上皇と称する。

輒観。至於化金銷玉、行符勅水、奇方妙術、万等千条、上雲羽化飛天、次称消災滅禍。故好異者往往而尊事之。

……

世祖時、道士寇謙之、字輔真、南雍州刺史讃之弟、自雲寇恂之十三世孫。早好仙道、有絶俗之心。少修張魯之術、服食餌薬、歴年無効。……謙之守誌嵩岳、精専不懈。以神瑞二年十月乙卯、忽遇大神、乗雲駕竜、導従百霊、仙人玉女、左右侍衛、集止山頂、称太上老君。謂謙之曰、往辛亥年、嵩岳鎮霊集仙宮主、表天曹、称自天師張陵去世已来、地上曠職、修善之人、無所師授。[1]嵩岳道士上谷寇謙之、立身直理、行合自然、才任軌範、首処師位、吾故来観汝、授汝天師之位、賜汝『雲中音誦新科之誡』二十巻。号曰「並進」。言、吾此経誡、自天地開辟已来、不伝於世、今運数応出。汝宣吾『新科』、清整道教、除去三張偽法、租米銭税、及男女合気之術。大道清虚、豈有斯事。[2]専以礼度為首、而加之以服食閉練。使王九疑人長客之等十二人、授謙之服気導引口訣之法。遂得辟谷、気盛体軽、顔色殊麗。弟子十余人、皆得其術。

1　本句の意味は、辛亥年、嵩岳鎮霊集仙宮主が天上曹司に奏上し、天師張陵が世を去って以来、人間の天師の職が空席になり、善の道を修めた者は、誰も教えていないという。

2　清整とは、邪偽を一掃し、組織を整える。三張偽法とは、三張は張陵、張衡、張魯祖孫の三代を指す。ここでは張氏が伝えたのは正統ではないと考える。あなたは私の『新科』を宣伝して、道教を整え、張氏三代が残した邪偽の道法を除いて、たとえば米銭税と男女の気を合わせる術などである。壮大な道法が清虚を唱えるのに、そんなことが含まれているはずがない。

……

始光初、奉其書而献之、世祖乃令謙之止於張曜之所、供其食物。時朝野聞之、若存若亡、未全信也。[1]崔浩独異其言、因師事之、受其法術。於是上疏、賛明其事曰……世祖欣然、乃使謁者奉玉帛牲牢、祭嵩岳、迎致其余弟子在山中者。於是崇奉天師、顕揚新法、宣布天下、道業大行。浩事天師、礼拝甚謹。……及嵩高道士四十余人至、遂起天師道場於京城之東南、重壇五層、遵其新経之制。給道士百二十人衣食、斉粛祈請、六時礼拝、月設厨会数千人。

……

九年、謙之卒、葬以道士之礼。

『隋書経籍誌』道経序

【解題】

『隋書経籍志』は仏道経を載せず、篇末に仏・道二経の序を附けている。その中の「道経序」は道教の形成、道書（道教の教義、道術の法を説いた書物）の源流、意義・趣旨・方法などに対して比較

1　当時、与野党の上下はこの事を聞いて、寇謙之の事跡が混乱して、信用できないと思った。

的に良い概括がある。叙述には偏重と遺漏があったが、全体的には魏晋以来の道教の統合、形成の歴史的事実を反映した。

【原文】

道経者、雲有元始天尊、生於太元之先、稟自然之気、沖虚凝遠、莫知其極。所以説天地淪壊、劫数終尽、略与仏経同。以為天尊之体、常存不滅。毎至天地初開、或在玉京之上、或在窮桑之野、授以秘道、謂之開劫度人。然其開劫、非一度矣、故有延康、赤明、竜漢、開皇、是其年号。其間相去経四十一億万載。所度皆諸天仙上品、有太上老君、太上丈人、天真皇人、五方天帝及諸仙官、転共承受、世人莫之予也。所説之経、亦稟元一之気、自然而有、非所造為、亦与天尊常在不滅[1]。天地不壊、則蘊而莫伝、劫運若開、其文自見[2]。凡八字、尽道体之奥、謂之天書。字方一丈、八角垂芒、光輝照耀、驚心眩目、雖諸天仙、不能省視。天尊之開劫也、乃命天真皇人、改囀天音而弁析之[3]。自天真以下、至於諸仙、展転節級、

1　この文の意味は、天尊が言っている経書は、元一の気を受けて、自然のために生まれ、人のために作られたものではなく、経書と天尊がずっと存在し、朽ちることはないということである。

2　蘊とは、蓄積、埋蔵。天地が滅びなければ、救世の経典はずっと蓄積して伝布をせず、ひとたび劫運が開くと、自然に経文が現れることを意味する。

3　本句の意味は、天尊が天地再生の際に人々に道を説いて救済を与える時、天神人に命じて天書の文を読み、文意を分析するという意味である。

以次相授。諸仙得之、始授世人。然以天尊経歴年載、始一開劫、受法之人、得而宝秘、亦有年限、方始伝授。上品則年久、下品則年近。故今授道者、経四十九年、始得授人。推其大旨、蓋亦帰於仁愛清静、積而修習、漸致長生、自然神化、或白日登仙、与道合体。其受道之法、初受『五千文簶』、次受『三洞簶』、次受『洞玄簶』、次受『上清簶』。簶皆素書、紀諸天曹官属佐吏之名有多少、又有諸符、錯在其間、文章詭怪、世所不識。受者必先潔斎、然後賫金環一、並諸贄幣、以見於師。師受其贄、以簶授之、仍剖金環、各持其半、云以為約。弟子得簶、緘而佩之。其潔斎之法[1]、有黄簶、玉簶、金簶、塗炭等斎。為壇三成、每成皆置綿[2]、以為限域。傍各開門、皆有法象。斎者亦有人数之限、以次入於綿之中、魚貫面縛[3]、陳説愆咎、告白神祇、昼夜不息、或一二七日而止。其斎数之外有人者、並在綿之外、謂之斎客、但拝謝而已、不面縛焉。而又有諸消災度厄之法、依陰陽五行数術、推人年命、書之如章表之儀、並具贄幣、焼香陳読。雲奏上天曹、請為除厄、謂之上章。夜中、於星辰之下、陳設酒脯餅餌幣物、歴祀天皇太一、祀五星列宿、為書如上章之儀以奏之、名之為醮。又以木為印、刻星辰日月於其上、吸気

1 潔斎とは、浄潔身心、誠敬斎戒、ここで特定の斎戒儀のコースを指す。符簶を受ける者は、まず斎戒を受け、それから金環一枚と多くの贈り物貨幣を献上して、先生に謁見する。先生は贈り物を受けた後、冊を伝授し、更に金環を開き、師弟が半分ずつ執り、信約とした。弟子は、簶を取った後、きちんと封をして携帯してください。

2 綿は、「綿蕞」とも言われている。儀式のリハーサルでは、縄を「綿」と呼び、限界として、束茅を「蕞」と呼び、それぞれの位置を表す。ここで斎壇の配置を指す。

3 面縛とは、両手を後ろ向きに縛る。

執之、以印疾病、多有愈者。[1] 又能登刀入火而焚勅之、使刃不能割、火不能熱。[2] 而又有諸服餌、辟谷、金丹、玉漿、雲英、蠲除滓穢之法、不可殫記。雲自上古黄帝、帝嚳、夏禹之儔、並遇神人、鹹受道箓、年代既遠、経史無聞焉。

推尋事跡、漢時諸子、道書之流有三十七家、大旨皆去健羨、処沖虚而已、無上天官符籙之事。其『黄帝』四篇、『老子』二篇、最得深旨。故言陶弘景者、隠於句容、好陰陽五行、風角星算、修辟谷導引之法、受道経符籙、武帝素与之遊。及禅代之際、弘景取図讖之文、合成「景梁」字以献之、由是恩遇甚厚。又撰『登真隠訣』、以証古有神仙之事。又言神丹可成、服之則能長生、与天地永畢。帝令弘景試合神丹、竟不能就、乃言中原隔絶、薬物不精故也。帝以為然、敬之尤甚。然武帝弱年好事、先受道法、及即位、猶自上章、朝士受道者衆、三呉及辺海之際、信之逾甚。陳武世居呉興、故亦奉焉。後魏之世、嵩山道士寇謙之、自雲嘗遇真人成公興、後遇太上老君、授謙之為天師、而又賜之『雲中音誦科誡』二十巻。又使玉女授其服気導引之法、遂得辟谷、気盛体軽、顔色鮮麗。弟子十余人、皆得其術。其後又遇神人李譜、雲是老君玄孫、授其図籙真経、劾召百神、六十余巻、及銷煉金丹雲英八石玉漿之法。太武始光之初、奉其書而献之。帝使謁者、奉玉帛牲牢、祀嵩岳、迎致其余弟子、於代都東南起壇宇、給道士百二十余人、顕揚其法、宣布天下。太武親備法駕、而受符籙焉。自是道業大行、毎帝即位、

1　ある人は、木で印璽を作り、日月星辰を上に刻んで精気を吸収させ、それを持って病にかかった人は、多くの人が全快する。
2　ある人は針の山と火の海に赴く時、勅令を燃やして、刃に傷つけられない、炎に焼かれないようにする。

必受符籙、以為故事、刻天尊及諸仙之象、而供養焉。遷洛已後、置道場於南郊之傍、方二百歩。正月、十月之十五日、並有道士哥人百六人、拝而祠焉。後斉武帝遷鄴、遂罷之。文襄之世、更置館宇、選其精至者使居焉。後周承魏、崇奉道法、毎帝受籙、如魏之旧、尋与仏法倶滅。開皇初又興、高祖雅信仏法、於道士蔑如也。大業中、道士以術進者甚衆。其所以講経、由以『老子』為本、次講『荘子』及『霊宝』、『昇玄』之属。其余衆経、或言伝之神人、篇巻非一。自雲天尊姓楽名静信、例皆浅俗、故世甚疑之。其術業優者、行諸符禁、往往神験。而金丹玉液長生之事、歴代糜費、不可勝紀、竟無効焉。

道教の叢生化・包容化プロセス

道教が「形成」した後、その発展の歴史は二つの方面から進行したと言える。

第一の方面は政治、社会の境遇である。前記の通り、社会経済と文化がさらに発展した後に出現した新生宗教が、社会の中で立身し、伝播と反響を獲得するためには、宗教の義理を構築する以外に、活動の場所、組織、教団制度などの物質的形式を確立し、政治、特に階級国家の統治者との関係をうまく処理しなければならない。政治的な統治と結びついて政教合一さえすれば、国家の宗教になる。反対に、政治に対抗すれば、統治者から排斥される。統合で形成した道教は、絶えず中国化された仏教と同様に、君主の統治を認め、政治的管理を受けると同時に、世俗の政治権力と一定の距離を保ち、相対的に独立した教団組織形態を形成するという中間の道を総体的に取った。

これは、儒家思想を核心とした古代政治が一貫した態度を堅持していることと関係がある。全体としては、儒家思想は一方で創生宗教の存在を許可し、一方では国家権力で管理を強化し、独特な実用理性精神と人本主義思想で仏教、道教、天地自然崇拝、祖宗崇拝及び原始宗教の遺存を含むすべての宗教元素を処理する。国が認めたものは官の祭祀に組み入れられ、中央（甚だしきに至っては帝王）

あるいは地方の官吏が祭祀を主宰する。逆に「淫祀」とされて禁止される。具体的な管理については、隋唐以降、一般的に中央政府が設置した専門機関が執行を担当し、地方政府と郷村士紳が監察を行った。そのため、道教教団の組織化・制度化・発展も、政治・社会的な境遇と密接に関連している。

二つ目は「叢生」「包容」と「普及」の具体的な歴史的過程である。社会の中で生存し、広範に伝播、発展できる宗教は、いつも一つの分化、吸収、新創、融合の複雑な歴程が存在して、道教はそれ自身が初めから築いた包容体の性質で、極めて独特な「叢生性」の特徴を呈している。通俗的に言えば、道教の歴程は百川併出、千湖星現のようであり、続々と新しい元素が出てくる。道教の結果は、三江東去、万水帰海であり、すべての元素を統一の形式に入れるために努力している。同時に、中国文化の法則に従い、叢生と包容の道教は仏教と同様に次第に社会の一般的な信仰観念と融合し、共同で「普及」の宗教になり、伝統社会の中で重要な機能を発揮している。

隋唐五代時期

隋唐時期における道教の政治社会の境遇

隋の統一は南北道教のさらなる整合をもたらした。隋の文帝は正式に「元始天尊」を道教の最高神として認めた。煬帝大業の中で「道士以術進者甚衆」(『隋書経籍志・道経序』)という文言がある。

しかし、隋朝は短期間で統一された後に再び動乱に陥り、乱世は新生宗教の温床であった。唐の高祖李淵は老子と同姓であり、政権を奪取すると数百年来流行していた老子の生まれ変わりである讖言を活用したため、皇帝位を継承した後に老子を尊んだ。太宗は唐帝室が老子であることを公言した後、道教を支持して尊んだ。（唐の玄宗）「尚長生軽挙之術、於大同殿立真仙之像、毎中夜夙興、焚香頂礼。天下名山、令道士合煉醮祭、相継於路。投竜奠玉、造精舎、采薬餌、真訣仙蹤、滋於歳月」（『旧唐書・礼儀志四』）。唐の中期、末期の諸帝は道教を奉ることを常としたとある。唐代において、仏教と道教はともに尊ばれたが、全体を通して言えば、道教の地位は仏教よりやや高かった。唐の君主は時に仏・道の二教を等しく整頓した。例えば武徳二年、唐高祖は戒律を守らなかった仏僧や道士に対して懲戒を行った。「命有司沙汰天下僧、尼、道士、女冠、其精勤練行者遷居大寺観、給其衣食、毋令闕乏。庸猥粗穢者、悉令罷道、勒還郷裏。京師留寺三所、観二所、諸州各留一所、余皆罷之」（『資治通鑑・唐紀七』）。武則天の時、仏教を攻撃した道教の『老子化胡経』を禁止、破壊したのは、仏・道二教の均衡措置に属する。唐の武宗が『悪僧尼蠹天下』として、天下の仏寺に詔を下して、僧尼を還俗させ、財貨・田産を没収したことは、典型的な「佛を毀す」事件であった。しかし、このような行為はほとんど政治的な考えによるもので、完全に宗教的な教義を選別したわけではない。よく起こる「三教論衡」は、基本的には調和を中心としており、時には冗談に流れ、帝王誕生パーティーの娯楽番組となっていた。

唐代の帝王は普遍的に道教を尊崇した。主な表現は以下の方面である。

一つは老子を崇拝し、老学および道家の学を提唱したことである。唐の高祖は羊角山老子顕霊処で老君廟を建立した後、唐の太宗は乾封元年に亳州の太上老君廟を建立し、「太上玄元皇帝」と尊号した。また武後の要請から王公以下に『老子』を習わせられた。その後、唐の玄宗はたびたび老子を加封し、各地に老子廟を増築させた。さらに「老子」「荘子」「列子」「文子」を「道徳真経」「南華真経」「通玄真経」「冲虚真経」とし、自ら『老子』を注釈し、普及に努め、『老子』の学に代表される道教哲学の発展を大いに推進した。開元二十九年に崇玄学を設置し、博士を置き、四部の真経を教材とし、さらに東都洛陽と諸郡に崇玄学が置かれ、『庚桑子』は洞霊真経として教材に加わった。代宗三年になると、崇玄の弟子は百人に増えた。

第二に、教団の発展を支持し、道観を立てたり、道観を立てたりして道士を奉じたりした。楼観道士の補佐に功を立てたため、唐高祖の詔により「宗聖観」を建てて、白米二千石、帛一千匹を賜り、観の建設に供した。唐の太宗も何度も詔して道観を建てた。高宗や武則天も例外ではなく、特に秘伝符命に功績のあった三朝の道士である王遠知を助け、茅山に太受観を建てた。高宗や武則天も例外ではなく、道士である潘師正のために崇唐観、精思観を建てて、道士である劉道合のために太一観を建てた。唐の玄宗は道教に最も力を入れ、老子廟を建てて「太上玄元皇帝宮」に昇格したほか、しばしば道観を建てた。以後、諸帝は、観を建てたことを多くした。長安の一地方だけで、皇帝が直接または間接的に回復し、新たに作られた道観は三十あまりのところがある（『唐会要』）。唐王朝全体では、長安、洛陽両京の宮廷禁中には内道場が設けられ、皇家のために祭、祈、錬丹などを行い、皇帝が道行の深い道士を召還し、礼遇も盛大であった。

三つ目は、古典の整理と編纂を支えることである。唐玄宗の先天年間、京中にすでに道経二千余巻を所蔵しており、その他の比較的副次的な経儀伝論疏記などはまだ含まれていない。開元の時には、これをもとに経蔵として編纂され、「三洞瓊綱」と呼ばれ、七千三百巻（一説には五千七百巻）がある。他に『玉緯』別目があり、伝疏論を記している。天宝年間には詔により写経して広く流布した。道教は南北朝の末にはすでに経蔵システムを確立したが、具体的に編纂して収蔵、複製されたのは、『三洞瓊綱』は初めてで、その意味は非常に大きい。その後、安史の乱で多く焼失したが、唐の粛宗はまた経・籙六千余巻を収集した。唐代宗の大暦年間に、さらに七千巻余りを集め、複製した。長慶咸通年間にまたも幾つか紛失したが、依然として千三百巻が残っている。

四つ目は、帝王が修習に参与した。開元九年、唐の玄宗は司馬承禎を宮内に迎え、法籙を受けた。開成五年、文宗は道士趙帰真ら八十数人を宮内に召還し、金籙の道場を作り、九天壇親受法籙を受けた。会昌元年、武宗は趙帰真に命じて、三殿に九天道場を作り、法籙を受け、それを師に奉じた。会昌六年、武宗はまた衡山の道士劉玄静に三洞法籙を受けた。

しかし、政治的に恵まれている状況は、支配者が宗教に対して放任しているという意味ではない。総体的に、唐の仏教・道教団に対する統制は依然としてかなり謹厳である。唐の中央政府は崇玄署を設置し、京師諸観の名称・数量や道士の名籍、法事を管轄した。凡て二京で僧尼・道上・女冠を度化する際には、政府から御史一人が派遣されて監察にあたった。また、地方州県は三年ごとに、管轄する道士の名簿を上呈すると規定された。道教が唐の時代に強力な政治的支持を得たが、それは道教が唐の「国教」であることを意味しないことを指摘しなければならない。昔から今まで、国家の宗教は主に祖先崇拝と天地自然崇拝であり、血縁の倫理道徳と緊密に結合している。道教、仏教にしても、その叢生の支流あるいは新興教派にしても、根本は依然として独立教団の性質を持っていて、国家の宗教ではない。

道教は唐代社会でも広く流行した。帝王の好尚（趣味とあがめ尊ぶ）以外、唐代の達官貴人と普通の文士も普遍的に道教に親しみ、その中には多くの人が敬虔で霊仙の境をあこがれて、ひいては出家して道士になった。しかし、より多くの人は、道義と仙人を羨んで、神仙への渇望で世間のわずらわしい事務、社会の法律・礼儀や倫理的な道徳の束縛から逃れる精神の追求を表現した。[1] 傑出した詩人の陳子昂、李白、杜甫、顧況、白居易、李賀、李商隠、皮日休、陸亀蒙などはその典型例に過ぎない。彼らは神仙の世界に対する体験を詩歌で表現し、新しい文学的美意識を開拓した。民間でも道教の崇奉が一般的になり、唐代の地方祠祭りの中に、昔からの伝統と叢生元素を持つ道教の神がたくさん現れた。道士、女冠（＝女道士）は僧尼と同じで、宗教職業者として社会の一階層となった。唐代全体の思想・信条は形式にこだわらず、文化交流は波乱万丈で、社会生活も多彩で、だから霊肉の不死をあがめ尊んで、自由奔放な神仙道教は更に各階層の人々を共鳴させ、ある時代の気風を形成した。唐代ならではの「女道士現象」は、このような気風の現れといえる。唐室は道教を尊び、結婚しない帝

1　孫昌武『道教和唐代文学』、人民文学出版社、２００１年、１７４～２８９ページ。

女や先王の宮人はよく入道して、士大夫（科挙によって官の資格を得た人）ひいては庶民の女まで、多くの居観修行者があった。社会全体の気風が開放された背景の下で、知識人は普遍的によく道を遊んで風になったので、女冠が多くて浮気をするのも避けられなくなり[1]、だから若い才子といろいろな事件を起こして、当時の社会の独特な風景になった。

唐代における道教の発展とその複雑性

南北朝後期には、道教の形式的な整合はすでに初歩的に完成し、唐初に至ってはまた新たな高度に達した。最も重要なことは、異なる歴史的な違いを一つの炉に融合させた新しい統一体が現れ、南北朝後期に完成した「三洞四輔」経蔵体系が一つの標識であり、「経戒符籙」伝授体系がもう一つの重要な標識である。

経典・戒律・符籙伝授の三事が一体となって、「経戒符籙伝授体系」を構成し、独立教団の組織化・制度化の要素の一つである。分散した信徒をつなぎ、ある意味での「トーテム」となり、宗教共同体の存在をつなぎとめる。しかし唐代以前、道教由来のルートが多く、叢生の復雑な本質属性から、経戒符籙は主に個人が互いに伝授し、同時に派閥も林立した。この状況は統一の帝国が形成された後に変化し、唐代初期には統一規範が形成された。この規範は経戒符籙を七つの級に分けて、低いものか

1　程千帆『郭景純曹尭賓遊仙詩辨異』、『程千帆全集』第八巻、河北教育出版社、２０００年。

ら高いものまでの等級は次の通り。

(1) 正一籙、正一経
(2) 神呪籙、神呪経
(3) 老子戒、太玄洞神経
(4) 三皇符籙、三皇経
(5) 昇玄籙、昇玄経
(6) 魂宝符籙、魂宝経
(7) 上清符籙、上清経

規定として、入道した士は修行によって階段を上がり、低いものから高いものまで順番に七種類の戒籙経を伝習する。各々異なる戒、籙、経はまた法位を代表し、合せると十九種になる。[1]この煩雑に見える伝承の階段体系は、実質的に非常に明確な内包を持ってる。このようにして、戒符・符籙の伝授によって、義理的、形式的な統一が得られ、歴史による差別が解消された。本来、宗派別の経典、戒律、符籙は、ただ伝授の順序と修行が低級から高級までの違いを示し、実際に教派分野、特に義理の違いがあるわけではない。[2]経戒籙伝授体系の規範化は経蔵組織の体系化と同時に発展したものであり、道教由来の複雑な特徴を反映しただけでなく、道教形成の整合性も明らかにした。これで、宗教

1 (日)小林正美『唐代的道教与天師道』、王皓月訳、斉魯書社、2013年、76ページ。
2 趙益『六朝隋唐道教文献研究』、鳳凰出版社、2012年、242ページ。

エリートの理論建設の方面で、道教の形式的な統一はほぼ完成したと言える。

整合以降の道教は無論、帝王の尊崇を受けたが、同時に社会において、さらに広範な流行を獲得した。それは独立教団宗教の物質的要素としてもそれに応じて発展してきた。最初は道観である。帝王の支持により、唐代の道観は東晋南北朝に形成された「道館」の基礎の上に新たな発展があった。唐代の二京（長安、洛陽）はもちろん、各大都市、名山・名所には道観があり、唐代に至って、天下の道観は全部で千六百八十七ヶ所に達した（『新唐書・百官志』）。次に教団制度で、建観立式、入観修行、行臥居間、法服法具などを含んで、唐代初期には多くの宗門の提唱により統一的な規定が形成された。その次は儀式の手順と儀式のルールである。唐代の道教は継承の上で更に三百年近い発展を経て、最も主要な神聖な儀式である斎醮《さいしょう》（道教が壇祭を設けて祈る儀式の一つ）の基本的な手続きと、伝経、授籙、祈祷などの儀式規範、および最も根本的な行為規範と道徳準則は、ほぼ整合していた（これらの内容については、次の『道教の義理化発展』でさらに詳しく述べる）。唐代には教門に建設的な貢献をした多くの大師が現れ、有名なのは王遠知、潘師正、司馬承禎、王玄覧、成玄英、呉筠、李含光、杜光庭、施肩吾である。また、生年不詳ながら道門の建設に優れた人物として張万福、王懸河などがいる。

王遠知は、陶弘景に師事し、上清派の「三洞法」を学び、陳宣帝、隋の煬帝、唐の太宗、唐の高宗、武則天の尊崇を受けた。潘師正はその弟子で、道門隠訣及び符籙を受け、唐高宗に尊奉され、高宗との問答は『道門経法相承順序』に記録されており、修業方法、証果階位、仙真譜系及び修道功徳などの重要な問題を扱っている。司馬承禎は潘師正に師事し、主に儒学、仏教思想を吸収し、道教哲学を発展させる方面で功績があり、『修真密旨』『天隠子』『服気精義論』『坐忘論』などを著した。司馬承禎は唐玄宗に、当時五岳神祠の起源は「山林の神」であって、真の神ではなく、「五岳には洞府があり、それぞれに上清真人がその職に就いた。山川風雨、陰陽気序は理にかなっているので、斎祠を立ててはいけない」と主張した。玄宗はこれを受け入れ、五岳に真君祠を置き、道経に従って五岳真君のイメージを創建した。司馬承禎は道教の上清系の内容を創造的に国家の祭祀に加え、上清神系の地位をますます尊崇されただけでなく、道教の神祇譜系の正統性も強化された。呉筠は潘師正に師事し、進士の不合格で山に隠れて修行し、神仙道風の盛んな江南の茅山、仙境を遊歴し、当時の文士と多くの交流があった。呉筠は著述が豊富で、『宗玄先生文集』や『宗玄先生玄綱論』、『太平両同書』などが現存している。張万福は玄宗の時の道士として、『三洞衆戒文』『三洞法服科戒文』『伝授三洞経戒法籙略説』『成婚三洞真文五法正一盟威立成儀』『洞玄霊宝適量人経決音義』『太上洞玄霊宝三経説法』などが編纂され、大部分は重要な文献である。王懸河は道教の類書『三洞珠嚢』を編纂した。

唐末の杜光庭は、唐代道教の教法建設における集大成の人物である。彼の貢献は三つの方面にある。一つは道経を収集、整理、編集し、特に仙真の伝記を編纂し、宣教著作を書くことである。杜光庭が編纂した伝記類の作品は『墉城集仙録』『神仙感遇伝』『仙伝拾遺』『王氏神仙伝』『洞玄霊宝三師記』などがある。説教類の作品には『録異記』『道教霊験記』『歴代崇道記』などがあり、いずれも影響が大きい。第二に、「洞天福地」の説を完備し、道教の「神聖な世界」理論を更に規範化させた。三つは、斎醮儀式の規範を総合的に整理し、八十七巻の『道門科範大全集』を編成し、歴史的に残っている当時とは異なる門派が遵行した斎醮儀式を規範化し、関連する儀式の本文に対して前章、表奏、疎啓、頌讃、呪文などを整した。杜光庭の整理は、道教の斎醮儀式の体系化、規範化を実現し、その影響は深遠である。その定められた斎醮儀式の手順と規範の主要部分は、道教が今日まで使用されている。[1]

唐代は、道教が更に整合を経て新しい包容体を形成した時代で、「整合」と「包容」自体は復雑さを意味する。古い歴史的複雑性は形式的に統一されていたが、新しい複雑性はいつでも生じる。

敦煌の巻物の中には四百九十六件の道教文書がある。[2] しかし、仏教の巻物はさらに数万冊ある。確かに唐代の写巻を数える統計は正確であるとは言い難い。しかし、数という面では両者は疑いなく対照的である。それは唐代における道教と仏教の、民間での流行程度の相違を示しているのである。四百九十六件の道教文書の中で、魂宝経類は二百五十一件あり、上清経類はただ十五件あるのみである。これは人々もしくは低層の道衆が道教の至上神「天尊」をより信奉しているということである。これらの事実は、仏教の観念を吸収し、斎醮科範を強調し、罪福報応・行善勧人・度劫更生を主張する霊宝の一系が、南北朝から唐以来、庶民社会の中で最も流行したことを証明している。神錬気を蓄える修身の仙を核とする上清の一派は、知識人の中でのみ更に多くの反応を得た。形式的に統合され

1　李養正『道教概説』、中華書局、1989年、129ページ。
2　（日）大渕忍尓『敦煌道経・目録編』、雋雪艶等訳、斉魯書社、2016年。

た道教では、この二種類の異なった観念の傾向はずっと存在している。

晩唐（開成より唐の滅亡までの期間）・五代の時に半真半偽の呂洞賓、鍾離権などの人物が現れ、後に新興教派の教主になった。これは唐前期の統合・発展を経て、唐後期から、新たな生い立ちが明らかになったということである。

両宋時期

晩唐・五代の悲惨な世を経て、開宋した皇帝・宋の太祖と後継者の太宗は中央集権制を採用し、地方勢力の力を削ぎ、文治教化の政治路線と方針に重きをおいた。この「祖宗成法」は宋立国の基礎を定め、かつ古代中国の政治や社会、文化を「古代型」から「近世型」へと転化させ、長きにわたる発展を獲得した。

「神道教育」と道教

世界における古代階級国家統治の理論は、天賦の王権を標榜してその統治の合理性と正当性を示し、儒家の政治も例外ではなかった。特に秦と漢の中央集権国家が形成されて以来、王朝交代は天の定めた運命で、天命を受けた天子による天下統治の思想原則が次第に形成され、いわゆる「聖人が聖なる道を用いて教化を行い、天下の民衆が信服しないものはない」（『周易・観』）。実質的には君権神授を天道とし、これを統治の道具とした。

道教の根源には豊かな自然崇拝の内容があり、その義理化された神学の核心と伝統的な天命観もよく合うところがあるため、唐代の君主の「神道教育」（鬼神・迷信を教育の手段とする）活動にはすでに国家の祭祀に道教の天神祭祀が加わり、そして道教の祈念儀式と合流する現象が現れた。北宋の真宗時代、君臣が共謀して行った「神道教育」の活動では、道教の内容が完全に支配され、道教と政治の結合が進んだ。

宋王朝全体が不幸にも古代中国の遊牧と農耕という二つの文化区域が衝突・融合するピーク時期にあった。建国当初の主要な外患は契丹政権の遼であり、太宗の時に何度も戦ったが失敗に終わった。景徳元年（１００４）、再び遼が侵攻すると、真宗は親征し、「澶淵《せんえん》の盟」を結んだ。宋は遼に歳幣を贈り、国境は現状を維持することなどを約した。軍事という面では到底勝ちえなかったが、真宗と家臣は一つの独特な方法で、中原王朝の正当性と神聖な権威を示すことを考え出した。景徳四年（１００７）の末に当時の主要な大臣である王欽若や道士が天書（天の書物）事件を画策し、翌年の正月乙醜日に上演した。

景徳五年（１００８）、宮殿の屋根に大中祥符なる天人が降した天書（天の書物）が現れ、これに喜んだ真宗は天書と同名の「大中祥符」へ改元し、封禅の儀を盛大に執り行い、遼国の使者に付き添って観てもらった。この「天書事件」自体は複雑ではないが、天書をめぐる一連の後続行動は数年にもわたって続いていた。大中祥符五年、真宗は唐の李氏に倣って老子を祖とし、黄帝を趙氏の始祖とした。二年後の大中祥符七年、真宗は天書を亳州の太清宮に献上し、老子を「混元上徳皇帝」と称した。大中祥符八年、道教の「玉皇」を「太上開天執符御暦含真体道昊天玉皇大帝」と称した。

大中祥符年間の天書事件を取り巻く一連の活動の中で、泰山を冊封し、汾陰と太一を祭って、陵に参拝するなどは国家祭祀の伝統的な内容であったが、同時に天書降臨に合わせた告功報徳の儀式でもあった。天書降臨そのもの及び黄籙道場を設けて天書を受け、諸州に壇を設けて、太清宮を祭らせ、特に「玉皇」尊号を封じるのは典型的な道教の内容である。秦・漢、ひいては近世の人は主に吉凶・お守りを重んじたが、真宗のようにわざと自演して、宗教を借りて大いに誇張し、演ずる行為もあまり見られなかった。だから後代の人は『宋史』を編修した際、「一国君臣如病狂然（一国の君主と臣下が病みつきのようで気も狂わんばかり）」と言った。この一連の活動の中で、道教の関連儀式は国家の祭祀に加えて、そして神道教育の重要な補助内容になって、それから次第に常態になった。

宋代皇帝の中で道教を最も崇拝し、大いに推進したのは宋徽宗である。徽宗は道士の劉混康、虞仙姑、王老志、王仔昔、林霊素、張虚白、王文卿などを寵愛し、しばしば法術に精通した道士を訪ねるように命じられた。政和七年（1117）二月、徽宗は上清宝籙宮に道士を集め、二千余人に達した。また道士のために道官・道職を設け、道階二十四等級を置き、優遇した。同時に全国の範囲内に道観を増設し、一つ一つの道観にすべて大規模な畑産を与えた。徽宗は先に各地の州県に道学を設立するよう命じた。その後さらに詔して儒学と合一し、道士は学問を修め、成績によって各号を授け、儒学の貢士（科挙の最終試験である殿試受験の有資格者）をまねて科挙に参加し、殿試の合格者に道官・道職を与えた。徽宗自身は才芸の君であるため、道教の教義建設を非常に重視した。一つは道教の内史、特に神仙譜系と歴代の道を得た者（神仙）の伝記を編纂することを奨励し、そして一つ一つに号を賜った。二つ目は道教経籍の収集と整理を強化し、政和年中に『政和万寿道蔵』を編成し、全部で五千四百八十一巻である。本来、北宋初年に宋の太宗はすでに道経を探し始め、徐鉉、王禹所に整理校正を命じた。宋真宗も王欽若に道典の校定を統轄させ、総計四千三百五十九巻を目録『統文宝録』に編纂させた。その後、張君房に『大宋天宮宝蔵』四千五百六十五巻を編纂させ、七冊を写し取るように命じた。今回の『政和万寿道蔵』は画期的な飛躍を成し遂げた。冊数の多い『道蔵』は印刷によって広く流布され、その意義はきわめて大きかった。

宋の徽宗の道教に対する信奉は、全体的に個人の好みによるものであるが、歴史上の人が長生を追求する目的と同じであり、同様に神道教育の主観的な意識がかなりあった。彼は道教を崇拝し、客観的に道教の社会における布教・教化を空前のレベルに達した。実際に真宗の大中祥符年以前には、整合化された道教としての社会的普及度は非常に一般的で、だいたい江西省、剣南地方で盛んに行われていた。真宗の関連措置に刺激され、道観が先走り、道士が急増した。宋の徽宗は今までよりいっそう崇拝し、道教を大いに発展させた。南宋の諸帝は徽宗のように極端ではなかったが、天帝・神君を崇奉して国家社稷を守る態度には明らかな変化がなかった。特に宋の理宗は、道観を興し、道士に封ぜられた。唐代以降、中国歴代王朝の多くが道教に傾倒したが、宋王朝だけが最も時間が長く、程度が最も深く、傍から助けて推進した効果も最も大きかった。その最も重要な結果は、宋王朝が道教を尊ぶ一連の行為は道教の普及と布教教化を直接的に促進し、中国社会における宗教生活の基本形態の一つになったことである。[1]

道教内容体系の更なる整合

道教に包容された形式体系の整合は唐代にほぼ完成されたが、内容体系上の整合は常にダイナミックなプロセスであり、時代ごとにすべて新しい元素を増加している。宗教は、義理だけではなく、具体的な行動も含めて、義理も行働もきちんと記録されていなかったため、宗教の内容を正確に要約することは困難であり、私たちは宗教経典の文書記録から、簡単な考察をするしかないである。

北宋真宗の時に編纂された『大宋天宮宝蔵』は、当時までに集められた六朝・隋・唐の旧経と五代・北宋の新しく生まれた道経をまとめ、さらには摩尼（マニ）教経にも入っており、その総数は四千五百六十五巻に達し、すべてを網羅していたといえる。その仕事を主宰する張君房は編纂の過程において、また全蔵を総覧し、その精華を推敲して、百二十二巻の『雲笈七籤』を編纂した。『雲笈七籤』は基本的に『大宋天宮宝』の濃縮であり、同時に北宋景徳二年（１００９）に収録された道教経籍の内容をまとめたものと見ることもできる。

1　孫克寛『宋元道教之発展』、台湾東海大学、１９６５年、43ページ。

『雲笈七籤』の綱目体系は、「三洞四輔」の機械的統合を破り、「十二部」形式の分類も改良し、基本的に内容に基づいた分類を実現した。しかし、その綱目体系は厳密ではなく、根本的な原因は道教の包容体を統合したことであり、原始のソースでも形成した時に統合された直接的ソースでも、その後の叢生でも理論、方法、儀式の内容が異なっており、編纂者は限られた体系的な処理しか行えず、義理的な統合が完全にはできなかった。具体的な理由は、『雲笈七籤』は『道蔵』と同じように、すべて経書であって、内容テーマを編成単位とする資料性アセンブリではないので、まず経典体系を配慮しなければならないが、古典体系は内容体系に等しくない。それでも、私達は『雲笈七籤』を再要約した上で、だいたい当時の道教経典の内容体系を導き出すことができる。

布教の論述を問わず、道教経文の経典そのもの、儀式、方法に関する論述は、道教経典全体の中で絶対的な割合を占める(『諸真語論』などの言論集は各方面に関連しているが、方法類の内容も多い)。この特徴は道教の神学の核心と宗教の特性と密接に符合した。

体系化を強化した基礎の上で、宋代の道教の義理も一つの新しい傾向を育成した。つまり外錬から内修へ転化した。この傾向は唐宋以来の仏、儒の相互作用による心性学説の形成と密接に関連し、三教融合の深化を示した。これについては、第四章「道教の義理化の発展」で詳しく述べる。

両宋時代における道教の叢生

唐・五代の三百年余りに及ぶ蓄積を経て、社会における宗教生活は日毎に豊かになった。両宋時代の道教の叢生はすでに盛んに展開した。南宋中後期になると、道教の整理者はすでに明らかな「衆法紛糾」の態勢に直面し、いわゆる「清微」「霊宝」「東華」「神霄」「鄧岳」と称される。今日の目から見れば、これらの叢生の内包は非常に豊富であり、地方性元素の紛糾にも現れ、新生宗派の発展にも現れた。新生宗派の中に、あるものは一定の新しい科儀を発展させ、あるものは多少新しく実践方法を創案したが、もっと多いのは多種類の入りまじって、神授を頼んで、宗法を標榜して自分の術を自賛したことである。総体的には、それらは一定の時間が経過した後、次第に休んでなくなり、あるいは新しい叢生に溶け込んで、そして後世に道教に組み入れられ、あるいは新しい叢生に取って代わられた。

「神霄雷法」の「神霄」は北宋の時代に宋徽宗の道教崇拝を助けたキーパーソンの林霊素から由来したかもしれない。林霊素の本名は林素で、若い時に僧から仏を学んで、その師の鞭打ちに耐えられないため、道士に転じ、そうしてまた仏寺にかじりついて、妖術で江湖を歩いた。林霊素のように身分が卑賤で、術をもって世を行なえて、しかも困窮した下層宗教の職業人は、生まれながらにして正統な精神に反逆して別に宗門を立てる主観的な意識を持った。徽宗は道士を求めることは機会を提供し、林霊素は当然見逃すことができなかった。この連中の慣行は、まず驚きの論を唱え、君主の推賞を得ようとするものである。林霊素はもともと信衆を招いた通俗的な著作『神霄謡』を書いて、「神霄説」を提出したことがあり、徽宗を見た時にさらに徽宗に迎合し、「天有九霄、而神霄為最高、其治曰府。神霄玉清王者、上帝之長子、主南方、号長生大帝君、陛下是也」と言った。徽宗は彼を師とし、ついに天下に神霄万寿宮を皆建するよう命じ、吏民に「神霄秘籙」を授けた。「神霄秘籙」は、徽宗が標榜していた「上清籙」に取って代わるもので、この叢生教派の雛形の出現を示した。しかし、林霊素はたらめな話のほかに、明確な教義がなく、唯一の特別なところは「五雷法を少し知って風を呼び、時に雨を乞うて少く験があるのみ」(『宋史・方技・林霊素伝』)であり、まさにこの点が後の王文卿の下地となり、いわゆる「雷法」の一派を形成したのである。

王文卿(1093~1153)は、字を予道(一説には名を俊、字を文卿)といい、江西省南豊の人である。一説によると、火師汪君に会って雷の秘旨を授けてくれた。一説によると、野沢で老婆に会って、雷電役鬼神への書を伝授し、これをもって人を救済し、世間に名を知らせた。徽宗に召され、太素大夫・凝神殿校籍を拝命し、後には「沖虚通妙先生」の号を賜った。伝説によると、彼は神通力があって、雷で妖人若干を討って、しかも雨に祈って晴れることができて、日数を予知して、神の力で賊を討ってもらう。いわゆる「雷法」とは、雷を使役して災いを払うが、通常は符籙によって主管の天将を召喚してこれを達成することで、性質上は符籙呪術に属する。いかなる時代においても、秘術に重きを置くのは新興宗派の信頼を得るための初期手段であり、神霄雷法も例外ではないが、王文卿は秘伝符法をもって自任しているだけではなく、彼の独特なところは「陰陽~五行~易卦~干支」符号演算システムを雷法に組み込んで、意味深い内包を持たせた。同時に、内修を本とし、法術を用とすることを極めて強調し、そのため顕著な内丹の色を持っており、後に純粋な内修に発展した。王文卿とその後裔である薩守堅はその理論を撰述し、『雷説』『玄珠歌』『内天罡訣法』などが世に伝えられた。

王文卿が創始した「雷法」の伝承者は非常に多く、各師の教えがあり、重大な影響を及ぼしたが、宋・元時代の「雷諸派」の直接的な起源と動力である可能性が高い。後世の叢生各派は、符籙の呪術において、多かれ少なかれ「雷法」の元素を含有しており、神霄雷法やその継起者とも関係があるようである。

「天心正法」は漢の張陵に由来し、宋の太宗の時、臨川県吏饒洞天が神人の指授を得て創ったのであるが、実際には南宋の人、路時中から創された。路時中は、字は可、開封人、紹興年間には朝散郎乾弁諸司審計司となり、常に符籙で人の病気を治療することで、鬼を追い払うことができると称したことから、民間での影響が大きく、世号は「路真官」。その術の本質は、符籙で鬼神を使役し、雨風を呼ぶことにも属する。南宋の金允中の『上清霊宝大法』によると、路時中は符籙の他に伝度、斎殿に関する一連の科儀を創設し、まさにこの科儀が「天心正法」の中心であり、最後はゆっくりと宋末に統合された符籙・科儀の系統に溶け込んだ。南宋嘉定の時にまた雷時中が路真官に会ったと自称し、彼に「混元六天如意道法」を授けて、「もっぱら『度人経』を主とする」と教え、弟子が多く、行世も広いが、明らかに変化した。

「清微」の一派は唐の人祖舒に拠ったが、本当の興起者は南宋の黄舜申である。黄舜申は、字は晦伯、福建建寧人で、嘉定十七年に生まれ、卒年は不詳である。伝説によると、宋の理宗は彼をかつて召し出したことがあり、「雷囦真人」の四字を授けた。黄舜申には数百の弟子がいて、「清微道法」を伝え、後世には「祈天福国、弘道化人、役使雷霆、坐召風雨、斬滅妖邪、救済旱澇、拯度幽顕、賛助皇民、即今人間清微雷法妙道是也」と呼ばれたが、具体的な内容は斎戒、内練、符籙のほか、符籙の呪術も「清微梵気雷法」を主とした。

『霊宝経』は南北朝時代から民間に人気があり、宋に入ってから累計して形成された『度人経』は霊宝経の中心経典となり、更に広範な流行を得た。霊宝経法は元々斎醮・祈禳を主とし、道教全体に後の叢生各派を含む影響は極めて大きかった。よって、それ自身もまた次第に新たな要素と合わさるのを始めた。南宋初の寧全真は、霊宝の嫡流を受けたと自称し、「東華教」を興し、南宋末まで林霊真が継承・発揚し、一時は隆盛を極めた。その主な特徴は、祈り、伝度に基づいて、存想（思念や想像）、内丹の修行内容を溶かしたことである。

厳密な意味では、早期の北方正一系はすでに南北朝末に「三洞四輔」系統に融合し、天師の後裔はすでに崇高な教主の地位を持っていなかった。しかし、強大な歴史の影響により、「天師」の嫡流は頑強に維持され、「正一」の名で新たな展開を展開した。宋に至り、南方の龍虎山を活動地とする正一道団はある意味で「回復」し、張天師の後裔を自称した者は前後して宋室から賜号を得た。例えば、天聖八年に信州龍虎山の張乾曜に「澄素先生」の号を賜り、崇寧四年に龍虎山道士である張継元に「虚靖先生」の号を賜った。龍虎山正一系が復活した後、南宋末に再び発展したが、実質的には新しい叢生であった。

これらの叢生の諸端には、次第に興隆していく様々な地域の信仰が含まれた。その中で重要なのは、江西省南昌付近の許遜真君信仰である。この信仰の起源は古く、東晋初期に生まれたと考えられている。当時、地方に恵があり、神仙の跡を有し、昇仙した許遜真君を崇拝することを主な内容とする。その後、発展したが、実際の影響は江西省南昌地区に限られていた。宋王朝は道教を崇拝し、許遜信仰も次第に拡張の条件を獲得した。最初は大中祥符年に祭祀の道場である観を宮に昇格した。徽宗の時、またも許遜に「神功妙済真伝」という号を賜った。南宋の時に江西は腹地になり、許遜信仰はより深く伝わって、最終的に新道教「浄明教」の直接的な資源となった。

金元時期

金が偽斉（訳者注＝北宋の叛臣であり、元の済南知府劉豫が金の援助を受けて建てた傀儡政権）を滅ぼした後、襄陽府を中心に東は淮河、西は京兆と鳳翔府の第一線で南宋と対峙した。女真族の土地を除き、金王朝の統治範囲は伝統という意義上での中原および北方地区であった。

農耕、遊牧の両文化区域の対立、融合によるいくつかの族群（人種集団）政権と伝統的な中国王朝・宋の大規模な闘争は、十二〜十三世紀に中国歴史上最も痛ましい時期の一つになった。中原及び北方地区は地理的な位置にあって真っ先にその矢面に立ち、惨劇の中心舞台となった。悲惨な乱世は創生宗教が繁栄した時代を生み出し、道教の叢生と包容がピークに達した。十二世紀中葉から元末に至るまで、仏教に由来した者は問わず、昔の道教に基づいて叢生した新興の道教には、太一教、真大教、混元教[1]、全真教、浄明道教などがあった。これらの新興教派は少なくとも初期の時期に顕著な創生宗教属性を持っており、強い救世運動の色彩を帯びていた。また、これらも中国の宗教の特性を備えていた。すなわち、世俗の倫理と結合し、三教を融合させ、昔の道教があまりにも狂信的な方法を排斥し、特に日常生活における道徳の実践を強調した。[2]この百年の間に、これらの救世宗教の宗匠たちも確かに仁を心とし、勤苦をもって、命を救い負傷者を助け、悪を善に導くことで、彼らの信条を大いに実践した。元は中国を統一し、民族矛盾と階級矛盾は緩和されず、乱世の光景は依然としてそのままであり、既存の救世宗教は徐々に落ちぶれたり、変質したりすることは避けられないが、この消失せば、新しい教派はまた絶えず繁殖し、創生宗教はずっと活発な状態にあった。

太一教

太一教は道士の蕭抱珍により金初天眷年間に創建された。「太一三元法籙」という術をもって民衆を救済したので、「太一」と称した（『元史・釈老伝』）。創教の初期、蕭抱珍は門徒を集め、法籙を伝授し、弟子に太一堂を建立させ、「香火を奉じて、薬を以って人を助ける」。金皇統八年（1148）、熙宗は蕭抱珍を宮中に招き、「太一万寿」の観額を賜った。蕭抱珍、蕭道熙、蕭志冲、蕭輔道は、後

1　混元教に関する歴史の記載が乏しい。耶律楚材の『西遊録序』によれば、混元は全真・真大・太一と並んで「皆老氏の邪」とされている。道教の叢生教派であることが証明された。

2　（日）秋月観暎『中国近世道教の形成――浄明道の基礎研究』、丁培仁訳、中国社会科学出版社、2005年、177ページ。

世の太一教徒衆に最初の四祖として尊ばれた。四祖の蕭輔道は太一道を元朝廷の勅封にし、太一教を光大させたキーパーソンであった。至元十二年（1275）、元の世祖は太一宮を両京に造営し、太一道五祖の蕭居寿に命じて宮中の祠事を主宰させた。元仁宗の延祐二年（1315）、泰定元年（1324）、太一教七祖の蕭全祐は龍虎山正一玄教、全真教の掌教らと共に金籙周天大醮（道教の祭祀儀式の一つであり、最高の祭祀儀式でもある）に参与した。太一教は元末まで伝えられていたが、次第に廃れていった。太一教は符籙・斎醮を重視し、行教は療病、鬼遣、呪願、厄よけを主とし、龍虎山正一教に似ているが、太一教は旧来の伝統を維持することが多く、新興色は薄く、元に入ってからも他の新教派と同様に王朝政治と妥協した。それにもかかわらず、歴代の宗匠は忠・信・孝・慈を強調し、孤児や困窮者を恵み救い、それで庶民の尊敬を得て、客観的にも済世度人の宗教機能を発揮した。

真大道教

金の皇統年間、滄州楽陵の人・劉徳仁は、老人から玄妙道訣を教えられたと自称し、創教して「大道」と名乗った。五代目の李希成に伝わり、元の憲宗の寵信を得て太玄真人に教職を授けられ、その名を「真大道」という。真大道教は典型的な創生宗教であり、その創教者である劉徳仁は明白な創教宗旨と鮮明な救世意志とを有していた。「興大道正教、以度末世黎民」「以仁為心」「済生度死」は道教の教義に由来したものであるが、「無為清浄」「真常慈倹」を宗とし、具体的な根拠はなかった。孝親、正直、倹約、苦行の道徳・信条と「不色、不欲、不殺、不飲酒、不生肉」の戒律で人を教化したため、多くの信仰を得ており、その信者は一時中原に尽くしたと伝えられている。真大道は当初、官の支持は得られず、民間信仰として社会に流行した。五祖の希成は封を受けた後、至元五年（1268）、六祖の徳福が嗣教し、元の世祖は彼に諸路真大道を統轄するように命じた。至元十九年（1282）、八祖の岳徳文が嗣教し、元の世祖から「崇玄広化真人」と称され、彼に諸路真大道の教務を統轄させた。九代目の張清志に伝わり[1]、掌教は二十年近くになり、多くの面で真大道教の原初精神を発揚し、更に普及させた。しかし間もなくその形式・組織はまた散漫になり、元代以後は社会の宗教生活に溶け込んで消えて見えなくなった。

金・元の時代に最も規模が大きく、布教が最も広く、最も影響力のあった新しい道教は全真道であった。

全真教

全真教は関中咸陽の王喆によって創建された。王喆の本名は中孚、字は允卿、五十歳の時に得道した後に喆と改名して、字を明知、号を「重陽子」とした。王喆は地元の裕福な家に生まれ、若い頃には本来、科挙の伝統的な道を歩むことができるようになったが、建炎四年（1130）、金は終南を

1　陳垣『南宋初河北新道教考』、中華書局、1962年。

占領してすべてを破壊した。同時にその家は盗賊の来訪を受け、家財は空であった。王喆は本来、宗教家の心境を持っていて、国の変事を経て、ますます嫌世になって、正隆四年（１１５９）に甘河鎮で仙人の接度を得て、鍾離権、呂洞賓、劉海鏝の直系であると自称し、正式に入道した。金・元時代の全真教の発展は大きく四つの段階に分けられる。第一段階は王喆が山東地区で宣教し、相前後して馬鵬、丘処機、譚処端、王処一、郝大通、孫不二、劉処玄の七大弟子を点化し、三教七寶会、三教金蓮会、三教三光会、三教玉華会、三教平等会などの修道団体を設立し、「全真」の立教宗旨を確立した。第二段階は王喆が大定九年（１１６９）に病没した後、七大弟子が各地に分散して布教・教化を行った。第三段階は金興定四年（１２２０）、丘処機がチンギス・カンの召に奉じて西行から、元憲宗六年（１２５６）全真教第四代教主・李志常が死去したまで、全真教が極めて大きく発展し、最高峰に達した時期である。第四段階は元憲宗八年（１２５８）、全真教が仏教と論争した後、低潮に陥り、元至大三年（１３１０）にやや回復したが、元末までに停滞し、多方との混合が始まった。

全真教の宗教業績は丘処機によって達成された。彼は金の熙宗の皇統八年（１１４８）に登州棲露県にて生まれたが、父母は早くに亡くなった。幼名は丘哥といい、王喆がその名を処機と改め、字を通密とした。号を長春子という。後、「長春弘道通密真人」と尊称され、丘処機は十九歳の時、道門に入った。一年後には王喆の最も若い弟子となったが、最終的には道を悟り、長期間の修行と深い思索に入ることとなった。この経歴は最後に伝法興教の業績を得た肝心な点である。金興定四年（１２２０）、チンギス・カンが突然、丘処機に詔を降りて謁見に行ったが、丘処機は幸運にもチンギス・カンの賞賛を得て、かつ虎符書を賜った。そしてまた、チンギス・カンは全真教道士の賦役、納税を免除した。丘処機は河北に帰った後、戦乱の中原地区で、戦乱で奴隷になった人々を教門に呼んで彼らの生存の機会を勝ち取り、中原一帯の救助者は二、三万人を超えた。彼はまた、平等、長春、霊宝、長生、明真、平安、厄災、万蓮という八種の道会を作り、四方から帰依の衆を集めた。これらの動きは全真教を急速に拡大させ、最盛期に入った。

丘処機は金の正大五年（1228）に亡くなった。その弟子である宋道安、尹志平、李志常らは先後に掌教して、全真教は依然として急速に発展するという状態にあった。尹志平が中心となった期間、全真教は継続してモンゴル皇帝の援助を受けたが、李志常が教門に入った後は、その関係がより密接となった。モンゴル朝廷のために普天大婚、金籙大醮などを行うだけでなく、また天下の道教の事務を掌理するように命じられ、全真教は全盛期に至った。単純に宮観の点から言えば、燕京地区における全真教の宮観は既に百余りになっており、河北、河南には二百〜三百余り、山西におよそ百余りの数が存在した。また陝西省には宮観の数が百以上あった。山東の数は不明だが、絶対に少数ではないだろう。信者の数はさらに驚くべきもので、当時は「数千万人」「黄冠の人は十分天下の二」という言い方があった。これは誇張がないわけではないが、実態はほぼ反映された。全真教の第三世代の中で多くの優れた者は異なった方面から教門の発展に貢献をした。その中で最も重要なのは、宋徳方が七年間にわたって七千八百余の新編道蔵を編成したことである。宋徳方は新編道蔵に大量の全真経典と神仙著述を収め、弟子と共同で相当な数の神仙仙跡を著述した。

一方で、全真教の過度な膨張は仏教の利益に影響し、仏教側の不満を招いた。当時、漢の統治を請け負っていたモンゴルのフビライ・ハンは一二五四年、大理を征伐した後、チベット仏教サキャ派（赤帽派）の座主であるパクパの灌頂（仏道に入るときの儀式）を受けたことから、仏教へ傾倒し始めていた。モンゴルの憲宗八年（１２５８）七月、全真教をはじめとする道教の側はフビライの主宰で行われた仏道大弁論に敗れ、全真道は厳しい処罰を受けた。抗論に参加した十七人は約束に従って袍を脱ぎ、冠を脱ぎ、髪を落とし、『八十一化図』『化胡経』などの仏教を攻撃した書物を焼き払い、占有していた寺院、田産などを返還し、全真教は高峰から墜落した。元の世祖が即位して大元王朝が成立すると、全真教は活動を続けたが、元代の統一とともに南方に発展し、いくつかの異なる支系が形成された。至元六年（１２６９）、至大三年（１３１０）の二度に元朝廷の正式な冊封を受けたが、独特の地位はすでに失われ、形式や組織もまた散じたのであった。

全真教は南宋、金、元における困難な時期の最も典型的な創生宗教であった。王重陽は比較的明らかな末世思想および救世観念を有し、同じく固有の道教に由来し、呂洞賓一脈と自称したが、真大道教と同じく道教の教えに従うことは少ない。丘処機が教門を自ら興した後、形式、組織、儀式は完全に道教に帰着したが、創生宗教の鮮明な特色を保持し、発揚した。加えて、宗教のあるべき社会機能を発揮した。全真教はまた世俗の文化と互いに融合して、自身の義理建設を行うことができて、中国の特色を持った新興宗教になって、その宗教観念は（儒道仏三教を合せた）明確な三教合一の思想を持っていて、多くの仏、儒心性の説を吸収して、全体は「その謙虚さは儒のようで、その堅苦さは墨のようで、その修習は禅のようで」（元好問『太古観記』）の融合特色を呈した。修行方法は「識心見性、除情去欲」を正道とし、内丹の修練を重視して、符籙と外煉の術を排除した。実践の方面では出家居観の修行を強調し、「忍恥含垢、苦己利人」を宗とし、世の中の人々の苦しみを救った。全真教は明・清の時代に、また他の道教の伝統と叢生の元素と混ざり合い、最終的に道教という包容体の中で重要な地位を占めた。

浄明教

他の新興宗教に浄明道がある。前述のように、江西省南昌地区に存在した許真君信仰は南宋時代より伝播し、影響も日増しに拡大し、すでに系統的に許真君信仰を伝承する伝教者が現れた。元世祖の至元年間と元成宗の大徳年間になると、地元の隠者である劉玉は、許真君の降叙を受けたと称し、南宋初年に許真君の信仰を広めた人が創立した「浄明」の名を取って、正式に浄明教を切り開いた。その後、劉玉とその伝承者は系統的に許遜以降の仙人名簿と伝法世系を構築し、『浄明忠孝全書』をはじめとする多くの経典を編纂・整理し、その影響は次第に拡大していった。

南宋・金・元の多くの新道教と同じで、浄明教も鮮明な三教合一の傾向があるが、より明らかな特徴は「忠孝を本とし、天と道を尊ぶ」、「四美（孝悌忠信）を備え、神は霊に通じ、修練しなくても自然に成れる」を主張したことである。そのため、叢生の許真君信仰に由来して一部の道教元素、例えば符籙・禁呪などを保留したが、その「忠孝を本とする」という思想の趣旨は、すでに儒家の理学を主導する社会の倫理道徳と完全に合流した。浄明教の思想は明代の士人の中で大きな反響を得て、同時に民間の善書（人に善行を勧める書物）内容の選択方向にも影響を与えた。

龍虎山正一天師教

宋代に復活した龍虎山天師の一系は、天師教の伝統的な縁故と強力な歴史的影響力により、元代に更に尊ばれ、元の至元十三年、元の世祖は江南を平定し、天師世系三十六代の張宗演を招き、江南の道教を指導するよう命じた。元成宗の大徳八年、三十八代天師張与材は「正一教主」として封じられて、江南三山符籙を領した。明の洪武年間に、四十二代天師張正常が『漢天師世家』（後に第四十三代、五十代に増補）を撰し、さらに天師世系を固化させ、龍虎山正一を名目上の道教伝統の代表とした。正一教は同様に叢生元素と混じるが、伝統的な道教の符籙・禁呪を維持したことを主とし、道教の最後に包容された最も重要な構成部分の一つである。

明清時期

明代以降、十九世紀中頃に至るまでは、皇権独裁体制および中央集権国家がさらに強化した時期である。一方、社会経済が一定の発展を遂げ、社会生活は絶えず豊かになった。これにより、各階層の分立は明らかであったが、上下流動のメカニズムは依然として存在し、一般の郷紳はエリート貴族に代わって社会主導階層となった。一方、思想の禁固、忠孝の道徳的な拘束と人身のコントロールは極めて厳しく、商品経済の発展は突破を得られず、血縁という倫理の原則は引き続き強化され、皇権、神権、族権は統一され、社会の矛盾は依然として際立った。

集権帝制期における宗教の政治と社会の境遇

全体から見れば、明・清国家政権の宗教政策は次のようである。すなわち、社会団体として相対的に組織化・制度化した仏教、道教（皇帝が下賜した重要な寺観を中心とし、出家した僧、道を主体とする）に対して、国家が専門の政治的統制と行政管理を行い、特に、お寺の許可、土地の課税免除、度牒や出家者に対する統制などの方面で、特に厳しかった。皇帝は特に直接的に調整を行うことすらあった。例えば、明の太祖朱元璋が仏教寺院の合併を命じた。「自今天下僧道、凡各府州県寺観雖多、但存其寛大可容衆者一所並而居之、毋雑処於外、与民相混」（洪武二十四年敕、『太祖実録』巻一百八十四）。厳格に管理した同時に、統治者はすべての宗教の理念、行為は全面的に国家権力を褒め、治道（国を治めるための方針、政策、措置）に奉仕することを要求した。その点、道教よりも仏教の管理が厳格であった。

民間で社会の機能を果たす普及された仏教、道教（信仰を中心とし、普通寺観、地方祠祀、遊方僧道、民間師巫を主体とする）に対して、国家政策と地方管理は、それらが世俗の倫理と一致し、社会道徳維持の神聖な力となることを要求した。伝統的な仏教・道教の門派であれ、民間の叢生教派であれ、新興の創生宗教であれ、いったん人倫、風俗を重んじることができなければ、それを「迷信」「淫祀」として排斥して禁止した。

創生宗教の本性を堅持し、現世に断固として反対し、世俗政治に対抗して革命を起こした救世宗教については、国家政治はそれを邪教と見なして弾圧し、社会通念も総体的に排斥し、地下に転じて秘密宗教になることを余儀なくされた。朱元璋本人は明教と白蓮教からの蜂起であったが、一旦皇帝になって政治権力を掌握すると、これらの救世宗教を逆に禁止した。

しかし、これらの儒教政治思想に基づいた統治政策は、帝王の佞仏や崇道をなくすことはできなかった。集権帝制時代の皇権は既に絶対的な地位に達しており、必然的に君主の荒淫を生んだ。明代の諸帝はいずれも金丹の術を迷信し、明の世宗などは道教を崇拝し、広く道場を設け、道士を恩寵したが、自分の長生きするために考えているだけで、宗教を管理する国家の基本政策と矛盾しなかった。

道教の包容

元代以来の全真教、正一教の強大な影響を受けて、明代初期の道教は名目上は全真教、正一教二大派閥と見なされ、その他の叢生派は全部含まれることができる。洪武七年の明太祖『御制玄教立成斎葬儀序』に「朕観釈道二教、各二徒、僧有禅有教、道有正一有全真」とあり、明代の張宇初『道門十則』にも「曰教則有正一、全真之分、曰法則有清微、霊宝、雷霆之目」とある。これは、当時のいわゆる正統道教に対する一般的な認識を反映した帰納であり、これは清代末期まで続いた。実は、道教の叢生が目立った。一つは道教の資源を利用した様々な新しい創生宗教を表現したことである。明・清の時代は創生宗教のもう一つのピーク時期であったが、大部分は政治統治と社会一般の価値観念に耐えられなかったため、地下に入って秘密宗教になった。明清時代の大小数百種類の秘密宗教は、主に仏教の内容を吸収したが、道教から採用したものもまた少なくなかった。二つ目は様々な宗派が乱立し、開山をしたり、開祖をしたり、師を託したりする人が多く、至るところに見受けられた。その中で、明代の永楽から正統の年間に、道士張三豊が創始した一派の影響は大きく、後世に受け継がれていた。全真教の中で、龍門一派は明代に主流となり、清代に至るまで各地に伝わり、支脈も多かった。第三に、地方では道教の信仰が非常に活発で、茅山、武当山、終南山楼観、江西龍虎山、閣山などの昔の聖地と他の名山洞宮があり、それぞれに特色がある。明・清の時代、「包容」と「普及」は「叢生」を上回り、道教の発展の主要な内容となった。

『正統道蔵』『万歴続道蔵』の編纂

明の成祖は『道蔵』の再編集を命じた。そして、明の英宗正統十年（１４４５）に再編集は完成し、三洞、四輔、十二類に分類され、全部で五千三百五巻、四百八十函であり、『千字文』を函目とし、「天」の字から「英」の字に至った。明神宗万暦三十五年（１６０７）、第五十代天師張国祥より命を受けて続補され、全部で三十二函、百八十巻で、『千字文』を函次とし、「杜」の字から「桜」の字に至った。正統修・万暦続の『道蔵』は合わせて五千四百八十五巻、五百一十二函となっている。明修『道蔵』は古代最後に編纂された道蔵であり、道教の「経教」と「科教」の終わりを示しているが、道教の発展の終わりを意味したわけではない。明清から近代にかけて、道教の発展は仏教と世俗の倫理との融合と「普及」の中に体現され、道教という包容体は最後に中国古代社会の一般的な宗教、つまり宗教普及の重要な構成部分となり、顕著な社会機能を発揮した。

原典を読む

『云笈七』「道教所起」

【解題】

この一節は宋代の張君房が編纂した道教の類書「雲笈七帖」に由来している。道教の統合過程の中で、主に霊宝新道教の観点から提出された自身の起源に関する新理論である。この理論は、「道教は荘周《そうしゅう》（戦国時代の思想家）から始まり、柱下（老子）に生まれた」という古い説を修正し、道教の起源を宇宙・自然の啓示に帰着した。また、三洞経教を尊び、「元始天尊」を至上最高の神とした（李永晟点校本、中華書局より）。

【原文】

尋道家経誥、起自三元。[1]従本降跡、成於五徳。[2]以三就五、乃成八会。其八会之字、妙気所成、八角垂芒、凝空雲篆、太真按筆、玉妃払筵。黄金為書、白玉為簡、秘於諸天之上、蔵於七宝玄台、有道即見、無道即隠。蓋是自然天書、非関倉頡所作。

今伝『霊宝経』者、則是天真皇人於峨嵋山授於軒轅黄帝。又天真皇人授帝嚳於牧徳之台、[3]夏禹感降於鐘山、[4]闔閭窃窺於句曲、[5]其後有葛孝先之類、鄭思遠之徒、師資相承、蟬聯不絶。

其老君『道徳経』、乃是大乗部摂、[6]正当三輔之経、未入三洞之教。今人学多浮浅、唯誦『道徳』、不

1　三元とは、道教では天、地、水を「三元」と呼ぶ。『雲笈七籤』が引く『元気論』によると、「夫が混沌と分けた後、天地水という三元の気があって、人倫を生成し、万物を養う」。日、月、星を「三元」とも言う。

2　ここで「五徳」とは「五行」、つまり金、木、水、火、土のことである。

3　帝嚳とは、高辛氏ともいう、上古の賢君である。霊宝経によると、帝は牧徳台で法を受けたとされ、『雲笈七籤』の「三洞品格」に見られる。

4　夏禹とは、つまり大禹、上古賢君である。霊宝経によると、夏禹は鐘山で天に感応したことがあり、経書を得て、『雲笈七帖』『三洞品』を見た。

5　闔閭とは、春秋の呉の君主。霊宝経では、諸葛闔が包山で天帝の伝経書を見たとされている。『霊宝五符経』巻上。

6　大乗とは、仏教における大乗教のこと。ここで「援仏入道」とは、『道徳経』が同様に大乗教の特性を持っていることを指す。

識真経、即謂道教起自荘周、始乎柱下。[1] 眷言弱喪、[2] 深所哀哉！ 蠡酌管窺、一至於此。何者？ 尋老君生於殷末、長自周初。托神玄妙玉女、処胎八十一載、逍遥李樹之下、剖左腋而生。生即皓然、号曰老子。指樹為氏、因姓李焉。其相也、美眉黄色、日角月懸、[3] 蹈五把十、[4] 耳有三門、[5] 鼻有双柱。[6] 周徳下衰、世道交喪。平王三十三年十二月二十五日去周西度、青牛薄輦、紫気浮関、遂付『道徳真経』於関令尹喜。由此明道家経誥、非唯『五千』。元始天尊、実殊老君。豈唯年代差異、亦有位号不同。若為名三界――一者欲界……二者色界……三者無色界天。……太虚無上常融天、太釈玉隆騰勝天、竜変梵度天、太極平育賈奕天、此四天名種民天。即三界之上、三災所不及。四種民天上有三清境、三清之上即是大羅天。元始天尊居其中、施化敷教。

1 柱下とは、つまり老子。老子は周の柱下吏であったと伝えられている。
2 眷言弱喪とは、過去を顧みて、源の分からないところがある。
3 日角とは、相術用語で、前頭骨の中央部分が隆起し、形が日のようである。旧時の相術家は帝王の相と考えていた。月懸、あるいは月の角を指して、間もなく前頭骨の隆起する左右の双方は日、月を割り当てて、だから名。朱建平『相書』によると、「左角日、右角月、王天下也」。
4 老子の足には「五」の字があり、掌には「十」の字があると伝えられている。
5 老子の耳には三つの穴があると伝えられている。
6 老子の鼻には三つの穴があると言われている。

王安石『重建旌陽祠記』

【解題】

この文は、日本の学者・秋月観暎が乾隆版本の『逍遥万寿宮志』巻十五より抜粋して、王安石佚文とした（秋月観暎『中国近世道教的形成——浄明道的基礎研究』、丁培仁訳、中国社会科学出版社、2005年、130ページ）。文章は客観的に許遜信仰の由来と特色を記述し、儒家の角度から評価を行った。

【原文】

自古名徳之士不得行其道以済斯世、則将効其智以沢当時、非所以内交要誉也。亦曰士而独善其身、不得以謂之士也。後世之士失其所宗、靡爛於章句訓伝之末[1]、而号為穎抜者、不過利其芸、以幹時射利而已。故道日喪而智日卑。於是有不昧其霊者、毎厭薄焉。非士之所謂道者、名不副其実也。亦以所尚者非道也。嗚呼、其来久矣！晋有百里之長曰許氏者、嘗為旌陽令、有恵及於邑之民。其為術也、不免乎後世方伎之習、如植竹水中、令疾病者酌水飲焉、而病者旋愈。此固其精誠之所致也。而蔵金於圃、使囚者出力而得之、因償負而獲免於桎梏、豈尽為方伎之所為者？以是徳於民。曁後斬蛟而免予章

1　靡爛とは、もともと潰爛を指し、これは些末な解経の方式を指す。

之昏墊[1]、大抵皆其所誌足以及之、誌之所至、智亦及焉。是則公之有功於洪、論者固自其道而観之矣。夫以世降俗末之日、仕於時者得人焉如公、亦可謂晦冥之日月矣。公有功於洪、而洪人祀之虔且久。祥符中升其観為宮、而公亦進位於侯王之上。於是州吏峻其厳祀之宮室、与王者等、茲固侈其功而答其賜也。工弗加壮、中焉以圮。今師帥南豊曽君鞏慨然新之。鞏、儒生也、殆非好尚老氏之教者、殆曰、能禦大災、能捍大患則祀之、『礼経』然也。国家既隆其礼、於公則視其陋、而加之以麗、所以敬王命而昭令徳也。書来使余記之。余嘗有感於士之不明其道而沢不及物者得以議吾儒也、故於是挙、楽為之述焉。元豊三年八月既望。

虞集『真大道教第八代崇玄広化真人岳公之碑』

【解題】

本文は、元代の書家・虞集（1272〜1348）の『道園学古録』より選択されたものである。文の中では、金（王朝）末の新道教の発生背景、真大道教の修行方法の特色について簡単かつ要領よ

1　昏墊とは、水害。

くまとめた。

【原文】

国家混一海宇、兼進群芸、俾各得自致其功、罔或遺佚。是故禱祠禳之事有属諸道家者[1]、其別数宗。而真大道者、以苦節危行為要[2]、不妄求於人、不苟侈於己、庶幾以洵世誇俗為不敢者。昔者金有中原、豪傑奇偉之士往往不肯嬰世故、蹈乱離、輒草衣木食、或佯狂独往、各立名号、以自放於山沢之間。当是時、師友道喪、聖賢之学湮泯澌尽、惟是為道家者多、能自異於流俗、而又以去悪復善之説以勧諸人、一時州裏田野、各以其所近而従之。受其教戒者、風靡水流、散在郡県、皆能力耕作、治廬舎、聯絡表樹[3]、以相保守、久而未之変也。

『元史・釈老志』(抜粋)

【解題】

『元史・釈老志』の道教部分には、南宋・金・元以来の様々な新道教の概略が記述されている。全

1 禱祠とは、神を祭り、厄除けの福を祈る。
2 苦節危行とは、志を変えず、行為は正直である。
3 互いに連絡して、それぞれ功績がある。

真道教については、丘処機が晩年にチンギス・カンに謁見したこと、および後に教門を興したという経歴が書かれており、その叙述は比較的に客観的である。

【原文】

丘処機、登州栖霞人、自号長春子。児時、有相者謂其異日当為神仙宗伯。年十九、為全真学於寧海之昆崳山、与馬鈺、譚処端、劉処玄、王処一、郝大通、孫不二同師重陽王真人。重陽一見処機、大器之。金、宋之季、倶遣使来召、不赴。歳己卯、太祖自乃蛮命近臣劄八児、劉仲禄持詔求之。[1] 処機一日忽語其徒、使促装、曰、天使来召我、我当往。翌日、二人者至、処機乃与弟子十有八人同往見焉。明年、宿留山北、先馳表謝、拳拳以止殺為勧。又明年、趣使再至、乃発撫州、経数十国、為地万有余裏。蓋蹀血戦場、避冦叛域、絶糧沙漠、自昆崳歴四載而始達雪山。常馬行深雪中、馬上挙策試之、未及積雪之半。既見、太祖大悦、賜食、設廬帳甚飭。

太祖時方西征、日事攻戦、処機毎言欲一天下者、必在乎不嗜殺人。及問為治之方、則対以敬天愛民為本。問長生久視之道、則告以清心寡欲為要。太祖深契其言、曰、天錫仙翁、以寤朕誌。[2] 命左右書之、且以訓諸子焉。於是錫之虎符、副以璽書、不斥其名、惟曰、神仙。一日雷震、太祖以問、処機対曰、

1　太祖＝元の太祖、チンギス・カン。
2　錫は「賜」に通じる。寝ても覚めても自覚。寤とは、覚悟。

雷、天威也。人罪莫大於不孝、不孝則不順乎天、故天威震動以警之。似聞境内不孝者多、陛下宜明天威、以導有衆。太祖従之。歳癸未、太祖大猟於東山、馬踣[1]、処機請曰、天道好生、陛下春秋高、数畋猟、非宜。太祖為罷猟者久之。時国兵践蹂中原、河南、北尤甚、民罹俘戮、無所逃命。処機還燕、使其徒持牒招求於戦伐之余、由是為人奴者得復為良、与浜死而得更生者、毋慮二三万人[2]。中州人至今称道之。歳乙酉、熒惑犯尾、其占在燕、処機禱之、果退舎[3]。丁亥、又為旱禱、期以三日雨、当名瑞応、已而亦験。有旨改賜宮名曰長春、且遣使労問、制若曰、朕常念神仙、神仙毋忘朕也。六月、浴於東渓、越二日、天大雷雨、太液池岸北水入東湖、声聞数里、魚鼈尽去、池遂涸、而北口高岸亦崩、処機嘆曰、山其摧乎、池其涸乎、吾将与之倶乎。遂卒、年八十。其徒尹志平等世奉璽書襲掌其教、至大間加賜金印。

1　踣とは、転倒すること。
2　毋慮＝大体。
3　熒惑は、火星を指す。火星の運行が尾宿に入ること。退舎は、惑星の後ろに位置する。

道教の義理化プロセスと文化創造

中国文化を背景に、中国古代の宗教はすべからく同時に二つの道への進化を経験した。一つは、義理化の道であり、一つは普及（大衆化）の道である。道教は土着宗教の包容体として、二つの道が並行して進行したのはとりわけ明確である。

いわゆる「義理化」が指すのは、宗教を保持し、その究極の目標を追求するということである。宗教神学の核心をつくることにより、宗教性の哲学や知識、道徳、倫理、文学、芸術などを発展させるということである。道教の義理化は同時に二つの方面で進行した。一つは道家哲学ならびに仏、儒の融合という例から宇宙や人生、善悪に対する理解を深め、最終的に解脱の認知に至るということである。もう一つは、世俗文化との関係を努力して解決するということである。中国文化における内核の作用の下で宗教と道徳信条とが初めにつくられた。よって、これは中国化された道教と同様、世俗倫理と融合し、最終的に一つとなり、かつ倫理型の宗教を発展せしめた。ここから、「普及」が促進された。宗教の義理化の内容は決して完全に聡い者がつくったという訳ではなく、それは宗教を信仰する者の意識が集合した産物なのである。このような義理化された信仰が社会全体で教授された時、すなわち中国文化全体を構成する部分となった。

道教における最も重要な思想の根源は秦の道家および秦、漢時代の新道家である。『老子』『庄子』から『淮南子』に至るまで、そしてこの時期の道家の観念を内包した『鶡冠子』『文子』『列子』など文献が、各方面より宇宙の究極の法則および人生における解脱の道を探し、道法自然、清静無為、斉同生死、泯然物我、与天為期、和光同塵などの観念を発展させ、道教の思想基礎となった。

東漢末年の創生宗教は意識的に理論を構築した。例えば、『太平経』には明白に太平を望み難から脱し、もしくは根本問題を解決する観念が存在し、末世論に基づいた「救世主義」や「千年王国主義」の要素も含まれており、その後も南北の新道教にはある程度の修正が加えられ、新たな特色を打ち出した。道教の直接的由来である「五斗米道」も一定の義理を有していた。張魯は『老子想尔註』を編纂し、初めて神学観念で『老子』を解釈し、『老子』を根本経典として道教哲学を構築する先河を切り開いた。『老子』の神学解釈は魏晋南北朝の沈積を経て、唐代に最高峰に達した。その中で李栄、成玄英、王玄覧を代表とし、『老子』第一章「玄之又玄、衆妙之門」の「重玄」を中心に『老子』解釈・発揮した一派が最も顕著である。

両晋の時代、葛洪は体系的に神仙の理論を完備させた。その著書『抱朴子内編』は、独自の論理原則を持って「学仙可成」を証明し、あらゆる面から神様の存在と解脱としての合理性と可能性を示した同時に、「金丹大道」を主とする具体的な方法を開発し、道教の理論と実践に基礎を築いた。東晋南朝の南方霊宝、上清新道教は更に真実の仙人を修める神学の理論と具体的な方法を豊富にして、陸修静、陶弘景は多くの方面で重要な貢献があった。唐代には司馬承禎の『天隠子』『座忘論』『太上升玄経注』などの著作がさらに「神仙可学」を発揮し、便利な易行の理念を提唱した。呉筠の著した『神仙可学論』は「故遠於仙道者有七焉、近於仙道亦有七焉」を提出し、学仙以成の日常方針を詳しく示した。

単純に修練方法について言えば、道教は総体的に外から内へ発展した傾向を呈して、つまり「外丹」から「内丹」へということである。「外丹」は主に外で丹薬を練り、それを服用して飛昇する。「内丹」は主に外丹を焼いた経験、理論、用語などを借用して自分の生命を鍛える。彼らは人体を丹房とし、心腎を炉鼎とし、精、気、神を薬物とし、意念・呼吸を火候とし、いわゆる「仮名借象」で人体内部に「錬丹」(丹薬を練る)して、不老不死をねらって、仙人になる。したがって、内丹術は実は「人体生命錬丹学」である。[1] 内錬の術は非常に古く、南方の道教早期経典『黄庭経』『周易参同契』は既に初歩的な関連があり、上清道教の存思、行気の術は実際に内錬の先駆けとなった。中唐の時期に内丹修練の術は初めて手がかりがあった。[2] 晩唐五代には鐘離権、呂洞賓、劉海蟾に名を託した多くの論述が現れた。例えば『魂宝卒法』『呂伝道集』『金篇』などは内丹の理論および方法をさらに豊かにした。宋に入ってから、特に南宋末は南方の張伯端と北方全真新道教を代表として、体内の鍛錬と精神性修

1　王家祐、郝勤『内丹之丹及其文化特征』、『道家文化研究』第九輯、上海古籍出版社、１９９６年。
2　張広保『唐宋内丹道教』、上海文化出版社、２００１年。

練を融合させた内丹が主流となった。

外から内への方法は、実際に道教神学理論といっしょに発展した。唐から宋にかけて、儒家思想は仏教、特に禅宗の学説を絶えず吸収し、次第に心性哲学を醸し出し、同時に道教に影響を与えた。内丹は既に道教義理化の核心的信仰の一つとなり、それは一切の錬気服曜、注想按摩、存神閉息、休妻絶粒、補脳還精と錬丹服薬などの外錬の術を排斥し、心の内錬に転じて宇宙と化合させる。内丹道は方法意義上の新たな変化となっただけではなく、より重要なのは道教神学理論と儒、仏教との相互融合と向上をもたらしたことである。

道教と儒、仏の融合が倫理的な宗教に発展した過程は、道教の直接的な起源である後漢末に出現した各種の本土創生宗教の義理化が向上する中で始まったのである。『太平経』の「承負」は仏教の輪廻の説を吸収し、来世受報（前の世代が犯した罪を後の世代が背負いこまねばならない）の観念を創立し[1]、「因果応報」の濫觴（＝起源）となった。東晋以降の南北新道教は同様に仏教よりヒントを得て、体系的な宗教の戒律と道徳の信条を構築し、古くから『老君説百八十戒』があり、南北朝には『太上洞玄霊宝智慧罪根上品大戒』に代表された一連の古霊宝経戒がある。同時に、道教の宗教道徳信条は大化東流の仏教と同じように、社会一般倫理道徳と融合し始めた。特に士人が創生宗教の義理化プロセスに参与してから、伝統的な道徳を混合することは最も重要な義理建設になった。

1　湯一介『早期道教史』、昆侖出版社、２００６年。

葛洪は「神仙可学（自身の修行を通じて神様になれる）」の現世倫理問題を解決し、皇帝成仙（皇帝が仙人となる）に対する否定と民間の「鬼道」に対する批判を通じて、一連の倫理原則を構築し、儒家倫理を修道の範疇に導入することに成功した。南方新道教の上清系とその後の整理発揚者の陶弘景は、伝統的な冥界観念の基礎の上に「地下主者」「塚訟」「酆都」「鬼官」などの内容からなる一連の地獄学説を構築し、豊富な世俗道徳の内容を整合した。唐の呉筠は道教の「道、徳」そのものと儒家の「仁義礼智」を弁証統一させた。「内道徳而外仁義、先朴素後礼智、将敦其本、以固其末。猶根深則条茂、源浚則流長、非棄仁義、薄礼智也」（『玄綱論』）。その後、道教に包容された宗教道徳信条の建設は、完全に儒家の倫理を主導する社会の一般的な道徳と符合する道を歩んできた。金・元時代の全真教は三教を融合させ、理学の日常生活の道徳品質を修行の準則とし、元と明の浄明教は直接「忠孝」を標榜し、道教の義理がその倫理的な宗教構造を完成させた標識であった。

抱朴帰真[1]——道教神学の核心

道教の基本教義は、「道」が宇宙の本元であり、唐代の著名道士呉筠の『玄綱論』に「道者、虚無之系、造化之根、神明之本、天地之源。其大無外、其微無内、浩昿無端、杳冥無対。至幽靡察而大明垂光、

1 ありのままの純真を保ち、本元の自然状態に帰る。

至静無心而品物有方。混漠無形、寂寞無声、万象以之生、五音以之成。生者有極、成者必虧、生生成成、古今不移」とあり、「道」は神々になり、群仙を統率し、万物を支配する。人は敬虔な道を通じ、徳を積み、外で運命の体、内で心性を鍛えて、兼ねて大衆の術で、ついに霊肉不死となり、仙人に昇って神を呼んで鬼を糾弾して、災いを除き、衆生を救済することができる。

道教神学の核心

義理を追求する道教は「宇宙論」あるいは「宇宙主義」式の宗教にもっと近いである。つまり宇宙の自然を体とし、宇宙の元本、特徴と基本的な法則の「道」を信仰とし、それに対するたゆまぬ追求を通じて、宇宙本体との化合に至り、かつ解脱に至るということである。すべての宗教は末世論を主体としているが、義理を追求する道教はこれを修正し、宇宙末世論を作り出した。つまり末世の発生は現実の災難と神の審判からではなく、天地運行の法則に基づいているので、体で道を悟るだけが宇宙の元本を見つけ、この元本の要求の規範に従って、天に昇ってすべてを超えることができる。あらゆる宗教もまた「啓宗」を基本的な表象とし、人は神を創造し、神の「啓示」を獲得する。「啓示」は表面的には神が人に真理を示すものであるが、本質的には人の創造である。道教の啓示も一種の「宇宙啓示」で、すなわち宇宙及び自然の根本原理と基本法則は、道を得た者が宇宙の自然と融和することによって悟りを得て、道の種民[1]に伝えられる。

1　道教で、道士や一般信者のうち、とくに善行を積み、熱心に修行して、人の寿命をつかさどる天・地・水の三官の神々から不道教の宇宙主義の本質は、その核心観念に顕著な特徴を持たせた。第一、道家哲学の中で自然意識と生命意識が非常に際立っている。道教は宇宙を本体とし、道家哲学の中で自然に対する尊崇を宗教の究極の信仰に昇格させた。自然は身の外のものではなく至上の神である。人の解脱は自然と一つになる。道教は同時に、生命は宇宙がつくったものの一部で、道は生と守り合い、一瞬も離れないと考え、[1]信仰の対象にもなり、永生不死は究極の追求（目標）となった。道教のこのような自然、生命を主体とする意識は、「抱朴帰真、物我同一、和諧化合、寧静愉悦」という思想を発展させ、中国文化の複合体の中で最も重要な観念の一つである。

第二に、道教は濃厚な宗教神秘主義（mysticion）の要素を持っており、その根本的な追求は自分自身を万物の一体性、つまり宇宙の元本である「道」の中に融合させることである。だから必然的に一種の超実験の、元の経験の、直観の、不朽と永久不変のものに対する神秘性の体験を持って、つまり「虚無」の中に隠された真理に対する思いやりを重視し、人と「道」が精神的な和合を獲得することを強調する。内丹道の台頭が主流となったのは、神秘主義的な要素がその内在的な役割を果たし続けた結果である。

第三に、道教の方法論は「模擬自然」の思想原則と方法・手段を核心とする。「模擬」は古代の呪

老長生を保証された選民をいう。

1　李養正『道教概説』、中華書局、１９８９年、２３８ページ。

術類型の一つであり、「同類共存」あるいは「果必同因」の原始的な思惟原則に従って、模倣を通じて外物をコントロールする目的を実現する。道教は元々古代巫術より多くを得ており、道教の多くは元々古代の呪術に由来し、自然に対する信仰から、その模擬行為は自然を模倣することを主とし、すなわち自然現象が提供する因果関係に基づいて、自然現象の客観的な振舞いを模倣し、様々な技術的手段を創造する。「模擬自然」は誤った原則に基づいているが、客観的にはまだ比較的強い理性的な要素を持っており、直接にあらゆる自然現象、天地日月星辰風雨雷電及び草木虫魚または人間の体に対する詳細な観察と帰納、探究をもたらし、一種の前科学（科学が出現する以前の知識）と偽科学の実践に属する。

「神」の性質

どの宗教が創造した「神」の性質も、その特性の集中的な現れである。道教に包容された神祇は数量が非常に多く、内包は複雑である。総合的に分析すると、第一類は至上神とその補助神であり、第二類は教主あるいは祖師神であり、第三類は仙真を得て後世に奉祀する神である。

至上神とは最高神であり、あらゆる宗教の基本表象である。道教における最後の至上神は「三清」である――玉清境清微天元始天尊、上清境禹余天霊宝天尊、太清境大赤天道徳天尊。道教の至上神の発展は非常に複雑で、最初は老子（太上老君）を神として奉じたが、各新道教の中での地位が異なっており、上清系の中で「太極金闕帝君」として奉じられ、後に三清の一つの道徳天尊に転化した。西晋末期、霊宝と道教の起源である民間の創生宗教は伝統最高の天神「太一」と仏教の至尊を融合させて「元始天尊」を創造し、影響は次第に拡大し、陶弘景が整理した『真位牌業図』七級の体系の中で第一級の中位に位置し、最高神の統領となった。東晋では道教が出現すると同時に「太上道君」が出現したが、後に「霊宝天尊」に転じた。当時の「上皇高真」は三つではなかったが、太上老君、元始天尊、太上道君のルーツが独特で、さらに東晋南北朝の時期に即した道教の統合により、唐代に至るまで次第に定着していった。

道教の至上神である「三清」は、論理的には「道」の化身であるだけでなく、それ自体が「天」の尊主であるため、本質的には自然宇宙の神であり、道教の「宇宙主義の宗教」の性質を反映している。「三清」は真の人格化神ではなく、元始天尊、太上道君（霊宝天尊）は終始擬人化されていなかった。「道徳天尊」は老子に由来したが、人格化の色彩は日増しに薄くなっていた。逆に、老子は「教主」の神となり、自然宇宙の神の座は「道徳天尊」に譲られた。道教の至上神には他にも多くの補助神がいて、例えば諸天の帝、後土の皇と日月の星辰など、同様に自然神の面目を表していた。最も重要なのは、道教至上神は道教の義理化という面での存在だけで、本当にその社会機能を発揮する至上神は異なる時代、異なった教派の中でまた違った表現がある。一言で言えば、道教の至上神は存在するが、宗教のあるべき人格化神ではなく、「道」の化身である自然神であり、道教では大きな宗教機能を果たしていない。

道教の教主あるいは祖師神は新創生道教の教主であり、同時に本当に尊崇し、実際に至上神の役割を果たす神祇でもある。道教の教主または祖師神の中で最も重要なのは老子、張道陵であり、後期の重要な新道教の創始者（或いは擬托者）は呂洞賓、許遜、王重陽、丘処機なども教主神の典型である。宋代以後、すべて「祖」と尊称された伝道の師も同様にこのような種類の神祇の性質を備えた。道教の教主あるいは祖師神の多くは複雑で、道教の叢生と包容性の反映である。

道教神祇の第三の類型「道を得た仙真（神仙）」は、厳格な意味でいわゆる「預言者」の神、つまり至上神の啓示を得て、そして修練を通じて超凡の聖者に入った。彼らの中には神話の英雄が少なくないが、現実にはすでに「白日飛升、尸解神変」とされている神々が多い。もし彼らが神になった後に、人の世の苦しみを忘れずに救うことができるならば、ある程度の奉祀を得て宗教の神になって、同様に「神」の根本的な意義を備える。道教は不老不死を究極の目標とし、神仙は完全に合理的であり、可能な存在である。社会生活の中で、通俗文学と民間文芸の中に形成した俗神に至っては、決して数えきれない。

道教は表面上において多神教であるが、このような多神は原生宗教の「泛神」とは違っている。道教の多神は、共時から見て、実際には広大な地域の多種の創生宗教状態の反映である。義理の方面で、道教は宇宙の自然神を至上神とする。実際の状況では、道教の包容体中の各創生教派あるいは叢生教門は、すべて独特な祀の神を持っていて、一神教の性質に欠けていない。道教は時間をかけて形成された包容体で、つまり複数の一神教の集合なので、多神教の外見が形成される。

神聖世界（天国）文明後のあらゆる創生宗教はすべて徹底的な解脱を求めて、つまり現世を越えて彼岸に達する。彼岸の世界、すなわち神聖な世界（天国）の性質と構造は、同じく宗教神学の核心内容である。道教の神聖な世界の構造は、仏教の宇宙論の内容、例えば「諸天」の観念などを多く取り入れているが、非常に顕著な特性を持っている。

道教の神聖な世界はいわゆる「仙境」で、それは凡人には感じられない、現実の天地の山川や日月の星辰とは別の宇宙である。この大きな宇宙には、神聖な小宇宙が多く含まれている。これが道教の「洞天福地」である。「洞天」と「福地」は性質がほぼ同じだが、神聖な大宇宙の中では地位が異なる。

「洞天」は古代の原始信仰に由来する。古人の心の中では、穴は深い海の中の幽府であり、人の経験が及ばない神秘な世界であるから、必然的に神のお告げ、天啓、財宝がある所である。六朝時代の南方の初期神仙道教はこれに「神託の所」「蔵宝の洞」を構築し、上新道教は更に「度災の府」の意義を加え、最終的に「空虚内涵、別有日月、神霊往来、仙真所領」という神仙の世界になった。少なくとも南朝の時期にはすでに「三十六洞天」という説があり、唐代にはさらに組織化、体系化、聖数化され、「三十六洞天」と「七十二福地」の神聖な世界システムに発展した。

道教の神聖な世界である「洞天」は、宇宙に対する崇拝を実質的に反映しており、形式的には宇宙の自然の客観的な世界をシミュレーションした結果である。

道徳信条

道徳信条は宗教の不可欠な部分である。万物に霊観念の基礎の上で発生する古代の原始宗教はすでに道徳の内容に注入されて、文明の後の創生宗教は更に善悪、是非の源、性質という人類社会の根本問題に関心を持って、だから必然的に自身の世界観と価値観を創立し、そして倫理道徳の信条を通じて表現した。

道教の道徳信条は総じて言えば、天が善を褒め、悪を懲らしめ、生を愛し、殺生を喜ばない。信仰する人たちは功徳を積むことで、仙界を昇進させることができる。祖先を救いながらも自らを救っていかなければならない。「殺伐積酷」で罪を背負うなら、死んだ後は鬼になるしかない。この道徳信条は本質的には中国化の仏教と儒教を主導とする世俗文化の倫理道徳観念と深く合致している。宗教の道徳観念は経済と社会の複雑さ、特に農業社会の中で貧富の分化と階級の存在と関連している。だから、中国古代社会の中で普及された道教に受け入れられた道徳信条は、必然的に同じ大衆化された中国式の仏教及び世俗文化と同じで、社会特性の反映となり、独特な例外になることはあり得ない。さもなくば、社会から排斥されて、地下の秘密宗教になる。だから、道教はもともと継承されていたいくつかの道家の思想観念は、例えば「絶圣弃智」「高蹈隠遯」[1]などを主張し、現実的な倫理からの拘束などを避けるためで、思想の一端としてしか存在できず、社会一般道徳の准則になることはできない。

1　「絶圣弃智」「高蹈隠遯」とは、英知を捨てて純朴に帰ること。

蓬山縹緲——道教と文学、芸術

宗教と文学は双子の兄弟で、祭壇は文壇である。最も早い文学、特に最も精粋な形式——詩歌は、楽、舞と同源であり、すべて原始宗教の献祭儀式に由来する。神への献祭には、危難のときの祈も、豊作のときの報いも、神とのコミュニケーションが必要である。詩はまさに人と神の相互作用の媒介であり、人々の神に対する無限の希求と信念を表している。宗教はまず「宗教文学」を生んだ。「宗教文学」は宗教の道具であると同時に、宗教の表現と象徴でもある。

道教文学

道教の神学は宇宙の啓示に基づいているので、最初から「文」の神諭意義を重視した。道教では宇宙の啓示は縁があって、軽く漏らすことはできないと思って、だから神秘の「三元八会」の文として表現して、神聖な超人の意義を持っている。そのため、文学は道教の形式と象徴体系になった。その中で最も重要なのは啓示文学と儀式文学である。「啓示文学」は精粋な文学形式で神の天啓を表現するもので、その根本的な特徴はさまざまな深い隠喩と多彩な象徴に満ちている。道教の啓示文学は主に南方の神仙道教の初期経典に含まれ、その形式の特徴は多彩な韻語形式であり、例えば『周易参同契』『黄庭経』などである。上清道教の根本経典である『大洞真経』は、当時の比較的成熟した五言体を採用し、文字は優雅で極めて難しい。『真誥』の仙真（神仙）の下諭と互いに対答した詩は、形式が熟していただけでなく、豊富な象徴性と隠喩の意義を有し、後世の啓示、教諭と宣化の詩の先駆を開いた。後世の内丹道は、基本的にその神秘的な体験と秘密の教えを詩や詞の形式で表現した。

南方神仙道教の上清系の基本的な典籍である『真誥』は、道教の最も典型的な啓示文学である。「仙真降誥」と名付けられていたが、実際は上清創教者が集団で創作した大型文書の中で、叙事、戯曲化シーン、詩歌、手紙、祈祷文などの多様な様式を呈し、豊かな想像でバラ色の光景を作り出し、上清教創始者のその道と一体の神秘性の体験を伝え、寄意のような婉曲で含蓄的な優雅な文学の特徴を体現した。

道教の儀式文学は主に神聖な儀式の中での賛美の楽章と祈禳（神に祈って災いを払う）の文である。賛頌は「三洞」の十二種類の文体の一つで、『道教義枢』巻二に「第十一賛頌者、如五真新頌、九天旧章之例是也。賛以表事、頌以歌徳、故詩雲、頌者、美盛徳之形容。亦曰偈者、憩也、四字五字、為憩息之意耳」とあり、『詩経』の「頌」に由来するが、実際は宗教性の賛美詩であり、国家の祭礼における楽歌とは異なる内容・様式である。凡天帝仙真、玉歴宝経ひいては啓壇、請神、焼香、上灯、演術などの諸応用はすべて称賛されている。賛頌には比較的直接的な表現があり、たとえば『玉清恵命頌』

稽首玉清元始尊　稽首金闕虚無帝

包含造化運陰陽　極処自然無凝滞
生天生地生人物　五色祥光随処慧
度人無量不思議　敢仗祥光来拯済
帰命東極宮中尊　帰命十方救苦尊
毫光遍照三千界　智慧潜通五苦門
常以広大威神力　慈悲救苦済亡魂
指迷悪道返帰真　法橋大度永長存
（『三洞賛頌霊章』）

また「三啓頌」の一つ

楽法以為妻　愛経如珠玉
持戒制六情　念道遣所欲
淡泊正気停　蕭然神静黙
天魔並敬護　世世受大福
（『玉京山歩虚経』）

あるものは極めて典雅で、例えば『赤明丹光玉歴宝頌』

浩劫開神運　竜文泛赤霞
八威奔電激　九鳳破凶邪
煉度丹皇室　飛升元始家
炎明常継照　霊慶集晨華
（『三洞賛頌霊章』）

賛頌は多く儀式に用いられ、音楽を伴うため、多くは楽歌であり、その中の一種の形式は「歩虚詞」と呼ばれ、儀式中の臨壇法師はゆっくりと遠回りして詠唱するのに合わせて、音楽、文辞はすべて天人の交感の境を作ることに重点を置いている。例えば、東晋時代の霊宝儀式の歩虚詞

稽首礼太上　焼香帰虚無
流明随我回　法輪亦三周
玄元四大興　霊慶及王侯
七祖生天堂　煌煌耀景敷
嘯歌観太漠　天楽適我娯

斉馨無上徳　下俗不与儔
妙想明玄覚　詵詵巡虚遊
（『洞玄霊宝玉京山歩虚経』）

文士には早くから擬作があり、庾信には『歩虚詞』十首があり、其の一

渾成空教立　元始正途開
赤玉霊文下　朱陵真気来
中天九竜館　倒景八風台
雲度玄歌響　星移空殿回
青衣上少室　童子向蓬萊
逍遥聞四会　倏忽度三災

唐代・呉筠の『歩虚』は、すでに純粋な道教儀式の作より典雅である。

瓊台劫為仭　孤映大羅表
常有三素雲　凝光自飛繞

羽童泛明霞　昇降何縹緲
鸞鳳吹雅音　栖翔絳林標
玉虚無昼夜　霊景何皎皎
一睹太上京　方知衆天小

唐代・劉禹錫の同題擬作の文学色が更に濃厚である。

阿母種桃雲海際　花落子成二千歳
海風吹折最繁枝　跪捧瓊盤献天帝

祈禳の文は主に「章表」で、天帝に願い事を伝える文字で、斎醮儀式の重要な仕事の一つである。例えば、『道教義枢』巻二に「第十二章表者、如九斎啓願、三会謁請之例是也。章、明也。表、奏也。謂申明心事、上奏大道之」とある。唐代以降、青藤紙に朱筆で書かれることが多く、「青詞」とも呼ばれ、駢儷文で書かれることが多かった。章表には一般的な啓願のほかに、具体的な祝祷、例えば告解、祈雨、止雨、推度などが含まれた。後世の民間でよく使われた「上梁文」なども、章表の範囲に属する。文人は道士の招きに応じてあるいは個人の願望のためにこの種類の章表を創作し、往々にして自分の思想を表現してそれによって鮮明な個性を持たせた。例えば、蘇軾『上帝青詞三首』の一

臣聞報応如響、天無妄降之災。恐懼自修、人有可延之寿。敢傾微懇、仰瀆大鈞。臣両遇禍災、皆由満溢、早窃人間之美仕、多収天下之虚名。濫取三科、叨臨八郡。少年多欲、沈湎以自残。偏性不容、剛愎而好勝。積為咎厲、遘此艱屯。臣今稽首投誠、洗心帰命、誓除驕慢、永断貪嗔。幸不死於嶺南、得退帰於林下。少駐桑榆之暮景、庶幾松柏之後雕。

しかし、多くの章表の作品は書式設定の陳腐さにすぎない。これは、宗教内部の文学は、啓発文学にしても、儀式文学にしても、宗教に奉仕するものであり、宗教性はやはり文学性よりも多いからである。

道教と詩歌文学の「相互作用」

道教と詩歌文学が互いに影響を及ぼしあい、文明と社会が更に発展して「人」の意識が高まると、文学は神への傾倒から人間自身への反省に転じ、廟堂の礼賛から生活の詠嘆に転じ、次第に独立と自覚を獲得し、それによって人生、社会をより多く反映するようになった。なぜなら、宗教と文学は人類の本質意識に接近するという一点においては相向性が認められる為である。よって、両者が各々発展する過程では本質的な関連、相互作用の関係が存在するのである。つまり、宗教は文学の内容と形式に影響を与えるとともに、文学の宣化（君命を布き、民衆を教化する）を必要とする。文学もまた、創作主体の宗教体験や究極のケアを表現することに力を入れている。道教、特に義理を追求する道教神学と中国古代文学の間にも、このような相互作用が存在している。

道教神学の核心は霊肉不滅（人間の魂は永遠で、肉体が死んでも変わらず存在している）の解脱であるため、それは本当に神仙が存在することを強調し、わざと神仙世界の美妙さを造り上げ、かつ宇宙と化合し、凡を脱し、仙人になる理想の彼岸を築き上げた。このような神学の追求は明らかに文学、特に詩歌へ影響した。「飛昇上仙」（凡人は自分で修行して仙人になる）は古代文学で重要な主題の一つとなった。これはまず南方の文学で表現され、東方の浜海から呉楚の地までは、古くから神仙説の最大の淵叢《えんそう》だったからである。特に楚の地域で、昆虫のように羽化し、鳥のように空を飛ぶことは、これまで重要な神話の隠喩であった。楚辞の最も偉大な作品『離騒』の中で、乗龍駕鳳の飛行イメージと瑶台玄圃の美しい風景は、作者の情志心跡（感情志向の本音）の典型的な象徴になった。

駟玉虬以乗鷖兮　溘埃風余上征
朝発軔於蒼梧兮　夕余至乎県圃
欲少留此霊瑣兮　日忽忽其将暮
吾令羲和弭節兮　望崦嵫而勿迫
路曼曼其修遠兮　吾将上下而求索

楚辞の後期作品『運遊』は、おおむね二世紀に形成され、その時はまさしく黄老思想と神仙方術が栄えた時であった。これは百七十余行の長詩であるが、さまざまなイメージがあり、言葉が面白いである。詩には次のようなものがある。

載営魄而登霞兮　掩浮雲而上征
命天閽其開関兮　排閶闔而望予
召豊隆使先導兮　問大微之所居
集重陽入帝宮兮　造旬始而観清都
朝発軔於太儀兮　夕始臨於微閭
屯余車之万乗兮　紛溶與而並馳
駕八竜之婉婉兮　載雲旗之逶蛇
建雄虹之采旄兮　五色雑而炫耀
服偃蹇以低昂兮　驂連蜷以驕鶩
騎膠葛兮以雑乱兮　斑漫衍而方行
撰余轡而正策兮　吾将過乎句芒
歴太皓以右転兮　前飛廉以啓路
陽杲杲其未光兮　淩天地以径度

風伯為余先駆兮　氛埃辟而清涼
鳳皇翼其承旗兮　遇蓐収乎西皇
攬彗星以為旍兮　挙鬥柄以為麾
叛陸離其上下兮　遊驚霧之流波
時曖曃其曭莽兮　召玄武而奔属
後文昌使掌行兮　選署衆神以並轂
路曼曼其修遠兮　徐弭節而高厲
左雨師使径侍兮　右雷公以為衛
欲度世以忘帰兮　意恣睢以担撟
内欣欣而自美兮　聊偷娯以自楽

「遠遊」は文人化した作品と、主体意識の情志と審美観を表現した結果として、すでに原始的な神仙観念の深化を体現しており、蝉蛻塵網、脱群逸遁、羽化登仙の「遊仙」テーマとなり、俗世の束縛から離れ、神仙の世界への渇望を表現することを基本内容として、神仙の境界に対する美意識、人生の理想と現実の不運さを反映することを最終的な趣旨とする。

魏・晋の時代に現われた「遊仙」の作は、大部分が廟堂儀典の歌に属している。例えば、曹操が作った楽府詩「気出唱」「精列」など。しかし、その中には曹植の「五遊」「遠遊篇」「遊仙」などの作品が、民謡あるいは祭祀の章のレベルを超えて、豊かな想像で、仙境のすばらしさ、昇仙への憧れ、そして人生に宿る感慨を吐露した。しかし、理想や抱負を期待する精神は薄く、自覚の高さには達していなかった。その後、成公綏、何劭の『遊仙』作品も基本的にはそのレベルにとどまった。嵇康の「遊仙詩」は意味の表現に含蓄と婉曲の風格を表し、精神的には単純な「不老不死」を超えた追求があった。晋代初期の張華の遊仙詩は、最初に内容上の開拓と変化を体現し始めたが、いずれも明らかではなかった。両晋時代の南方に新しい神仙道教が形成された際に、道教神学の体験をさらに深化し、ついに『遠遊』が創始した文学テーマをまた新たに開拓させ、傑出した代表は郭璞の「遊仙詩」である。

郭璞の「遊仙詩」には十九首が現存しており、芸術的に高い水準に達しただけでなく、その形式は「遊仙」であり、実際にはその尊隠の懐と憂生憤世の情を吐露したことにある。「詞多慷慨、乖遠玄宗……」「乃是坎壈詠懐、非列仙之趣也」（鍾嶸『詩品』「晋弘農太守郭璞」条）。

例えば、第一首には、

京華遊俠窟　山林隠遯栖
朱門何足栄　未若托蓬莱
臨源挹清波　陵岡掇丹荑
霊渓可潜盤　安事登雲梯
漆園有傲吏　萊氏有逸妻

進則保竜見　退為触藩羝
高蹈風塵外　長揖謝夷斉

第二首には、

青渓千余仞　中有一道士
雲生梁棟間　風出窓戸裏
借問此何誰　雲是鬼谷子
翹跡企頴陽　臨河思洗耳
閶闔西南来　潜波渙鱗起
霊妃顧我笑　粲然啓玉歯
蹇修時不存　要之将誰使

第五首には、

逸翮思払霄　迅足羨遠遊
清源無増瀾　安得運呑舟

珪璋雖特達　明月難闇投
潜穎怨清陽　陵苕哀素秋
悲来惻丹心　零涙縁纓流

郭璞の「遊仙詩」は神仙道教の彼岸世界に助けを借りて浮世の暗黒と人生の出所の苦境を強調し、自分が門を叩いても道がない、出仕に門径や機会がないという痛みと高慢な志を表現し、神仙道教の「飛昇上仙」に対する文学創作の借題と深化を反映した。[1] 以来、真の社会、人生を反映した文学の中で、神仙の境地はすでに歌讃の対象だけではなく、世を憂える起興の資と風刺の物で、「高蹈上昇」（身を高く清く処する）は実は「誤落塵網」（たまたま出世の綱に引っかかった）に対する批判である。

中国古代で最も傑出した詩人の一人である李白は「詩仙」と称され、その詩歌の水準が非常に高尚な境地に達し、他の追随を許さなかっただけでなく、彼の創作には神仙を題材にしたものが多くあり、神仙を詠んだ歌に満ちていたためである。より重要なのは、李白の仙を求める中で、自分の理想的な追求と融合し、現実の不運さへの憤りをそこに託したことである。よって、彼の作品は色彩豊かでロマンに溢れ、中国古代文学の模範となったのである。

道教の宗教体験と宗教の追求は、文学の主題や内容に影響を与えただけでなく、同じように文学の

1　程千帆『郭景純曹尭賓遊仙詩弁異』、『古詩考索』、『程千帆全集』第八巻、河北教育出版社、２００１年。

審美にも影響を与えた。その中で最も重要なのは道教が文学の審美対象を拡大し、自然山水の審美意識形成を促したということである。

道家の宇宙論から見ると、自然界の山水は全て何のわだかまりもない無極の宇宙本体であり、太虚が道の力を「無中生有」に運用した結果である。いわゆる「一生二、二生三、三生万物」「融而為川瀆、結而為山阜」。道教徒は特に海の深いところと高山大岳を崇拝している。原始的な信仰の中で、海の広邈は窮してはいけない、高山は地を抜いて天に近くて、永遠に死なない神人の住んでいる所であり、もちろん天国に近い所である。だから、「山に入り」は薬を採って食べたり、練丹したりする必要があるだけではなくて、その自身は道を求めて、つまり世網の束縛から抜け出して自然と渾然一体となる。東晋・南北朝時代の山水詩の出現とその後の詩歌の自然に対する認識、描写と歌賛はまさにこの主観的な追求の文学表現である。廬山を書く李白の詩を例にとると、

廬山秀出南斗傍　屏風九畳雲錦張　影落明湖青黛光
金闕前開二峰長　銀河倒掛三石梁　香炉瀑布遥相望　回崖沓嶂凌蒼蒼
翠影紅霞映朝日　鳥飛不到呉天長
登高壮観天地間　大江茫茫去不還
黄雲万裏動風色　白波九道流雪山
（『廬山謡寄盧侍禦虚舟』）

盧山に対しての描写は、既に苦心して景色を描くだけでなく、究極的な体験をする高度にまで至った。ここから、自然山水を審美対象とするに至ったのである。
道教は、現世とは甚だ異なった神仙世界をつくり上げた。それは文学に色彩豊かな異なる境地を与えただけでなく、同時に詩人の想像を刺激した。ならびに、修辞を推進して主観的な審美を表現する手段とした。「特に、芸術表現の面では、神仙のイメージを描写する不思議で儚い発想法、仙界のすばらしい光景を描写する虚構、誇張、想像の芸術手段、神仙の物語を構築する大胆な考え方、それらを表現するための特別な言葉や修辞技法、歴史に伝わる大量の神仙の故事を用いた手法など、これらの多くの作者が神仙を題材にした創作実践の中で蓄積された多くの創作技術と芸術経験が、芸術成果として一般文学創作に取り入れられている」[1]。李賀は想像上の天上の世界を描いた時、次のように書いた。

天河夜転漂回星　銀浦流雲学水声
玉宮桂樹花未落　仙妾采香垂佩纓
秦妃巻簾北窓暁　窓前植桐青鳳小
王子吹笙鵞管長　呼竜耕煙種瑶草

1　孫昌武『道教与唐代文学』、人民文学出版社、2001年、408ページ。

粉霞紅綬藕糸裙　青洲歩拾蘭苕春
東指羲和能走馬　海塵新生石山下
（『天上謡』）

老兎寒蟾泣天色　雲楼半開壁斜白
玉輪軋露湿団光　鸞佩相逢桂香陌
黄塵清水三山下　更変千年如走馬
遥望斉州九点煙　一泓海水杯中瀉
（『夢天』）

李商隠が想像した上清の女仙が入ってきて、ある種の神秘な境地があって、奥深い味わいがある。

白石巌扉碧蘚滋　上清淪謫得帰遅
一春夢雨常飄瓦　尽日霊風不満旗
蕚緑華来無定所　杜蘭香去未移時
玉郎会此通仙籍　憶向天階問紫芝
（『重過聖女祠』）

これらほとんど一切は、道教神学の義理の核心とその影響による文化創造また異なる審美意識をもたらした。それは、神仙美学である。

神仙美学

神仙美学は幾つか典型的な特徴を有している。まず、自由に何ものにも依らない精神である。この精神は楚辞、特に『運遊』の始まりより起こり、魏・晋・南北朝の自然への崇拝、名教観念へのさらなる反抗を経て、道教の神仙体験のおかげで、唐代になると十分に現れた。次に奇特な脱俗、華麗で高尚な境地である。道教の影響で、詩人たちは主観的な体験を通じて、詩歌の創作において非常にロマンチックな境地を開拓し、想像した瑶池碧宮、崑崙蓬莱、洞天福地を素材にして、無数の現世を超えるイメージを作り出して、非凡、高華、奇麗、清幽、神秘の美学特徴を現れた。最後に最も重要なことは、神仙美学は根本的には仙と凡が対立した悲劇美である。すなわち、仙界の美しさは現実の暗さを引き立たせた。仙人に入ることはできるが、簡単に仙人になれない。神仙の世界を憧れ、礼賛する裏には、往々にして過ぎ去る時がある。神仙美学のこの悲劇性の特徴は、文学の世を憂える究極の意義を体現した。

神仙美学は一種の浪漫主義の典型的な代表として儒家思想に基づく現実主義の美学と平行して、共に中国古代文学、特に詩歌の叙情、寄託、言志、諷諭の核心精神を構成した。

道教と叙事文学の相互影響

道教と文学の相互影響もまた叙事文学の方面で体現された。叙事文学とは故事、伝記、小説をもって主な体裁とする文学作品のことである。それは民間の口頭文学の重要な源泉となった。しかし、その創造主の多くは文士であった。宋代以降、通俗文学は日毎に発達し、話本、擬似本、および長編小説の出現は叙事文学をより斬新な段階へと至らせた。同時に、重要な動力として喜劇など通俗文芸の繁栄を促した。

小説に代表される敍事文学は、もともと幽霊の話から始まった。道教が興起した後、神仙の説や「災祥」「妖怪」「冥報」「感応」などが魏・晋・南北朝の怪異小説の中心的な内容の一つとなり、「仙伝体小説」「博物体小説」が生まれた。仙伝体小説のすぐれた代表は葛洪が編纂した『神仙伝』である。『神仙伝』は劉向『列仙伝』の伝統を受け継ぎ、魏・晋以来の別伝、家伝の優れた特質を吸収し、文字は簡潔で、叙述は生き生きして、虚構性は際立って、強烈な小説の意味を持ち、東晋以降、多くの仙伝体小説が登場し、その影響を受けた。仙伝体小説は歴代の仙真（神仙）の得道物語を描くことによって、神仙道教の基本観念を表現し、修真上仙の体験を伝え、方法を示し、宗教道徳信条を宣伝し、神仙道教の普及に対しては異例の役割を果たした。同時に、道教の神仙世界が生み出した刺激と推進の下、仙伝体小説は芸術の方面で多くの成果を獲得した。特に際立ったのは構造、形象を作ってあるいはたくさんの重要な神仙物語の主題を強化した。例えば、「滄海桑田」、「棋尽柯爛」、「壷中天地」、「霊真下試」などが後の仙話文学の原型と資源となった。博物体小説には「十洲記」があり、十洲の仙境を舞台にして、神異を想像して独特な境地を作り、後世の神仙文学に重要な影響を与えた。

　唐人伝説には神仙に関する作品もたくさんある。文人はこの類の題材を通して、文学的才能を表すのみならず、さらに意図的に風刺の思いを含ませて、芸術および思想の方面で全て高い水準に達したのである。

　明清時代の通俗文学は、道教と叙事文学の深い互助関係をさらに体現した。明代以降、社会経済は大きく発展し、社会生活はすでに中古時期より豊かになり、宗教生活の持つ価値の要求及び社会化の蓄積と伝承は、必然的に相応する文化の摂取と伝播手段を要求し、その中の最も重要な一端は通俗文学とその制作生産に対して強烈な社会需要があったことである。このような状況で中下層の文人を中心とした通俗文学が創作・編集・刊行され、『三国演義』『水滸伝』『金瓶梅』『儒林外史』『三言二拍』など、社会の現実と社会一般の理念を深く反映した優れた作品を生み出した。「神魔装小説」をはじめとする多くの宗教生活を直接に描き、宗教理念を伝えるとともに、仏教、道教の教義を広く宣伝する通俗的な文学作品が登場した。例えば、『西遊記』『封神演義』『鉄樹記』『呪棗記』『飛剣記』など。清代の通俗文学の創作はいっそう盛んである。清代の通俗文学の創作は更に盛んであった。明清通俗文学は社会一般生活の宗教道徳準則を担い、伝播を通じて社会に影響を与え、逆に民俗信仰に対する更なるイメージアップと強化を実現した。また、民間の「万神殿」の整備や重要な俗神の構築と普及にも一役を果たした。

歩罡踏斗——道教儀式と演劇、音楽

宗教には二つの重要な構成要素がある。一つは宗教信仰の系統であり、一つは宗教儀式の系統である。超自然の存在ないし宇宙の存在に対する信念は信仰であり、これらを実践する行動は儀式である。「儀式は表現、実践、さらには信仰を肯定する行動であるが、信仰は逆に儀式を強化し、行動をより豊かにするため、信仰と儀式は宗教の両面に表れている」[1]。信仰は一種の霊魂の帰依であり、いかなる直接的な表現も無力であり、象徴に訴えることしかできない。儀式は象徴的な意味を持つ一連の標準化行為の集合であり、その隠喩の意味はその表面の意味より大きい。実際に、人は儀式の働物と言うことができて、人材だけが信念を持って表現する必要がある。人間のすべての行為は、儀式行為である。

道教の儀式性は特に顕著であり、ある程度「儀式的な宗教」とも言える。これにはいくつかの理由がある。第一に、道教の根本的な目的は霊肉が死なないことであり、肉体は自然と同じく客観的な存在であるから、道教は必然的に具体的な技術を追求することによって問題を解決する。しかし古代の認識レベルに限って、すべての技術的方法は呪術の特質を免れない。それによって長生不死の効果を達成することは不可能であり、従って、これらの技術的な行為手段は往々にして長生信仰を表現する

1　李亦園『説儀式』、『宗教与神話』、広西師範大学出版社、2004年、36ページ。

象徴的な儀式に転化する。第二に、道教は本土の民間信仰と創生宗教の包容体であり、長期的な発展の中で多種の暦・共時の元素を含んでいるため、その儀式も一つの包容体であり、多種の伝統の連続もあれば、乱雑・多元的な新創元素と地域元素の混合もある。多種の伝統の連続もあれば、雑多多元的新創元素と地域元素の混合もある。

道教儀式の具体的な類型は斎戒、懺悔、礼拝、祭祀、祈禳、済度、伝授と各種類の施法などがある。斎戒は主に戒律を守って禁欲し、心身を清浄にすることである。告懺は自ら過失を認め、懺悔することである。礼拝は神への崇拝を働作で表す。祭祀は主に神霊を祭る。祈禳は神様に祈り、福を降って災害を免れる。超度は死者の魂を地獄から救い出す。伝授は拝師、伝経、叙籙である。各種の施法は法術から転化した儀式行為である。しかし、これらの類型はよく混ぜて使い、同時に行為動作、象徴指向も互いに兼ねている。例えば、斎戒は祭祀の準備としてもいいし、独立して行うこともできる。また、告懺、祭祀の用も兼ねている。祭祀と祈禳は総合的に行われ、礼拝、告懺、超度も含まれている。祈禳と超度には特に施法の儀が多い。伝授式には、他の儀式の内容もある。道士は道教の寺院で修行し、また多くの日常的な儀式があり、例えば、懺悔儀式と上表、供天、供養、供出、供出、死闘、開帳、給籙などの常設法事。各種類の儀式の中で、建壇、併供、読経、呪術、口訣、燃灯、上表、奏楽、歩虚、叩歯、存想、散花などは常規の動作を構成する基本的な「儀式の要素」である。宗教儀式の中で最も重要なのは祭祀であり、道教も例外ではなく、その「祭祀の儀式」は斎、醮を主とし、同時に入り混じって使う、ほとんどの儀式類型と儀式要素が含まれており、「伝授式」「施法式」と並んで三つの主要な類型である。

祭祀儀式

「祭祀活動は本質的には、古人が人と人との間の報労関係を、人と神との間に広めたことに由来する。だから、祭祀の具体的な表現は贈り物で神様にお祈りしたり、敬意を表したりする」[1]。最初の祭祀は神様に食べ物を捧げて、さらに踊りで神を楽しませる。最後は規範化された動作に発展し、神に祈りを捧げ、恵みを求める。異なった宗教の祭祀は、主に象徴行為の違いに現れている。神霊を祭る一番の条件は誠実と信用を捧げることである。だから戒律を守り、穢れた心を清めてお風呂に入って、誠意を示すことが必然になる。道教の斎儀は最初に発達し、南方の霊宝道教は民間宗教の元素を吸収して系統的な戒儀式を構築した。陸修静は「霊宝六斎」を整理した。すなわち「第一金籙斎、国王を救おう。第二黄籙斎、先祖を救おう。第三明真斎、九幽を懺悔する。第四三元斎、初めは科戒に違反することに感謝する。第五八節斎、本心の過ちを悔いて洗い、第六自然斎、庶民のために幸福を祈る」。霊宝斎のほかに、上清斎、洞神斎、太一斎、教旨斎、塗炭斎がある。(『雲慥七籤』巻三十七)斎儀本には祭祀、抜度、懺悔、謝過、求仙など様々な内容が付加され、後に金籙、玉籙、黄籙、上清斎、明真斎、指導者斎、塗炭斎、三元斎、八節斎、三皇子午斎、靖斎、自然斎など十二種の斎となった。

1 詹鄞鑫『神靈與祭祀——中國傳統宗教綜論』、江蘇古籍出版社、1992年、173ページ。

道教の斎儀の中で最も盛んなのは「公抜地獄罪悪、開度九幽七祖」の黄籙斎で、大規模で内容が非常に多く、行時は極めて長く、最大で三昼夜を続け、日中は正斎を行い、夜間は幽抜を破る。唐代・黄籙斎の儀式ごとの関目は、⑴入戸、⑵各礼師存念如法、⑶鳴法鼓二十四通、⑷発炉、⑸出吏兵上啓、⑹各称法位、⑺読詞、⑻礼方、⑼各思九色円象咽液命魔密呪、⑽歩虚旋繞、⑾三啓三礼、⑿重称法位、⒀発願、⒁復炉、⒂出戸。大体の内容は高功法師が衆法師を率いて戸に入って壇に登り、想像、歯を叩き、正真を呼んで身の炉に入り、守仙官吏兵を召喚し、臨壇法師がそれぞれ法位を授けた後に章を読み上げる。読み終わって各方面を礼拝して、更に呪文を唱えて、詞章を歌いながら儀式法壇を歩き回り、また三啓を唱えて三礼を行い、最後に諸種の願いを発し、元宮に息を引き取り、地戸を出る。[1]夜間の破幽抜度式は、仏教の「施食」儀式（俗名「放火炎口」、別名「瑜伽（ヨガ）火炎口」）の模倣吸収に由来し、後に相対的に独立し、専門的な魔法儀式の一つとなった。

斎戒の後に祭祀が行われるため、「斎」は祭祀の「醮」と結びつくことが多い。醮とは、古代の一つの祈祷神の祭礼を指し、道教ではこれを用いて祭祀の儀式を指す。醮の儀式は長い発展の過程を経たが、固定的な伝統もある。

醮の儀式は、その目的や規模、方式に依っており、時間は異なる名目を抱えている。例えば、平安醮、天大醮、雷醮、火醮、瘟醮、元醮などである。儀式としての応用がどうであれ、その核心はやは

1　張沢洪『道教斎醮符呪儀式』、巴蜀書社、1999年、160～169ページ。

り祭祀であり、霊魂への献礼を通して、幸福や災いが発生しないのを祈るのである。

伝授儀式

伝授式は「入会式」の一種である。宗教、特に創生宗教の初期段階では、入会式は信徒のために行われる神聖な啓蒙秘儀であり、教徒の正式な加入と相応の教団における地位を示す。道教の「宇宙論的啓示」の神学的特質と創生宗教の本質は、神秘主義要素を発達させ、表現の一つは「啓示」の伝授を極めて重視し、そして伝授をめぐる一連の秘密儀式を創立した。

道教の教えは、主に経、戒、符、籙の四つの面から成る。

経は核心の啓示であり、戒は斎戒であり、心身を清め、非を防ぐことで信仰の純正を保障する禁戒信条であり、仏教の禁律（サンスクリット語「三婆羅」）の意訳としても用いられ、道教では神が授ける神秘の記号を指し、天と信徒の盟約である。籙の本義は簿録で、道教では、天から命じられた天官功曹、十方神仙への通牒文を指す。経、戒、符、籙を問わず、信徒が教えを受けると、彼らは天から重く見られ、神聖な団体に加入することができ、道体を悟り、漸進的な修行の資質と、鬼神を召喚・糾弾し、天兵を使役する権威を持った。また、経、戒、符、籙はそれぞれ階位レベルの違いがあり、人によって伝えられる。その中で、異なる経、戒は主に修行の程度の別を反映し、符、籙は主に教団の階位の高低を代表する。このため、伝授は観念の表現だけではなく、制度の表現でもある。

「符」は天から与えられた権威の信物であり、「天書真文」「雲篆鳳字」であり、一般の人が認識できるものではなく、実際の表現は文字から転化した神秘的な絵符である。文字符は初期の文字の主流で、後に図形と各種の記号を加えて、その効用によって、形は多様である。後期によく使われる「符」は定型になった。

　早期の伝授式は秘密裏に行われる。最初の伝授内容は、秘法、秘宝の符、箓と表現されることが多く、三枚の「五斗米道」と「正一盟威」の道、すなわち「盟」または「盟威」をめぐる符箓伝授が中心である。その後、上清新道教は経誥を特に重視し、霊宝新道教は斎戒を強調し、経、戒と符、籙の伝授を統一した。道教が統合された後、唐の初めには統一的な伝授規範が形成された。この規範は、上清の「経――符籙」を最高等級とし、霊宝、三皇、正一等がその下にある。その後、経の新たな創造が多くないため、指導の重点は戒、符、籙に転向し、「三洞四輔」の分類からそれぞれの内部の品級分類に転向した。

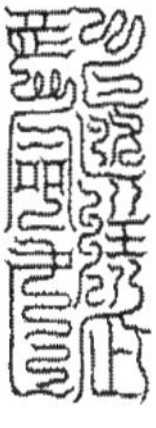

【上左】早期文字符、「九天王長安飛符」（『太上洞玄霊宝五符序』下巻）。
【上中】後期図符、「飛剣捕竜符」（『道法会元』巻五十六）。
【上右】後期総合図符、「陽雷殺伐符」の一つ（『道法会元』巻百二十七）

唐代中期から、戒の種類はますます増えていた。金と元の時代に興起した全真教は伝戒を重視し、丘処機の伝人は統一的に伝戒体系を制定し、初戒、中極戒、天仙大戒（三壇大戒）に分け、清代初期には全真龍門七祖の王常月により公に伝授され、以後特注となった。符、籙は功用、形式ともに異なるが、いずれも階位の意味に重きを置くため、しばしば合称して、籙を指す。籙は等級がはっきりしている天兵天将の名前で、異なる籙は最も信者の教団における地位を反映した。だから授籙は最も主要な伝授内容になった。同時に教団組織制度の重要な形式にもなった。道教を国家が管理し、その直接的手段の一つは国家の関連部門がコントロールすることである。正一籙は最も歴史が古く、影響も大きかった。元代以降、近代になると、龍虎山天師の授与が主流となった。伝戒、授籙の儀式の手順は長い変化を経た。明と清の時代に至って、伝統を保持したと同時に、しばしば革新があった。当代の道教全真派の伝戒式の手順は主に、壇を設けて、斎戒を行う。伝度師が主宰し、諸大師が補助する。その後、迎師、開壇、朝斗、読経、呪術、歩虚などの礼を行う。主要な部分は法家が三堂の戒を説明し、最後に戒牒を発給する。[1] 当代正一派の授籙儀式の手続きは主に、壇を設けて、斎戒を行い、伝度師が主宰し、諸大師が補助する。前後して開壇請水、中文発奏、啓師、読経などの礼を行う。主要な部分は法家が戒を説明し、願いを表明する。最後に職牒、符籙と諸種の器を与える。[2]

1　張沢洪『道教斎醮符呪儀式』、巴蜀書社、１９９９年、２４６～２４８ページ。
2　劉仲宇『道教授箓制度研究』、中国社会科学出版社、２０１４年、２２９～２３１ページ。

施法儀式

道教は実践の上で極めて「術」を重んじて、諸々の複雑な古代の呪術を吸収、収容して、そして神聖な意義を与える。しかし、経験範囲の呪術行為であろうと、その性質を超えた神秘的な手段であろうと、実際の機能の面ではいつも無効であり、効果的に問題を解決することができない。したがって、この種類の法術はしばしば象徴的な魔法儀式――「法事」に転換して、宗教の神聖な力を代表して人々の信仰を強化する。

道教のこのような法事の多くは、醮儀、伝度儀に属する儀式の要素としても独立して行うことができるが、全体としては、法力を行使することによって大衆のニーズに応じて主となった。

道教の法事の名目は非常に多く、交互に利用するため、一つ一つに分類することが難しく、その性質から言えば、およそ四種類がある――鬼を除いて邪気をよけて、災厄を取り除く、疫病を駆逐する、亡き人を仙人にする。近代にも行われている施法式には、告門(抱患告門、延生告門、抜亡告門)、解星、移星易宿、収墳地司、鎮宅、翻解、立獄、捉生代替、発檄(駆蛇発檄、五雷発檄、召魂発檄)、度関(代童度関、抱患度関)、餞瘟、金刀断索、起伏屍、火司朝、宿啓朝、青玄朝、九幽鑰、三朝、斎王、款王、伝経転案、迎真度魂、皇壇三宝、群仙会、会諸司、開方、各種灯儀(九幽灯、九陥、十回度人灯、升仙灯、三途五苦灯、六洞魔王灯、九霄開化灯、十七光明灯、延生灯、火司灯、寿星灯)、大十献、小十献、解冤結、召飯、上供、望郷台、頒赦、度橋、召孤魂、請三宝、開啓、寄庫給牒、送喪、還受生、送鬼、暖材、開路、設召、起霊斬煞、按神、安座、招魂、召七、半夜七、接煞、起座、浄宅、預告などがある。[1] 当代の道教の施法の儀式は主に亡き人を仙人にすることを主とする。[2]

道教の「科範」儀式は信仰を表現する行為であり、象徴と隠喩に重んじ、そのため儀式は行為を重んじ、更に規範を重視し、厳格な規範を通じて儀式の意義を保証する。言い換えれば、宗教の信仰は内なる自律を確立することであり、宗教儀式は外なる拘束――体系的な手続きと厳格な規範を加えることである。『洞玄霊宝自然九天生神章経』巻一に「設科教儀範之文、以斉其外」とあり、そうでなければ、不誠実で神霊を軽んじ、信仰に背くことは免れない。「科教儀範の文」は四つの方面の内容を含む。

⑴ 儀式手順。すなわち儀式の内容、手順、法器、服飾その他の標準化設定である。例えば、早期三張系統の科範『千二百官章儀』における官の名と、病を治して悪を滅ぼす職務。その後、各種授籙、伝経式における籙名、経名及び各階層の規定は、すべてこの部分に属する。

⑵ 儀式規範。儀式を行う時に必ず守らなければならない規則と道徳の意義を与えられた戒律、及び儀式における道団組織、等級、修行態度に関する限定、特に、伝法、授籙及び伝経の盟約及び違反後の罰は、儀式の戒である。儀式の忌みは、例えば宮観建築、斎堂配置、造像に関する条例と規範を限定し、儀式規範の重要な構成部分である。

1　李養正『道教概説』、中華書局、１９９６年、２８０～２８１ページ。
2　任宗権『道教科儀概覧』、宗教文化出版社、２０１２年。

(3)　行動基準。儀式以外の一般的な宗教の日常行為、例えば「行為行為、座起臥息、衣服飲食、住止居処」の準則は、儀式の規範から更に拡張した結果であり、修行の戒に属する。

(4)　道徳信条。「道徳の戒」とは、行為の基準を超えた価値観の基準である。「惟孝惟忠、遵守礼法、是科教之本也」（『上清霊宝大法』巻六）

以上の四つの方面で「科教」の内容を構成し、それは道教における道徳観や価値観の現れである。道教は昔から「科教」が「経教」より重視され、陸修静は道教統合の初期に「道を受けた人として、内は戒律を執り、外は威儀を持ち、科に従って禁を避け、教令に遵承する」（『陸先生道門科略』）と強調し、霊宝科儀の編纂・整理を重視した。上清系は伝経を中心に系統の規範を構築し、「明科」、「真科」と具体的に聖の名を標記する「玉帝の科」「青童科」を代表とした。『道蔵』の大部分は科範の文であり、道教儀式の宗教特色を体現した。南宋の道士金允中は「中古以後、科教興行、而大道隠晦。世降愈下、法術盛行、流之多岐、日以駁雑」（『上清霊宝大法』巻四十三）と、科儀の煩雑な傷質と法術の雑多な曖昧性について批判を提起した。後の全真教は心の修練に転じて、符籙に重ならず、一定の修正意識も体現したが、科範の道教における重要な地位を変えることはできなかった。

道教の儀式と音楽、演劇

宗教儀式は多くの芸術形式を育んできた。まず歌と踊りで、最初の歌と踊りは巫踊りで、巫女が神を迎えるために生まれた。「禹歩」は原始巫舞の一種で、大禹が治水のために跛行したと伝えられ、戦国時代には巫子が大禹の歩みを真似て舞いを作り出し、北斗崇拝の儀式に用いられた。「禹歩」は法術の手段になっただけではなく、次第に醮儀の「歩罡踏斗」(道士が星宿に神を召喚する動作)になった。その法は「先挙左、一跬一歩、一前一後、一陰一陽、初与終同歩、置脚横直互相承如丁字形」(『雲笈七籤』巻六十一)で、星を踏むように、この歩法で音楽に合わせて壇をゆっくりと回すことは「歩虚」とも呼ばれ、道教儀式の中で最も富み華やかな内容の一つである。現在でも多くの地域でこのような性格の原始儀式舞踊が保存されており、民間舞踊芸術の重要な形式である。

次は音楽である。巫舞とは歌、舞、楽の結合であり、音楽は元々原始宗教儀式の切り離せない部分である。道教儀式が発達し、独特の音楽が生まれた。道教音楽の起源は多様で、伝統的な礼楽の継承があり、原始的な巫踊りと地方民間音楽の元素が融合したものが多く、仏教の影響も受けている。道教音楽は道教儀式の形成に始まり、霊宝科儀は系統的な音楽体系を持った。上清系と北魏道士である寇謙之の新道教における韻文経誥、賛頌霊章及び信徒のそれに対する諷誦は、すでに音楽性の強い歌唱形式である。南朝初期には、斎儀における「歩虚」が道教音楽の代表となった。唐代は道教音楽の大発展時期であり、燕楽の興隆と同調し、また法曲と混ぜ、道楽は各方面で重大な変化があった。唐の玄宗は自ら道曲を作り、道楽の創作と儀式の演出を大いに推進した。「方寖喜神仙之事、詔道士司馬承禎制『玄真道曲』、茅山道士李会元制『大羅天曲』、工部侍郎賀知章制『紫清上聖道曲』。太清宮成、太常卿韋縚制『景雲』『九真』『紫極』『小長寿』『承天』『順天楽』六曲、又制商調『君臣相遇』楽曲」(『新唐書・礼楽誌』)。宋代の道楽もかなり発展しており、宋徽宗の『玉音法事』は第一部の道教音韻譜であり、唐・宋の道曲五十首が輯録されており、当時の道楽の総体的な成果を反映した。宋代と元代から近現代に至って、道教の叢生化が深くなるにつれて、道楽も違った伝承が現れて、それぞれの特色を形成した。現代でも龍虎山道楽、茅山道楽、武当道楽、蘇州玄妙観道楽、北京白雲観道楽、山東労山道楽、上海道楽、沈陽太清宮道楽、川西道楽、陝西道楽および香港、マカオ、台湾の道楽などがその例である。[1]宮廷では、明の成祖が「大明御制玄教楽章」を制定し、宮廷で用いられた斎醮の音楽を体系的に規範化した。

道楽が備えている宗教儀式の性質は、その音楽を独特の特色を作り出した。道楽の審美はその神学の趣旨と一致して、「歩虚楽」から始めて「備言神仙の美」を美学として追求して、総体の上ではっきりとした夢のようで、悠長な美学の特徴を呈した。道楽の演技性は非常に際立った。異なった儀式の違った関目に合わせて演奏したり、科儀によって専門的に公演したりして、「斎醮壇場……引商刻羽、合楽笙歌、竟同優戯」（『閲世編』巻九）。道楽は中国古代の重要な音楽伝統の一つとして、戯曲音楽、ラップ音楽、その他の民間音楽に重要な影響を与えた。

演劇も宗教儀式から始まった。神聖な儀式そのものはパフォーマンスであり、生活のシミュレーションと再現である。道教の儀式は強烈な表演性とドラマチックを持って、その特有の豊富な象徴の手法、および道教の時空変換、大きさの相対的な思想の主題は、中国古代劇の芸術表現形式にも影響を与え

1　胡軍『中国道教音楽簡史』、華齢出版社、２０００年。

た。道教儀式自体も古代の宗教劇の重要な原型となった。例えば、伝授儀式における度脱儀式は直接に進化して、後世の戯曲の度化劇になった。

宗教の題材は古代演劇の中心的な内容の一つであり、それによって形成された宗教演劇の専門的なジャンルである。道教神学の隠喩における多くの基本的な主題――死而後生、蟬蛻屍解、時空相対、謫降凡世、誤入仙境、考験察試などは、いずれも強烈なドラマ性を持って、これらの主題を含む道教の物語は演劇の重要な題材となり、この通俗的な文芸形式を通じてより広範な伝播を得た。中国の古代劇の発展が成熟した元雑劇の中で、「神仙道化劇」はもう重要なタイプになった。約四百種類の元雑劇の中で、道教関連の内容を網羅して神仙のテーマを敷設して演ずる演目は四十数種類ある。明清の戯曲は民間のラッパ、公演芸術の中に含まれ、神仙の物語も終始表現の内容の一つである。

不死有術――道教の方術と中国古代の「前科学」（近代科学以前の知識）

今日の視点から見れば、道教の「術」は大きく二つに分けられる。一つは「法術」であり、道教の中で宗教的神力の主宰、支配、万物に影響を与える手段であり、主に禁呪、厄払い、魔除、変化、招魂、度亡などを含む。その多くが象徴的な儀式と化し、信仰を強化し肯定する行為となった。もう一つは「方術」であり、道教がその信仰を徹底し、その究極の目標――飛昇上仙を達成し、道と一致する実践方法であり、主に服食、錬気、注想冥会、存神閉息、断欲絶粒、補脳還精と内錬心性などを含む。古代以前のテクノロジーに関連したのは、主にこの部分である。

道教の方術は内容が多く、内容が複雑で、同時に混ぜ合わせている。しかし、全体的な分析は、二つの側面の集合である。

第一は服食（食事、丹薬を摂る）である。服食には、神から授かったもの、自然物、製錬されたものが含まれている。そのため、すべての練丹、練薬の術が含まれている。「気」については、自然の気でも体の気でも自然なものですから、「服気」のも一つである。「辟谷」の目的は人間の五穀を絶つことであり、服食によって達成する必要があり、同様に服食の範疇に入る。服食の根本的な特徴は外に求めることである。道教から見れば、世の中の万物はすべて「道」の創造であり、その中には必ずその神力に富んだ霊物が存在し、これらの霊物を発見して食べても「道」と符合することができる。服食の起源は古く、原始の呪術「相似律」の考え方に由来し、すべて薬用、栄養効果とその他の特殊効果を備えた外物は早くから服食の対象になった。魏晋以降の神仙方術はこれをさらに精密化し、丹砂、金、白銀、諸芝（石芝、木芝、草芝、肉芝、菌芝）、玉、雲母、明珠、雄黄、禹余穀（一種の褐鉄鉱鉱石）、石中黄子、石桂、石英、石脳、石硫黄、曽青（礦石の一種）、松柏脂、茯苓、地黄、麦門冬、木巨勝、黄精、黄連、石韋、楮実、象柴など、食品を摂取する方法は、それぞれその効果がある。別の主張では、天地の気、日月星辰の光も食の対象であり、より効果的である。食の更なる発展は人工製錬、服食するものを合成する「金丹」の術である。金丹術は最初に黄金を製錬したもので、つまり黄白術である。黄金は最も尊貴、持久、容易に急激に得られないという神聖な意味を与えられた金属であり、人工的な方法で黄金形成の時間プロセスを加速すれば、この加速プロセスは必然的に「天地創造化」と同じ意味を持ち、そして精錬された結果も最終的な効果を持つ。これは道士が自然界の天然鉱物を探したり食べたりする段階にとどまることを好まない、人工錬制を強調する原因である。食を服用する意味で、「錬丹」は「錬金」から発展し、仙人になる「神丹薬」の合成を目指した。錬丹術の最盛期は唐の時代に現れ、薬品の品種は拡大し、丹方配伍と昇錬の技術は更に複雑で、丹台鼎器の建造、製作は更に完備し、理論も体系的になる。[1] 錬丹の消耗は甚大で、帝王と貴族だけが享楽の条件を備えたため、唐代以降の君主の需要と支持は、錬金術が黄白術を含む持続的な発展を促進する基礎であった。

二つ目は内錬。内錬はすべての方法を通じて体を鍛え、中心性を修養し、肉胎の仙体への昇格と転化を実現させる。凡入静、守一、存思、内視、註想、煉気、煉形、吐納、導引、行気、閉息、止念および総合的な「内丹」はこれに該当する。「房中」は特殊な交合法によって「補脳還精」を実現するとも言い、身体修業の範疇に属する。

内錬の根本的な特徴は体を取り戻すことである。道教は人体を一つの小宇宙で、同様に神々が主宰すると考え、その調和運化を促せば大宇宙との完璧な統一を達成でき、それによって肉身から神仙

1 趙匡華『中国煉丹術』、中華書局（香港）有限公司、1989年、35ページ。

への脱皮を実現できる。内錬範疇の長生術の名目も多く、その性質によって主に四種類のタイプがある。[1]

(1)「気」の呼吸、制御、再生。「気」は中国思想の中で物質認識に関する重要な概念であり、道教の中では自然宇宙と人身宇宙における一種の神髄性元素を代表している。「気」は食事をする必要があるが、もっと重要なのは運行、流動、吐故納新である。つまり呼吸、コントロールである。道教は、呼吸と行気が体を修練する肝心な点だと考えている。精密な制御――息を止める――「胎息」を実現することができる。『抱樸子内篇』に「得胎息者、能不以鼻口噓吸、如在胎胞之中、則成道矣」とあり、より高度な制御は、「気」の流れを意図的に操作し、呼吸の内在的な循環を維持して産息を達成することである。「気」に関する最高技術は「精錬」であり、「元気」を再構築し、人の宇宙と自然宇宙の統一的な資源と動力にする。

(2)体操、マッサージ及び理学療法。この方面の最も主要な内容はいわゆる「導引」(道家の養生術、マッサージ)であり、最も古くかつ最も基本的な身体鍛錬方法であり、道教はこれに対して系統的な理論帰納と技術向上を行い、各種の伸屈、俯仰、行臥、倚立、徘徊、徐歩などの動作は、呼吸を合わせて体を鍛える。「所以導引者、令人支体骨節中諸邪気皆去、正気存処。有能精誠勤習、履行、動作

1 (英)ジョゼフ・ニーダム『中国科学技術史』第五巻第五分冊『煉丹術的発現和発明――内丹』、科学出版社、上海古籍出版社、2011年。

言語之間、昼夜行之、則骨節堅強、以愈百病。……自然之道、但能勤行、与天地相保」(『太清導引養生経』)。

(3) 瞑想。瞑想には存思、注想、内観、止念などの具体的な方法が多く含まれているが、総体的には観念を集中し、雑想を排除して守一、入定状態に達する鍛錬行為であり、性質の上で催眠、心理の調節と精神療法に属する。瞑想の諸法は体の健康に明らかに有効であるため、長生術の重要なポイントとなる。

(4) 「精」をめぐる男女の交合制御。両性交合とそれによる生殖は、古くから人体の中で最も神秘的な行為であると考えられているため、男女の交合自体も重要な生長効果を有する方法と考えられている。道教は自然に化合する道を尊んで、だからずっと男女の双修を提唱して、そしてずっと房中の道を探求します。道教の房中術は、陰、陽の精気は互いに補い合うことができ、交合の時にもし補いの道を取ることができるならば、それは長生に役立つと考えている。最も重要なのは、男が性交する時に射精を制御して、精子を逆方向に向上させて、また精を尽くして脳を補う――「還精補益、生道乃著」。

「内丹」は内練諸術の特殊な総合である。技術上の「内丹」の外観特徴は、「外丹」がすでに使用した理則(主に易理)及び関連概念(水銀、鉛、水、火、燭、鼎など)を体系的に使用することである。また、外丹の制薬プロセス(人体を丹房とし、心腎を炉鼎とし、精、気、神を薬物とし、観念呼吸を火候とし、人体内部で制丹する)を模擬する。「内丹」の本質は身体と精神の二重の修業であり、その基本的な目的は人体の小宇宙の完璧な運行を実現することである。その最高の境地は大・小宇宙の組み合わせ・構成方式の追跡と体験である。「道と世界の間、道と心の一致を求める」、「無から有まで、天機が起動して世界を創造した瞬間、造化の機会を奪いに行く」[1]、これによって不死を得ることができる。

道教神学とその依頼、改造した道家思想は、中国の伝統観念の中で最も古代科学を推進した思想動力である。科学史の意味から言えば、この思想の精華は自然を尊崇する客観的な態度と相対的な理性的な考え方を確立し、堅持したことにある。それが根本的に宇宙主義神学から始まるため、宗教の神秘主義の要素はその客観的な理性を弱めていないだけではなくて、反対にもう一つの面から強化して、儒家の実用的理性の対立面になる。道教の実践は特に顕著で、その独特な方術の実践は自然を模擬することを根本的な方式とし、それによって客観的な世界への認知、例えば医薬、養生、化学、動植物、鉱物、天文、地理、気象、地質、その他の博物学などを推進した。道教は科学知識の発見と総括に多くの非凡な貢献を行い、その顕著な著者は以下の両端がある。

道教の長生諸術と錬丹術は医薬、養生の発展を促進した。医薬学は人類が最も早く発展した実用知識の一つである。「巫」「医」はもともと一つのことであり、原生宗教でも創生宗教でも、救死扶傷（命を救い負傷者を助ける）を発端とした。他の宗教と肉体を捨てて霊魂の解脱を強調するのとは違い、

1 （法）賀碧来『内丹』、王秀恵訳、『中国文哲研究通訊』第六巻第一期、12ページ。

銀復生硃——水銀、硫黄を用いて丹砂を精製する（『天工開物』）

道教は霊肉共に不死身であると主張している。だから医学や薬学と同じように、経験と技術を通じて病気の苦痛を解決することに重点を置いている。服食、錬丹の思想原理と医薬は基本的に一致している。「当先治病、不使体有虚邪及血少脳減、津液穢滞也。不先治病、雖服食、行気、無益於身」(『真誥』巻十)。道教の方術は身体、疾病に対する医学理論を豊富にし、直接に薬学の探求を行い、そして本草の書を自撰し、葛洪、陶弘景、孫思邈などから極めて大きな医学・薬学的成果を収めた。「養生」は健康を保持し、長生きすることであり、道教の生長目標の基礎的な面に属し、だから更に道教の重視を得ることができる。実際、長生諸術の真の効果は養生にある。道教の養生に関する理論と実践はすべて非常に豊富で、同時に顕著な特色を持って、例えば形神が重く、静かで欲が少なく、動静が適度で、飲食は節があり、起居は常があり、養生の適時を調節し、服食のガイドを兼ねているなどの原則は、今なお人体の客観的な規律に符合する正確な認識である。

錬丹術は化学知識及び関連技術方法の認知を導いた。道教の錬丹家の人々は万物の変動が居ないという思想観念を受け入れ、貴金属であっても点化することができることを認識して、つまり物質の性質は化合を通じて移転することができる。人工手段は自然プロセスを改変・制御・加速できる。これらの素朴な認知はすでに現代化学の科学原理と一致しており、それが錬丹術を提出し、実践する認識の基礎であり、もちろんそれが化学の成果を獲得する肝心な点でもある。まず、道教の錬金術は多種の「薬物」(即ち化合物)の品種に対する認識と運用を促進し、例えば丹砂(HgS)、雄黄(As_2S_2)、雌黄(As_2S_2)、石($FeAsS$)、砒霜(As_2O_6)、三仙丹(HgO)、黄丹(密陀僧 PbO)、鉛丹(Pb_2CO_2)、玄霜（$PbCO_3$）など。次に、錬丹の実践では多種の化合物の分解、合成方法を模索し、水銀、鉛、ヒ素化学及び合金学の方面で多くの知識を獲得し、比較的に重要なのは、①丹砂焼煉水銀と技術工芸の絶えない完備、②昇水銀と丹水銀の調製、③銅、銀器の鎦金、④鉛丹焼制、⑤単質ヒ素製造、⑥硫酸調製など。特に貴重なのは、これらの実験操作の中で、化学合成、分解、置換、可逆反応に対して初歩的な理解があり、多くの添加物の使用方法を模索し、配分、定量の重要性を認識した。[1]第三に、錬丹術は火薬の発明に直結した。火薬の発明はまた、どんな主観的な目的があっても、追跡が客観的で理性的であれば、必ず真理の発見を推進するという錬金術の歴史的成果をよく証明していた。

もちろん、道教が推進したのは本当の意味での現代科学ではなく、ただ「前科学」（近代科学以前の知識）あるいは「偽科学」であり、それはそれを知っていてそれを知らないか、あるいは誤った推理に基づいて誤った結論を出したからである。

しかし、「前科学」は現代科学の準備であり、「偽科学」は真科学の母体である。中国古代の「前科学」と「偽科学」は近現代科学の事実を生んでいなかったが、「前科学」と「偽科学」の存在意義を否定することはできない。

1　蓋建民『道教科学思想発凡』第五章、社会科学文献出版社、２００５年。

原典を読む

『抱樸子内篇・論仙』（抜粋）

【解題】

西晋・東晋時代の葛洪《かっこう》（283～343）は古くからその世に至る神仙説の集大成であり、神仙の新理論の創始者でもある。葛洪の神仙説は、儒家の現世理性精神に基づいて神仙説を修正したもので、根本的には非宗教的な思想である。葛洪は神仙が成れると信じているが、この確信は儒家の倫理とは異なる宗教の信仰からではなく、主に「技術的」な考え方からであり、「技術的」な力、例えば金丹道（古代の神仙術の一つ）は不死になることができると考えている。葛洪の理論と実践は、主に『抱朴子内篇』に反映されている。その中でも『論仙』の一篇、特に綱領である。この文章の中で、葛洪は神仙の合理性と可能性を全面的に論述し、「神仙説」の現世倫理問題を解決して、儒家思想の補充になるように努めた。ここでは、重要な一節を選択し、注釈を少し加えた。本文は王明『抱朴子内篇校釈』に依拠し、注釈もその研究成果を吸収した。

【原文】

或問曰、神仙不死、信可得乎。

抱樸子答曰、雖有至明、[1]而有形者不可畢見焉。雖稟極聰、[2]而有声者不可尽聞焉。雖有大章竪亥之足、[3]而所常履者、未若所不履之多。雖有禹益斉諧之智、[4]而所嘗識者未若所不識之衆也。万物雲雲、何所不有。況列仙之人、盈乎竹素矣。[5]不死之道、曷為無之。

於是問者大笑曰、夫有始者必有卒、有存者必有亡。故三五丘旦之聖、[6]棄疾良平之智、[7]端嬰随酈之弁、[8]賁育五丁之勇、[9]而鹹死者、人理之常然、必至之大端也。[10]徒聞有先霜而枯瘁、当夏而雕青、含穂而

1 至明とは、視力が一番いい。

2 極聡とは、優れた聴力。

3 大章、竪亥とは、昔は歩くのが得意だった人。

4 禹益とは、禹の臣下、益である。『山海経』が益の作と伝えられている。斉諧とは、『荘子・逍遥遊』に見られ、知識が豊富で、異聞を多く覚えている人と言われている。

5 竹素とは、書籍文献のこと。

6 三五丘旦とは、三皇、五帝、孔子（孔丘）、周公（姫旦）を指し、以上は聖人である。

7 棄とは、后稷で、周の先祖。舜の命令で農官となり、民に農作業を教えた。疾とは、戦国時代・秦恵王の臣、樗里子で、滑稽多智、号は「智嚢」と呼ばれている。良とは、張良で、漢初の策士。平とは、陳平で、漢初の策士。以上はすべて知者である。

8 端とは、端木賜である。字は子貢、孔子の弟子。弁舌が上手である。晏とは、晏嬰で、春秋時代、斉景公の相になり、弁舌が上手である。随とは、漢・高祖の臣、随何で、英布に反楚従漢を説得した。酈とは、漢・高祖の臣、酈食其で、遊説家として諸侯の間を馳せる。以上は弁舌の才である。

9 賁育とは、孟賁、夏育の総称で、戦国時代の勇士と言われる。五丁は、古代蜀国の五人の力士で、山を渡ると言われている。以上はすべて勇士である。

10 大端とは、主なもの。

不秀、未実而萎零、未聞有享於万年之寿、久視不已之期者矣。[1] 故古人学不求仙、言不語怪、杜彼異端、守此自然、推亀鶴於別類、以死生為朝暮也。[2] 夫苦心約己、以行無益之事、鏤氷雕朽、終無必成之功。未若攄匡世之高策、[3] 招当年之隆祉、使紫青重紆、[4] 玄牡竜跱、[5] 華轂易歩趍、[6] 鼎餗代耒耜、[7] 不亦美哉？每思詩人『甫田』之刺、[8] 深惟仲尼「皆死」之証、[9] 無為握無形之風、捕難執之影、索不可得之物、行必不到之路、棄栄華而渉苦困、釈甚易而攻至難、有似喪者之逐遊女、[10] 必有両失之悔、[11] 単張之信偏見、将

1 本句の意味は、植物の生長に関する異聞はあるが、本当に生長して死なない人がいるとは聞いていない。
2 本句の意味は、古人は道を学んで仙を求めず、異端の邪説を排除し、自然無為を専守し、長寿千年の亀鶴を人間とは異なる特異種とし、生死を日暮れの交替の常事とする。
3 高策とは、意見を発表する。
4 紫青とは、官等級の称号。漢代の丞相・太尉はいずれも金印紫綬、御史大夫は銀印紫綬となった。後に「紫青」を貴官高位と称した。
5 玄牡とは、天を祭るために黒い牡牛を使うという意味で、高いレベルの祭りをするという意味である。竜跱とは龍のように盤跱して、身分が高いということである。
6 華轂とは、文才のある車の運転手で、優遇することを意味する。
7 鼎に食べ物を盛り、飲食の豪華さという。農具とは、農業の自給を指し、生活が質素である。
8 『詩経・斉風・甫田』には「無思遠人、労心忉忉」という詩句があり、ここでは仙人を求めようとする必要はないと説いた。
9 惟とは、考えること。仲尼「皆死」とは、『論語・顔淵』にある孔子の言葉より、「古より皆死有り。民信無くんば立たず」。
10 王明『校釈』によると、「喪」を「桑」とする。
11 両失之悔とは、両方面はいずれも失う。仙道に登ることもできず、世俗の生活も失うことになる。

速内外之禍也。[1]夫班狄不能削瓦石為芒針、[2]欧冶不能鋳鉛錫為幹将。[3]故不可為者、雖鬼神不能為也。不可成者、雖天地不能成也。世間亦安得奇方、能使当老者復少、而応死者反生哉。而吾子乃欲延蟪蛄之命、[4]令有歴紀之寿、[5]養朝菌之栄、[6]使累晦朔之積、[7]不亦謬乎。願加九思、[8]不遠迷復焉。[9]

抱樸子答曰、夫聡之所去、則震雷不能使之聞、明之所棄、則三光不能使之見、豈輷磕之音細、[10]而麗天之景微哉。而聾夫謂之無声焉、瞽者謂之無物焉。又況管弦之和音、山竜之綺粲、[11]安能賞克諧之雅

1　本句の意味は、単豹、張毅の二人は一人は養内に特別に偏重し、一人は外に極端に偏重し、一人の偏見のもとで、結局自分自身が災いを招くことになる。
2　班狄。「狄」は「翟」を通じる。すなわち公輸班と墨翟の総称で、二人は共に巧匠と呼ばれる。芒針とは、鋭い針。
3　欧冶とは、欧冶子で、春秋時代・越国の著名な鋳剣師。乾将とは、本来は春秋の呉国鋳剣師の名で、ここではその鋳を指す。
4　蟪蛄とは、寿命が短いの虫。
5　紀とは、三百日、一年を指す。
6　朝菌とは、寿命が非常に短い菌類で、朝に生まれて暮れに死す。
7　晦朔。毎月第一日は朔、最終日は晦。
8　九思とは、何度も考える。
9　不遠迷復とは、自分の過ちを察し、改めること。
10　輷磕とは、擬音語、雷鳴。
11　山竜とは、元々は古代の天子服や旌旗旗の山や竜の模様を指したが、これは達官貴人のことである。

韻[1]、暐曄之鱗藻哉。[2]故聾瞽在乎形器、則不信豊隆之与玄象矣。[3]而況物有微於此者乎。暗昧滞乎心神、則不信有周孔於在昔矣。況告之以神仙之道乎。[4]夫存亡終始、誠是大体。其異同参差、或然或否、変化万品、奇怪無方、物是事非、本鈞末乖、[5]未可一也。夫言始者必有終者多矣、混而斉之、非通理矣。[6]謂夏必長、而薺麦枯焉。謂冬必雕、而竹柏茂焉。謂始必終、而天地無窮焉。謂生必死、而亀鶴長存焉。盛陽宜暑、而夏天未必無涼日也。極陰宜寒、而厳冬未必無暫温也。百川東註、而有北流之活活。[7]坤道至静、[8]而或震動而崩弛。水性純冷、而有温谷之湯泉。火体宜熾、而有蕭丘之寒焔。[9]重類応沈、而南海有浮石之山。[10]軽物当浮、而牂柯有沈羽之流。[11]万殊之類、不可以一概断之、正如此也久矣。

1 克諧とは、音楽が調和、円満な状態に達すること。
2 暐曄とは、目を奪うような美しさ。鱗藻とは、鱗のような藻飾り。
3 豊隆とは、雷神、雷を指す。玄象は玄妙な天象である。
4 本句の意味は、もし私が蒙昧で心をふさぐならば、この世に周公孔子が存在するとは信じられない、まして神仙の道は？
5 鈞は、「均」に通じる。均等に一致すること。
6 本句の意味は、物事には必ず始まりがあると主張する人が多いが、万物を混同し、同一視するのであれば、これを世の道理とすることはできない。
7 活活とは、擬音語、水流音。
8 坤道至静。『周易・坤』「坤至柔而動也剛、至静而徳方」。坤は大地を指す。
9 蕭丘とは、南中国海の島嶼で、上に寒焔がある。
10 浮石之山とは、水に浮かぶ山。
11 牂柯とは、古い地名。貴州省の大部分と広西、雲南の一部の地区である。沈羽の流れとは、羽を沈める川。

有生最霊、莫過乎人。貴性之物、宜必鈞一。而其賢愚邪正、好醜修短、清濁貞淫、緩急遅速、趨舎所尚、耳目所欲、其為不同、已有天壌之覚、[1]氷炭之乖矣。[2]何独怪仙者之異、不与凡人皆死乎。[3]

……

若夫仙人、以薬物養身、以術数延命、[4]使内疾不生、外患不入、雖久視不死、而旧身不改、苟有其道、無以為難也。而浅識之徒、拘俗守常、鹹曰世間不見仙人、便云天下必無此事。夫目之所曽見、当何足言哉。天地之間、無外之大、其中殊奇、豈遽有限。[5]詣老戴天、[6]而無知其上、終身履地、而莫識其下。形骸已所自有也、而莫知其心志之所以然焉。寿命在我者也、而莫知其修短之能至焉。[7]況乎神仙之遠理、道徳之幽玄、仗其短浅之耳目、以断微妙之有無、豈不悲哉。[8]

1　覚は「比較」に通じ、区別する。
2　乖乖とは、乖異、区別。
3　この文の意味は、どうして仙人が長生きするのを驚かして、人間と一緒に死ぬのではないであるか？
4　術数とは、一般的な意味での術を指す。
5　豈遽とは、まさか。
6　詣老とは、年老いて生きること。戴天とは、この世に生存すること。
7　本句の意味は、体は自分のものだが、心の考えがどうやって生まれたかはわからない。寿命は自分のものだが、寿命の長さはどの程度になるかはわからない。
8　本句の意味は、まして凡人の浅はかな耳目だけで、微妙な道術の有無を判断するのは悲しいではないですか。

設有哲人大才、嘉遁勿用、[1]翳景掩藻、[2]廃偽去欲、執太璞於至醇之中、[3]遺末務於流俗之外、世人猶甚尠能甄別、或莫造志行於無名之表、得精神於陋形之裏、豈況仙人殊趣異路、以富貴為不幸、以栄華為穢汙、以厚玩為塵壌、[4]以声誉為朝露、蹈炎飆而不灼、[5]躡玄波而軽歩、[6]鼓翮清塵、[7]風駟雲軒、[8]仰凌紫極、俯栖崑崙、行屍之人、[9]安得見之。仮令遊戯、或経人間、匿真隠異、外同凡庸、比肩接武、[10]孰有能覚乎。若使皆如郊間両瞳之正方、[11]邛疏之双耳、[12]出乎頭巓、馬皇乗竜而行、[13]子晋躬御白鶴、[14]或鱗身蛇軀、

1　嘉遁勿用とは、隠れて、使うところがないこと。嘉遁とは、時宜にかなった隠遁。
2　翳景とは、日月の光を遮る。
3　太璞は「大璞」ともいい、天然未細工の状態を指す。
4　厚玩とは、貴重な遊びもの。塵壌土とは、ほこりの土壌。比喩的には価値のないもの。価値のないものを指す。
5　炎飆とは、熱い強風。
6　玄波とは、高波。
7　鼓翮とは、翼を広げて飛ぶ。清塵とは、清寂高潔の境地。
8　風駟とは、風を駟乗とする。雲軒とは、雲を軒とする車。
9　行屍とは、形骸を備えているだけで、生きても死んでしまう人。
10　比肩接武とは、肩を併べて、足を合わせる。仙人は人の中を歩くという。
11　郊間とは、仙人名、『神仙伝』を参照してください。両之正方とは、両目の瞳孔は正方形。
12　邛疏とは、仙人の名。『列仙伝』を参照してください。
13　馬皇とは、馬師皇で、伝説の獣医。『列仙伝』を参照してください。
14　子晋とは、王子晋といい、王子喬ともいう。伝説の中で鶴に乗って仙人になった者。『列仙伝』を参照してください。

或金車羽服、乃可得知耳。自不若斯、則非洞視者安能覿其形、[1]非徹聴者安能聞其声哉。[2]世人既不信、又多疵毀、真人疾之、遂益潜遁。且常人之所愛、乃上士之所憎。庸俗之所貴、乃至人之所賤也。英儒偉器、[3]養其浩然者、猶不楽見浅薄之人、風塵之徒。況彼神仙、何為汲汲使芻狗之倫、[4]知有之何所索乎、而怪於未嘗知也。目察百歩、不能了了、而欲以所見為有、所不見為無、則天下之所無者、亦必多矣。所謂以指測海、指極而雲水尽者也。[5]蜉蝣校巨鰲、[6]日及料大椿、[7]豈所能及哉。……凡世人所以不信仙之可学、不許命之可延者、正以秦皇漢武求之不獲、以少君欒太為之無験故也。[8]然不可以黔婁、原憲之貧、[9]而謂古者無陶朱、猗頓之富。[10]不可以無塩、宿瘤之醜、[11]而謂在昔無南威、西施之美。[12]進趨尤有不

1 洞視＝透視。よく一つの方術を指す。見えない物を見ることができる。
2 徹聴とは、聴力が強くて、聞かないことはない。
3 英儒とは、学識が深い儒者。偉器とは、大任に堪える人材。
4 芻狗は、草を束ねた犬、卑賤無用の物を指す。ここでは世俗の民を指す。
5 本句の意味は、指で海の深さを測って、指が極端に伸びたら、水深はそれしかないと言うことである。
6 蜉蝣とは、寿命が短い虫。校とは、比較。
7 日及、すなわち木槿は、朝は花が咲き、夕方は花が散る。大椿は、極めて長寿の植物である。
8 少君＝李少君、欒太とは、即ち璊大で、二人とも漢武帝時方士である。
9 黔婁は、戦国時代・魯国の隠士で、生活は貧しくて節操があった。欒太は孔子の弟子で、生活が貧しいである。
10 陶朱、即ち範蠡、春秋時代・越王勾践の謀臣で、越国を回復した後に行商して、一時の巨富になった。猗頓とは、春秋時代の豪商。
11 無塩とは、春秋時代・斉国の醜女。宿瘤とは、戦国時代・斉国の醜女。
12 南威、西施はいずれも春秋の美女である。

達者焉、稼穡猶有不収者焉、商販或有不利者焉、用兵或有無功者焉、況乎求仙、事之難者、為之者何必皆成哉。[1] 彼二君両臣、[2] 自可求而不得、或始勤而卒怠、或不遭乎明師、又何足以定天下之無仙乎。夫求長生、修至道、訣在於志、不在於富貴也。苟非其人、則高位厚貨、乃所以為重累耳。[3] 何者。学仙之法、欲得恬愉淡泊、[4] 滌除嗜欲、内視反聴、[5] 屍居無心、[6] 而帝王任天下之重責、治鞅掌之政務、[7] 思労於万幾、[8] 神馳於宇宙、一介失所、[9] 則王道為虧、百姓有過、則謂之在予。醇醪汩其和気、[10] 艶容伐其根荄、[11] 所

1 本句の意味は、全力進取でさえ目的を達成するとは限らず、農作物は収獲しないこともあり、商人は利益を得ないこともあり、用兵は軍功がないこともある。まして神様のことでは、普通のことより難しいですから、きっと成功するはずがないでしょう。
2 二君両臣は、秦の始皇帝、漢の武帝、李少君、亘大を指す。
3 重累とは、重い負担。
4 恬愉とは楽しいこと。淡泊は寡欲である。
5 内視は、内錬の用語で、つまり両眼を閉じて、体のある部位を考える。反聴も内錬の用語で、つまり内を顧みて、自分の呼吸の音を守る意味である。
6 屍居とは、安住して為せず、その形は屍の如くなり。無心とは、心配がない。
7 鞅掌とは、重いこと。
8 万幾は、帝王が扱う煩雑な政務を指す。
9 一介は、一人、庶民を指す。
10 醇醪とは、風味豊かな酒。汩とは、邪魔すること。
11 艶容とは、美しい容姿、美人のこと。伐とは、伐採すること。根は植物の根で、ここでは物事の根本を指す。

以翦精損慮削乎平粋者[1]、不可曲尽而備論也。蚊嗜膚則坐不得安[2]、虱群攻則臥不得寧。四海之事、何只若是。安得掩翳聡明[3]、歴蔵数息[4]、長斎久潔、躬親炉火、夙興夜寐、以飛八石哉。漢武享国、最為寿考、已得養性之小益矣。但以昇合之助[5]、不供鐘石之費[6]、畎澮之輸[7]、不給尾閭之泄耳[8]。仙法欲静寂無為、忘其形骸、而人君撞千石之鐘、伐雷霆之鼓、砰磕嘈囋[9]、驚魂蕩心、百技万変、喪

1 平粋＝平和、純粋。
2 嗜とは、刺され。
3 掩翳とは、覆い隠すこと。
4 暦蔵は、内錬用語で、五臓を内視すること。数息も内錬用語で、鼻息を細かく数え、心を集中させること。
5 昇、合は重さの単位で、重さが軽いことをたとえる。
6 鐘・石は重量の大きな単位で、重さが極めて重いことを喩える。
7 畎澮とは、田畑の溝。輸は、輸入すること。
8 尾閭とは、海水が流れ落ちるところ。
9 砰磕嘈囋とは、雷、太鼓の音。

精塞耳、飛軽走迅[1]、釣潜弋高。[2]仙法欲令愛逮蠢蠕[3]、不害含気[4]、而人君有赫斯之怒[5]、芟夷之誅[6]、黄鉞一揮、斉斧暫授、則伏屍千裏、流血滂沱、斬断之刑、不絶於市。仙法欲止絶臭腥、休糧清腸、而人君烹肥宰腯、屠割群生、八珍百和[7]、方丈於前[8]、煎熬勺薬[9]、旨嘉饜飫[10]。仙法欲溥愛八荒[11]、視人如己、而人君兼弱攻昧[12]、取乱推亡[13]、辟地拓疆、泯人社稷、駆合生人[14]、投之死地、孤魂絶域、暴骸腐野、五嶺有血刃

1　飛軽走迅とは、軽捷の鷹を放て、駿馬を駆ける。
2　釣潜弋高とは、淵の魚を釣り上げ、高飛びの鳥を射る。弋とは、縄のついた矢で鳥を射る。
3　本句の意味は、仙法は仁愛がうごめく小虫に恵んでくれることを要求する。蠢蠕は、もともと虫類の蠕動を指し、これは卑しい下賤の種を指す。
4　含気とは、元気を持って生まれた世の中の生物、または人を指す。
5　赫斯之怒は、特に王の怒りを指す。
6　芟夷は、もともと草取りを指すが、本句の意味は王が人を殺し、草を切るように。
7　八珍とは、本来は八種類の調理方法、または八種類の貴重な食材を指し、後に美食を指す。百和とは、いろいろな香辛料で合成した香り。
8　方丈於前とは、食べ物が多く、一丈四方に並んでいて、食事が豊富だと言われている。
9　勺薬は、魚肉や米などの食材をで五味を調和させて作った珍しい醤のことで、植物「勺薬」と区別される。
10　旨嘉=美酒佳肴。饜飫とは、十分で、余裕がある。
11　溥愛=広布仁愛。八荒は、もともと八方の荒野の地を指して、これは天下に何もできないことを指す。
12　兼弱攻昧とは、弱さを併呑し、愚昧を攻撃すること。
13　乱政に取って代わり、衰国を倒す。
14　生人=庶民。

之師[1]、北闕懸大宛之首[2]、坑生煞伏[3]、動数十万、京観封屍[4]、仰幹雲霄、暴骸如莽、弥山填谷。秦皇使十室之中、思乱者九。漢武使天下嗷然[5]、戸口減半。祝其有益、詛亦有損[6]。結草知徳[7]、則虚祭必怨[8]。衆煩攻其膏肓[9]、人鬼斉其毒恨。彼二主徒有好仙之名、而無修道之実、所知浅事、不能悉行。要妙深秘[10]、又不得聞。又不得有道之士、為合成仙薬以与之、不得長生、無所怪也。

……是以歴覧在昔、得仙道者、多貧賎之士、非勢位之人。又欒太所知、実自浅薄、饑渇栄貴、冒幹貨賄、炫虚妄於苟且、忘禍患於無為、区区小子之奸偽、豈足以証天下之無仙哉。

1　五嶺とは、南方の五つの山のことで、大庾、始安、臨賀、桂陽、掲陽のことで、異説がある。「秦為乱政虐刑以残賊天下、数十年矣。北有長城之役、南有五嶺之戍」（『史記・張耳陳余列伝』）
2　北闕とは、漢代の北門楼で、臣下の朝見・上書の事務所。大宛之首とは、大宛王の首。
3　穴生とは、生き埋め。煞とは、殺すこと。伏とは、本意は降伏して、これは捕虜を指す。
4　戦勝者は敗方の死骸を集めて、土を山に封じて、抑止に用う。
5　嗷然とは、悲鳴。
6　王のために祈りを捧げることは有益であるが、殺戮のための呪いは寿命を損なう。
7　結草とは、恩返し。「初、魏武子有嬖妾、無子。武子疾、命顆曰、必嫁是。疾病、則曰、必以為殉。及卒、顆嫁之、曰、疾病則乱、吾従其治也。及輔氏之役、顆見老人結草以亢杜回、杜回躓而顛、故獲之。夜夢之曰、余、而所嫁婦人之父也。尓用先人之治命、余是以報」（『左伝・宣公十五年』）
8　虚祭＝屍なき祭。
9　膏肓は、昔は心先脂肪を膏とし、心臓と隔膜の間は肓検である。
10　要妙＝精深、微妙。深秘とは、深い隠密。

……

……故不見鬼神、不見仙人、不可謂世間無仙人也。人無賢愚、皆知己身之有魂魄、魂魄分去則人病、尽去則人死。故分去則術家有拘録之法[1]、尽去則礼典有招呼之義[2]。此之為物至近者也、然与人倶生、至乎終身、莫或有自聞見之者也。豈可遂以不聞見之、又雲無之乎。

……

世人以劉向作金不成[3]、便謂索隠行怪[4]、好伝虚無、所撰『列仙』、皆復妄作。悲夫！此所謂以分寸之瑕、棄盈尺之夜光[5]、以蟻鼻之欠[6]、捐無価之淳鈞[7]、非荊和之遠識[8]、風胡之賞真也[9]。斯朱公所以郁悒[10]、薛燭所

1　術者とは、術に精通している者。勾録は、もともと逮捕を指し、ここで神を呼んで魂を鎮めるという。
2　「礼典」は礼学の典籍を指し、ここで「儀儀」という。「招呼」とは、葬儀中の招魂に近い「返礼」のことである。
3　劉向は淮南王の『枕中鴻宝苑秘書』を献上し、これによって黄金を精錬しようとしたが、結局は結果がなかった。『漢書・劉向伝』を参照してください。
4　晦渋を探索して、事を運ぶのは迂怪である。
5　夜光とは、宝珠の名前。
6　蟻鼻は、アリの鼻で、極めて小さいことを表す。
7　淳鈞とは、宝剣の名前、別名「淳鉤」。
8　荊和は、春秋時代・楚国の人、卞和である。卞和は荊山で璞玉を得て、王に献上したが、励王、武王は皆、石だと思って、前後して卞和の双足をを切り落とした。文王が即位すると、卞氏はその璞を抱いて楚の山の下で泣き、文王は宝玉を見た。
9　風胡は、「風ひげ」とも。春秋時代・楚国の鋳剣師、善相剣を指す。
10　朱公は、陶朱公である。

以永嘆矣。[1]……至於撰『列仙伝』、自刪秦大夫阮倉書中出之、[2]或所親見、然後記之、非妄言也。狂夫童謡、聖人所択。[3]芻蕘之言、[4]或不可遺。采葑采菲、[5]無以下体、豈可以百慮之一失、而謂経典之不可用、以日月曽蝕之故、而謂懸象非大明哉。[6]……夫所見少、則所怪多、世之常也。信哉此言。其事雖天之明、而人処覆甑之下、[7]焉識至言哉。

呉筠『玄綱論』（抜粋）

【解題】

呉筠は、字を正祭といい、華陽の人である。進士となることができず、後、道士となり、潘師正を師とした。加えて、当時の著名な文士らと親しく交流した。唐の玄宗に召され、道を問われたことも

1 薛燭は、春秋時代・越国の人、善相剣である。
2 阮倉とは、秦代の神仙事跡の記録者。
3 「狂夫」の句とは、孔子も狂人の言葉や子供の不吉な予言を多く参考にしたことを指す。
4 芻蕘とは、草を刈って柴を刈る人で、普通の庶民を指す。
5 葑、菲叶、根はすべて食べることができて、しかしその根は時には少し苦味があって、人はあるいはそれを捨てて、だから『谷風』はこれを興趣にした。後にこの句を使って下劣な人、事はまだ取るべきところがあるという。
6 懸象とは、日月のこと。
7 閉塞感の強い環境に身を置くこと。覆とは、倒置すること。甑とは、蒸し器、炊具で、底部に穿孔し、今日の蒸し器に似ている。

あった。代宗の大暦十三年に死去、おくり名を宗元先生といった。呉筠は多く著述しており、道教の理論方面では極めて多くの発明がある。その中で『玄綱論』『神仙可学論』が最も重要である。『玄綱論』は三篇に分かれており、計三十三章より成る。上篇九章は「明道徳」で、中篇十五章は「弁法教」、下篇九章「祈疑滞」は、本体、教化及び修真実践（道教の教えを元に、実践する）などの方面における重要な問題である。ここの三章は『正統道蔵』版本の『宗玄先生玄綱論』より選択されたものである。

【原文】

道徳章第一

道者、何也。虚無之系、造化之根、神明之本、天地之源。其大無外、其微無內、浩眃無端、杳冥無対。至幽靡察而大明垂光[1]、至静無心而品物有方。混漠無形、寂寞無声、万象以之生、五音以之成。生者有極、成者必虧、生生成成、古今不移。此之謂道也。徳者、何也。天地所稟、陰陽所資、経以五行、緯以四時。牧之以君、訓之以師、幽冥動植、鹹暢其宜。沢流無窮、群生不知謝其功。恵加無極、百姓不知頼其力。此之謂徳也。然則通而生之之謂道、道固無名焉。蓄而成之之謂徳、徳固無称焉。嘗試論之。天地人物、霊仙鬼神、非道無以生、非道無以成。生者不知其始、成者不見其終。探奥索隠、莫窺

1　靡察とは、気づかないことはない。

其宗。入有之末、出無之先、莫究其朕[1]、謂之自然。自然者、道徳之常、天地之綱也。

明本末章第九

夫仁義礼智者、帝王政治之大綱也。而道家独雲「遺仁義、薄礼智」者、何也。道之所尚、存乎本、故至仁合天地之徳、至義合天地之宜、至礼合天地之容、至智合天地之弁、皆自然所稟、非企羨可及。矯而効之、斯為偽矣。偽則万詐萌生、法不能理也。所以貴淳古而賎澆季[2]、内道徳而外仁義、先素樸而後礼智、将敦其本、以固其末。猶根深則条茂、源浚則流長、非棄仁義、薄礼智也。故道喪而猶有徳、徳衰而猶有仁、仁虧而猶有義、義欠而猶有礼、礼壊則継之以乱、而智適足以憑陵天下矣。故礼智者、制乱之大防也。道徳者、撫乱之宏綱也。然則道徳為礼之本、礼智為道之末。執本者易而固、持末者難而危。故人主以道為心、以徳為体、以仁義為車服、以礼智為冠冕、則垂拱而天下化矣[3]。若尚礼智而忘道徳者、所為有容飾而無心霊、則雖乾乾夕惕[4]、而天下敝矣。故三皇化之以道、五帝撫之以徳、三王理之以仁義、五伯率之以礼智。故三皇為至治、五伯隣至乱、故舍道徳而専任礼智者、非南面之術。是以

1　朕＝徴候。
2　澆季とは、世の風が薄らぐ末世。
3　垂拱とは、帝王は勤勉であるべきでなく、無為に統治すること。
4　乾乾夕惕とは、絶えず自分を向上させようと努力し、危機に瀕しているように、ちょっと油断できないこと。「終日乾乾、夕惕若厲」（『周易・乾』）

先明道徳、道徳明則礼智薄矣。老子曰、礼者、忠信之薄而乱之首。以智治国国之賊、不以智治国国之福、此謂礼虧則乱、智変則詐。故塞其乱源、而絶其詐根。而揚雄、班固之儔、鹹以道家軽仁義、薄礼智、而専任清虚者、蓋世儒不達玄聖之深旨也。

呉筠『神仙可学論』（抜粋）

【解題】

呉筠の『神仙可学論』は唐代における道教理論の重要文献の一つである。道教の統合が完成された後、神仙の存在はすでに非難することができなくなったが、神仙になるかどうか、どのように神仙になるかは依然として論証すべき問題である。『神仙可学論』の核心は、この問題に具体的な解答を与えたということである。本文は『正統道蔵』版本の『宗玄先生文集』より選択されたものである。

【原文】

……

故遠於仙道有七焉、近於仙道亦有七焉。

当世之士、未能窺妙門、洞幽賾[1]、雷同以泯滅為真実[2]、生成為仮幻。但所取者性、所遺者形、甘之死地、乃為常理。殊不知乾坤為『易』之蘊、乾坤毀則無以見『易』。夫形気者為性之府、形気敗則性無所存。性無所存、於我何有、遠於仙道一也。

其次謂仙必有限、竟帰淪墜之弊。彼昏於智察、則信誣網。詎知塊然之有[3]、起自寥然之無[4]。積虚而生神、神用而孕気、気凝而漸著、累著而成形、形立神居、乃為人矣。故任其流遁則死、反其宗源則仙。所以招真以煉形、形清則合於気、含道以煉気、気清則合於神。体与道冥、謂之得道。道固無極、仙豈有窮乎。挙世大迷、終於不悟、遠於仙道二也。

其次強以存亡為一体、謬以前識為悟真。形体以敗散為期、営魄以更生為用、乃厭見有之質、謀将来之身。安知入造化之洪炉、任陰陽之鼓鋳、遊魂遷革、別守他器、神帰異族、識昧先形、猶鳥化為魚、魚化為鳥、各従所適、両不相通。形変尚莫之知、何況死而再造。誠可哀者、而人不哀、遠於仙道三也。

其次以軒冕為得意、功名為不朽、悦色耽声、豊衣厚味、自謂封植為長策[5]、貽後昆為遠図。焉知盛必衰、高必危、得必喪、盈必虧。守此用為深固、置清虚於度外、肯以恬智交養中和、率性通真為意乎。遠於

1　幽賾とは、静かで隠れた所。
2　雷同とは、相槌を打つこと。
3　塊然＝独立して大きい。
4　寥然とは、寂静のこと。
5　封植は、もともと土壌を詰まらせて育てることを指す。ここで勢力を蓄積し、財物を集めることを指す。

仙道四也。

其次強盛之時、為情愛所役、斑白之後、有希生之心。雖修学始萌、而傷残未補、靡蠲積習之性[1]、空務皮膚之好、窃慕道之名、乖契真之実、不除死籍、未載玄簶、歳月荏苒、大期奄至、及将殂謝、而怨咎神明、遠於仙道五也。

其次聞大丹可以羽化、服食可以延齢。遂汲汲於炉火、孜孜於草木、財屡空於八石[2]、薬難効於三関[3]。不知金液待訣於霊人、芝英必滋於道気。莫究其本、務之於末、竟無所就、謂古人欺我、遠於仙道六也。

其次身栖道流、心溺塵境、動違科禁[4]、静無修習、外招清静之誉、内蓄奸回之謀[5]。人乃可欺、神不可罔、遠於仙道七也。

若乃性耽玄虚、情寡嗜好。不知栄華之可貴、非強力以自高。不見淫僻之可欲、非閑邪以自貞。体至仁、含至静、超跡塵滓、栖真物表、想道結襟、以無為為事、近於仙道一也。

其次希高敦古、克意尚行。知栄華為浮寄、忽之而不顧。知声色能伐性、捐之而不取。剪陰賊、樹陰徳、

1 蠲とは、除去する、免除すること。
2 八石とは、練丹に使われる朱砂、雄黄、雌黄、空青、雲母、硫黄、戎塩、硝石など八種類の原料。
3 三関とは、下丹田（道教の気功用語）のこと。「閉塞三関握固停」（『黄庭内景経・脾長』）、梁丘子註「臍下三寸為元関、亦曰三関、言固精護気不妄施泄」
4 科禁とは、道教の科範、戒律。
5 奸回とは、奸悪のこと。

懲忿窒欲、斉毀誉、処林嶺、修清真、近於仙道二也。

其次身居禄位之場、心遊道徳之郷。奉上以忠、臨下以義、於己薄、於人厚、仁慈恭和、弘施博愛。外混囂濁、内含澄清、潜行密修、好生悪死、近於仙道三也。

其次瀟灑華門、楽貧甘賎。抱経済之器、泛若無。洞古今之学、昿若虚。爵之不従、禄之不受、確乎以方外為尚、恬乎以摂生為務、近於仙道四也。

其次稟明穎之姿、懐秀抜之節。奮忘機之旅、当鋭巧之師、所攻無敵、一戦而勝。然後静以安身、和以保神、精以致真、近於仙道五也。

其次追悔既往、洗心自新。雖失之於壮歯、冀収之於晩節。以功補過、過落而功全。以正易邪、邪忘而正在。轗軻不能移其操[1]、喧嘩不能乱其性。惟精惟微、稍以誠著、近於仙道六也。

其次至忠至孝、至貞至廉。按真誥之言、不待修学而自得。比幹剖心而不死、恵風溺水而復生。伯夷叔斉、曽参孝己、人見其没、道之使存。如此之流、緘入仙格、謂之隠景潜化、死而不亡、此例自然、近於仙道七也。

放彼七遠、取此七近、謂之抜陥区、出溺塗、砕禍車、登福輿[2]、始可与渉神仙之津矣。於是識元命之所在、知正気之所由、虚凝淡泊怡其性、吐故納新和其神。高虚保定之、良薬匡補之、使表裏兼済、形

---

1 轗軾とは、境遇は窮屈で、志を得られない。

2 本句の意味は、以上の七件の仙道を遠ざけることを捨てる。以上七つの仙道を近づけたことに従えば、堕落の地を逃れ、耽溺の地を離れ、災い取りの車を壊し、有福の輿に乗ることになる。

神俱超、雖未升騰、吾必謂之揮翼於丹霄之上矣。

……

『洞天福地岳瀆名山記』

【解題】

唐末・五代時期の道士・杜光庭《とこうてい》は、道教の義理方面で重要な貢献をした一人である。彼は道教の「洞天福地」説を更に改善し、それによって道教の「神聖な世界」の構築を更に規範化とシステム化した。その内容は『洞天福地岳背名山記』に見られる。ここの原文は羅争島の『杜光庭記伝十種編校』(中華書局、２０１３年）より選択されたものである。

【原文】

岳瀆衆山

玄都玉京山在大羅之中、玉清之上。元京山在玉京之前、峨眉山在玉京之前、広霞山在玉京之右、紅映山在玉京之左、紫空山在玉京之左、五間山在玉京之後。

右在玉清之上、大羅之下、諸山周繞玉京玄都之山、以為輔翼也。
三秀山在玉京之前、金華山在玉京之右、寒童霊山在玉京之右、秀華山在玉京之右、三宝山在玉京之後、飛霞山在玉京之後、浮絶空山在太清之中。
右三境之山、皆真気所化、上有宮闕、大聖所遊之処、下応人身十三官府。事見『大洞経』中。
東岳広桑山在東海中、青帝所都。南岳長離山在南海中、赤帝所都。西岳麗農山在西海中、白帝所都。北岳広野山在北海中、黒帝所都。中岳昆侖山在九海中、千辰星為天地心。
方壷山在北海中、去岸三十万里。扶桑山在東海中、地方万里、日之所出。蓬莱山在東海中、高一千里。連石山在東南辰巳之地海中。沃焦山在東海中、百川註之而不盈。方丈山在大海中、高四十九万七千丈。鐘山在北海中、弱水之北、万九千里。員嶠山在大海中、上幹日月。岱輿山在巨海之中。酆都山在九塁之下、一雲在癸地、鬼神之司。
玄洲在北海中、地方七千里。瀛洲在東海、名青丘。穆洲在東海中、地方五百里。祖洲在東海中、地方万里、出不死草。元洲在大海中、地方三千里。長洲在巨海中、地方五千里。流洲在西海中、地方三千里。鳳麟洲在西海中、出続弦膠。聚窟洲在西海中、地方万里、出反魂香。炎洲在南海中、地方二千里。生洲在西海中、地方二千五百里。
滄海島在大海中、高五万里。
右十洲、三島、五岳諸山、皆在昆侖之四方巨海之中、神仙所居、五帝所理、非世人之所到也。

中国五岳

東岳泰山、岳神天斉王、領仙官玉女九万人。山周回二千里、在兗州奉符県。羅浮山、括蒼山為佐命、蒙山、東山為佐理。

南岳衡山、岳神司天王、領仙官玉女三万人。山周回二千里、以霍山、潜山為儲副、天台山、句曲山為佐理。

中岳嵩高山、岳神中天王、領仙官玉女一十二万人、為五土之主。周回一千里、洛州告成県少室山、東京武当山為佐命、太和山、陸渾山同佐理。

西岳華山、岳神金天王、領仙官玉女七万人。山周回二千里、在華州華陰県。地肺山、女幾山為佐命、西城山、青城山、峨眉山、翻冢戎山、西玄具山同佐理。

北岳衡山、岳神安天王、領仙官玉女五万人。山周回二千里、在鎮州。河逢山、抱犢山為佐命、玄隴山、崆峒山、陽洛山為佐理。

十大洞天

第一王屋洞小有清虚天、周回万里、王褒所理、在洛州王屋県。

第二委羽洞大有虚明天、周回万里、司馬季主所理、在武州。

第三西城洞太玄総真天、周回三千里、王方平所理、在蜀州。

第四西玄洞三玄極真天、広二千里、裴君所理、在金州。

第五青城洞宝仙九室天、広二千里、寧真君所理、在蜀州青城県。
第六赤城洞上玉清平天、広八百里、王君所理、在台州唐興県。
第七羅浮洞朱明曜真天、広一千里、葛洪所理、在博羅県、属修州。
第八句曲洞金壇華陽天、広百五十里、茅君所理、在潤州句容県。
第九林屋洞左神幽墟天、広四百里、竜威丈人所神理、在蘇州呉県。
第十括蒼洞成徳隠真天、広三百里、平仲節所理、在台州楽安県。
右十大洞天、五岳皆高真上仙主統、以福天下、以統衆神也。
青城山、五岳丈人希夷真君、在蜀州。
天柱山、九天司命真君、在舒州。
廬山、九天使者真君、在江州。
右佐命山三上司山、皆五岳之佐理、以鎮五方、上真高仙所居也。

五鎮海瀆

東鎮沂山東安王、在沂州。南鎮会稽山永興公、在越州。中鎮霍山応聖公、在晋州。西鎮呉山成徳公、在隴州。北鎮医巫閭山広寧公、在営州。
東海広徳王、在莱州界。南海広利王、在広州界。西海広潤王、在同州界。北海広沢王、在洛州界。
江瀆東広源王、在益州。立春祭淮瀆南長源王、在唐州。立夏祭河瀆西霊源王、在同州。立秋祭済瀆北

清源王、在洛州。立冬祭漢瀆漢源王、在梁州。（並天宝十年封）

三十六靖廬（略）

三十六洞天

霍童山霍林洞天、三千里、在福州長渓県。太山蓬玄洞天、一千里、在兗州乾封県。衡山朱陵洞天、七百里、在衡州衡山県。華山総真洞天、三百里、在西岳。常山総玄洞天、一百里、在北岳。嵩山司真洞天、三千里、在中岳。峨嵋山虚陵太妙洞天、三百里、在嘉州峨嵋県。廬山洞虚詠真洞天、三百里、在江州潯陽県、九天使者。四明山丹山赤水洞天、一百八十里、在越州余姚県、劉樊得道。会稽山極玄陽明洞天、三百里、在越州会稽県、夏禹探書。太白山玄徳洞天、五百里、在京兆盩厔県、太上所現壇。西山天宝極玄洞天、三百里、在洪州南昌県、洪崖所居。大囲山好生上元洞天、三百里、在潭州醴陵県、傅天師所居石室仙壇。潜山天柱司玄洞天、一千三百里、在舒州桐城県、九天司命。武夷山升真化玄洞天、百二十里、在建州建陽県、毛竹武夷君。鬼谷山貴玄思真洞天、七十里、在信州貴渓県。華蓋山容城太玉洞天、四千里、在温州永嘉県。玉笥山太秀法楽洞天、百二十里、在吉州新淦県。蓋竹山長耀宝光洞天、八十里、在台州黄巌県、葛仙公所居。都嶠山太上宝玄洞天、八十里、在容州。白石山秀楽長真洞天、七十里、在容州北源。句漏山玉闕宝圭洞天、三十里、在容州、有石室丹井。九疑山湘真太虚洞天、三十里、在道州延唐県。洞陽山洞陽隠観洞天、百五十里、在潭州長沙県。幕阜山玄真太元洞天、二百里、在鄂州唐軍県、呉猛上升処。大酉山大酉華妙洞天、一百里、在辰州界。金庭山金庭崇妙洞天、三百里、在越州剡県、褚伯玉、沈休文居之。麻姑山丹霞洞天、一百五十里、在撫州南城県、麻姑上昇。仙都山仙都祈仙洞天、三百里、在処州縉雲県、黄帝上升。青田山青田大鶴洞天、四十里、在処州青田県、葉天師居之。天柱山大滌玄蓋洞天、一百里、在杭州余杭県、天柱観。鐘山朱湖太生洞天、一百里、在潤州上元県。良常山良常方会洞天、三十里、在茅山東北、中茅君所居。桃源山白馬玄光洞天、七十里、在朗州武陵県。金華山金華洞元洞天、五十里、在婺州金華県、有皇初平赤松観。紫蓋山紫玄洞盟洞天、八十里、在韶州曲江県。

七十二福地

地肺山、在茅山、有紫陽観、乃許長史宅。石磕源、在台州黄巌県嶠嶺。東仙源、在温州白渓。南田、在処州青田。玉瑠山、在温州海中。青嶼山、在東海口。崆峒山、在夏州、黄帝所到。郁木坑、在吉州玉笥山玉梁観、乃蕭子雲宅。武当山、在均州、七十一洞。君山、在岳州青草湖中。桂源、在連州抱福山、廖先生宅。霊墟、在台州天台山、司馬天師居処。沃州、在越州剡県。天姥嶺、在台州天台南、劉阮迷路処。若耶渓、在越州南樵風径。巫山、在夔州大仙壇。清遠山、在婺州浦陽県東白山。安山、在交州、安期先生居処。馬嶺、在郴州、蘇耽上昇処。鵞羊山、在長沙県、許君斬蜃処。洞真壇、在長沙南岳祝融峰洞宮、在長沙北。玉清壇、在長沙北。洞霊源、在衡州南岳招仙観上峰。陶山、在温州安固県、貞白先生修薬処。爛柯山、在衢州信安県。竜虎山、在信州貴渓県、天師宅。勒渓、在建州建陽県。

霊応山、在饒州北、施真人宅。白水源、在竜州。金精山、在虔州虔化県、張女真修道処。皀山、在吉州新淦県、天師行化。始豊山、在洪州豊城県。逍遥山、在洪州、連西山、許真君修道処。東白源、在洪州新呉県、鐘真人宅。鉢池、在楚州北、王真人修道処。論山、在丹徒県。毛公壇、在蘇州洞庭湖中。包山、七十二壇、劉根先生修道処。九華山、在池州青陽県、竇真人上昇処。桐栢山、在唐州桐栢県、淮水上源。平都山、在忠州酆都県、陰君上昇処。緑蘿山、在常徳武陵北。章観山、在澧州澧陽県。抱犢山、在潞州上党、荘周所居。大面山、在蜀州青城山、羅真人所居。虎渓、在湖州安吉県、方真人修道処。元展山、在江州都昌県。馬跡山、在舒州、王先生修洞渕法処。徳山、在朗州武陵県、善巻先生居、古名枉山。雞籠山、在和州歴陽県。王峰、在藍田県。商谷、在商州上洛県、四皓所隠処。陽羨山、在常州義興県張公洞。長白山、在兗州。中条山、在河中永楽県、侯真人上昇処。霍山、在寿州。雲山、在朗州武陵県。四明山、在梨州、魏道微上昇処。緱氏山、在洛州緱氏県、子晋上昇処。臨邛山、在邛州臨邛県。白鶴山、相如所居。少室山、在河南府、連中岳。翠微山、在西安府終南太一観。大隠山、在明州慈渓県天宝観。白鹿山、在杭州天柱山、呉天師所隠。大若巌、在温州永嘉県、貞白先生修『真誥』処。西白山、在越州剡県、趙広信上昇処。天印山、在升州上元県洞玄観、仙公行化処。金城山、在雲中郡。三皇井、在温州仙巌山。沃壌、在海州東海県、二疎修道処。

霊化二十四（略）

（叙事文学）

『神仙伝』

……但聞其語雲、麻姑再拝、不見忽已五百余年……当按行蓬莱、今便暫住、如是当還、還便親覲……麻姑至矣……自説雲、接侍以来、已見東海三為桑田。向到蓬莱、水又浅於往者会時略半也、豈将復還為陵陸乎。方平笑曰、聖人皆言海中復揚塵也（『太平広記』巻六十より）

（壷公）常懸一空壷於坐上、日入之後、公輒転足跳入壷中、人莫知所在。唯長房於楼上見之、知其非常人也。……公語長房曰、卿見我跳入壷中時、卿便随我跳、自当得入。長房承公言為試、展足不覚已入、既入之後、不復見壷、但見楼観五色、重門閣道、見公左右侍者数十人。公語長房曰、我仙人也……（『四庫全書』本）

（張陵）将諸弟子、登雲台絶巌之上、下有一桃樹如人臂、傍生石壁、下臨不測之渕、桃大有実。陵謂諸弟子曰、有人能得此桃実、当告以道要。於時伏而窺之者三百余人、股戦流汗、無敢久臨視之者、莫不却退而還、謝不能得。昇一人乃曰、神之所護、何険之有。聖師在此、終不使吾死於谷中耳。師有教者、必是此桃有可得之理故耳。乃従上自擲投樹上、足不蹉跌、取桃実満懐。而石壁険峻、無所攀縁、不能得返、於是乃以桃一一擲上、正得二百二顆。陵得而分賜諸弟子各。陵自食、留一以待昇。陵乃以手引升、衆視之、見陵臂加長三二丈、引昇、昇忽然来還、乃以向所留桃与之。昇食桃畢、陵乃臨谷上、戯笑而言曰、趙昇心自正、能投樹上、足不蹉跌、吾今欲自試投下、当応得大桃也。衆人皆諫、唯昇与王長嘿然。陵遂投空、不落桃上。失陵所在、四方皆仰、上則連天、下則無底、往無道路、莫不驚嘆悲涕。唯昇、長二人、良久乃相謂曰、師則父也、自投於不測之崖、吾何以自安。乃倶投身而下、正堕陵前、見陵坐局脚床鬥帳中、見昇、長二人笑曰、吾知汝来。乃授二人道畢。(『太平広記』巻八より)

(詩歌文学)

曹植『昇天行』其一

乗蹻追術士[1]、遠之蓬莱山。霊液飛素波、蘭桂上参天。玄豹遊其下、翔鵾戯其巔。乗風忽登挙、仿仏見衆仙。

郭璞『遊仙詩』其二、其三

青渓千余仭、中有一道士。雲生梁棟間、風出窓戸裏。借問此何誰、雲是鬼谷子。翹跡企潁陽、臨河

1　乗蹻とは、道士が飛行して天地を周遊する術。

思洗耳。[1]閶闔西南来、[2]潜波渙鱗起。霊妃顧我笑、粲然啓玉歯。蹇修時不存、要之将誰使。

翡翠戯蘭苕、[3]容色更相鮮。緑蘿結高林、蒙篭蓋一山。中有冥寂士、静嘯撫清弦。放情凌霄外、嚼蕊挹飛泉。赤松臨上遊、[4]駕鴻乗紫煙。左挹浮丘袖、右拍洪崖肩。[5]借問蜉蝣輩、寧知亀鶴年。

李白『古風』其五、其十九

太白何蒼蒼、星辰上森列。去天三百里、邈尓与世絶。[6]中有緑発翁、披雲臥松雪。不笑亦不語、冥栖在巌穴。[7]我来逢真人、長跪問宝訣。粲然啓玉歯、受以煉薬説。銘骨伝其語、竦身已電滅。仰望不可及、蒼然五情熱。吾将営丹砂、永世与人別。

---

1 翹跡とは、行事のこと。企とは、敬慕すること。潁陽とは、潁水北岸、堯の時、隠士・許由が隠居した地。臨河思洗耳とは、許由が天下を辞退した後、使者の召還の言葉を聞いたと伝えられている。
2 閶闔とは、西風または秋風。
3 翡翠とは、鳥の名前。蘭苕とは、蘭の花。
4 赤松とは、伝説の古代仙人。
5 浮丘・洪崖とは、伝説の古代仙人。
6 邈尓＝遠い。
7 冥栖とは、隠居のこと。

西上蓮花山、迢迢見明星。素手把芙蓉、虚歩躡太清。[1] 霓裳曳広帯、飄払升天行。邀我登雲台、高揖衛叔卿。[2] 恍恍与之去、駕鴻淩紫冥。俯視洛陽川、茫茫走胡兵。流血塗野草、豺狼尽冠纓。

李賀『神弦』

女巫澆酒雲満空、[3] 玉炉炭火香冬冬。[4] 海神山鬼来座中、紙銭窸窣鳴旋風。[5] 相思木帖金舞鸞、[6] 攢蛾一啑重一弾。[7] 呼星召鬼歆杯盤、[8] 山魅食時人森寒。[9] 終南日色低平湾、神兮長在有無間。神嗔神喜師更顔、[10] 送神万騎還青山。

1 虚歩とは、歩虚のこと。
2 衛叔卿とは、伝説の古代仙人。
3 澆酒は、お酒を地面にこぼして、神様を迎えるために使う。
4 冬冬とは、太鼓の音、太鼓で神を迎える。
5 窸窣とは、ごく細かい音。
6 巫女が神を迎える時に弾く琵琶が相思木の制で、金色の舞鸞が描かれている。
7 言葉を発するたびに、琵琶を弾いて和をなす。
8 神鬼は供物を楽しむ。
9 森寒とは、森然（薄暗くて不気味である）とした寒栗（身震いする）の様子。
10 更顔とは、顔を変えること。神は魔女の身に降り、その喜怒哀楽は魔女の表情によって伝えられる。

李商隠『重過聖女祠』[1]

白石巌扉碧蘚滋、上清淪謫得帰遅。[2] 一春夢雨常飄瓦、[3] 尽日霊風不満旗。[4] 蕚緑華来無定所、[5] 杜蘭香去未移時。[6] 玉郎会此通仙籍、[7] 憶向天階問紫芝。

1 聖女祠とは、陳倉・大散関の間の地名である。「故道水又西南入秦岡山、尚婆水註之。……懸崖之側、列壁之上、有神象、若図指状婦人之容、其形上赤下白、世名之曰聖女神、至於福応愆違、方俗是祈」（『水経註・漾水』）

2 上清とは、上清の境を指す。道教の最高仙境である。

3 夢雨とは、楚王が夢中で巫山の神女に会ったこと。「昔者先王嘗遊高唐、怠而昼寝、夢見一婦人……王因幸之。去而辞曰、妾在巫山之陽、高丘之阻。旦為朝雲、暮為行雨。朝朝暮暮、陽台之下」（宋玉『高唐賦・序』）

4 霊風とは、仙界の神風。仙人は常に霊風に乗って来る。「阿母延軒観、朗嘯躡霊風」（『真誥・運象篇』）。不満旗とは、霊風が軽微で、旗をいっぱいに吹くことができないことを意味し、仙霊が到着していないことを意味する。

5 蕚緑華とは、伝説の神女。「愕緑華者、自雲是南山人、不知是何山也。女子、年可二十上下、青衣、顔色絶整。以升平三年十一月十日夜降羊権。自此往来、一月之中輒六過」（『真誥・運象篇』）

6 杜蘭香とは、伝説の神女。移時とは、一定の時間が経過すること。ここでは神女が去ってまだ間もないことを意味する。「神女姓杜字蘭香、自雲家昔在青草湖、風溺、大小尽没。香時年三歳、西王母接而養之於昆侖之山、於今千歳矣」（曹毗『女杜蘭香伝』）

7 玉郎とは、男の美称で、また道教の中仙官にも通じる。「三清九宮並有僚属、其高総称曰道君、次真人、真公、真卿、其中有禦史、玉郎諸小輩、官位甚多」（馮浩註引『登真隠訣』）

孟郊『列仙文・金母飛空歌』
駕我八景輿[1]、欻然入玉清。竜群払霄上、虎旗摂朱兵。逍遥三弦際、万流無暫停。哀此去留会、劫尽天地傾。当尋無中景、不死亦不生。体彼自然道、寂観合大冥。南岳挺直幹、玉英曜穎精。有任靡期事、無心自虚霊。嘉会絳河内、相与楽朱英。

曹唐『大遊仙詩・仙子洞中有懐劉阮』[2]
不将清瑟理霓裳、塵夢那知鶴夢長。洞裏有天春寂寂、人間無路月茫茫。玉沙瑶草連渓碧、流水桃花満澗香。暁露風灯零落尽、此生無処訪劉郎。

蘇軾『留別蹇道士拱辰』
黒月在濁水[3]、何曾不清明。寸田満荊棘、梨棗無従生[4]。何時反吾真、歳月今崢嶸。屢接方外士、早知

1　八景輿とは、神が乗る車。「太上大道君次乗八景之輿、駕一素霊雲、摂洞微真帝」（『釈太上大道君洞真金玄八景玉箓』）
2　劉阮とは、劉晨・阮肇の総称で、劉晨・阮肇が入山して逢仙すること。「漢帝永平五年、剡県劉晨、阮肇共入天台山。度山出一大渓、渓辺有二女子、姿質妙絶、遂留半年。懐土求帰、既出、親旧零落、邑屋改異、無復相識、訊問得七世孫」（『幽明録』）
3　黒月とは、インド暦では後半を黒月という。
4　寸田とは、心のこと。梨棗とは、内丹用語で、体内の精気の凝結物、つまり内丹を指す。「火棗交梨之樹、已生君心中也。心中猶有荊棘相雑、是以二樹不見不審」（『真誥・運象篇』）

俗縁軽。庚桑托雞鵠、未肯化南栄。[1] 晩識此道師、似有宿世情。笑指北山雲、訶我不帰耕。仙人漢陰馬、微服方地行。[2] 咫尺不往見、煩子通姓名。願持空手去、独控横江鯨。

李清照『暁夢』

暁夢随疏鐘、[3] 飄然躡雲霞。因縁安期生、[4] 邂逅蕚緑華。秋風正無頼、吹尽玉井花。[5] 共看藕如船、同食棗如瓜。[6] 翩翩座上客、意妙語亦佳。嘲辞鬥詭弁、活火分新茶。[7] 雖非助帝功、其楽莫可涯。[8] 人生能如此、何必帰故家。起来斂衣坐、掩耳厭喧嘩。心知不可見、念念猶咨嗟。

---

1 『荘子・庚桑楚』より。庚桑楚と南栄が弁論して、庚桑楚は彼を屈することができなかった。乃曰「辞尽矣。曰奔蜂不能化藿蠋、越雞不能伏鵠卵、魯雞固能矣。……今吾才小、不足以化子。子胡不南見老子！」

2 漢陰馬とは、漢代の仙人・陰長生、馬鳴生を指す。二人ともこの世に遊び、昇天を喜ばない。

3 暁夢とは、夜明けの夢。

4 安期生とは、伝説の古代仙人。

5 玉井花とは、玉井蓮で、華山の頂上の玉井が生んだ花だと言われている。

6 棗如瓜とは、安期生が食べる仙果のこと。「安期生食巨棗、大如瓜」（『史記・封禅書』）

7 活火とは、明火のこと。分新茶とは、お茶くみの一種。

8 莫可涯とは、無限で、際限がないこと。

文天祥『五月二日生朝』

北風吹満楚冠塵、笑捧蟠桃夢裏春。幾歳已無篭鴿客、[1] 去年猶有送半人。[2] 江山如許非吾土、宇宙奈何多此身。不滅不生在何許、静中聊且養吾真。

辛棄疾『蔔算子・用荘語』詞

一以我為牛、一以我為馬。人与之名受不辞、善学荘周者。

江海任虚舟、[3] 風雨従飄瓦。[4] 酔者乗車墜不傷、[5] 全得於天也。

---

1 籠鳩客とは、権貴を尊ぶ者。「熙寧中、鞏大卿申者、善事権貴。王丞相生日、即飯僧、具疏篭鵲鴿以献丞相。方家宴、即於客次開篭、搢笏手取鴿、跪而放之。毎放一鳥、且祝曰、願相公一百二十歳」（『類説』巻十六）

2 半人とは、侍女のこと。半は、すなわち半腕、半袖または袖なしの上着である。「（宋祁）多内寵、嘗宴曲江、偶微寒、命取半臂。諸婢各送一枚、凡十余枚。子京恐有厚薄之嫌、竟不敢服、忍冷而帰」（『類語』巻十七）

3 虚舟とは、誰も乗っていない船。「方舟而済於河、有虚船来触舟、雖有偏心之人不怒」（『荘子・山木』）

4 風雨とは、劣悪な環境にいると、自分自身が侵害されること。「風雨如晦、雞鳴不已」（『詩経・鄭風・風雨』）。飄瓦とは落ちる瓦。「復讐者不折鏌、幹、雖有忮心者不怨飄瓦、是以天下平均」（『荘子・達生』）

5 墜不傷とは、『荘子・達生』を参照してください。「夫酔者之墜車、雖疾不死。骨節与人同、而犯害与人異、其神全也、乗亦不知也、墜亦不知也、死生驚懼不入乎其胸中、是故逆物而不慴」（『荘子・達生』）

道教と社会の一般的な宗教生活

宗教とは社会的なものであり、社会の属性を逸脱する純粋な宗教は世界には存在しない。中国の歴史上の、あるいは現実に存在する宗教は皆中国特有の血縁倫理という社会規範の下に生まれた。だから、ある宗教を内部から見るだけでは不完全である。私たちは宗教を社会の中に置いて、外部から考察しなければならないである。

道教について言えば、我々は更に社会の一般的な宗教生活の角度から認識するべきである。中国古代のエリート大伝統と民俗小伝統は明らかに分立していたが、融合疎通も存在し、社会一般的な信仰原則を構成した。学者たちが指摘したように、中国の民族信仰が儒家思想や義理化した仏教や道教に現れた時、「天人合一」「返朴帰真」「破除迷執」などの形而上観念である。民衆の日常生活に現れた時、神霊祭祀、祖先崇拝、禁忌選択、占い、風水、符籙、呪禁、厭勝（呪術や祈りで、嫌いな人、物、魔物を倒す呪術）、関亡（招魂術）、度幽破獄法術儀式などの社会一般的な宗教生活行為である。つまり、中国社会の一般民衆は絶対的な「無信仰者」ではなく、何らかの制度化された宗教や固定的な儀式に参加するのではなく、上述の日常的な宗教生活を通して彼らの基本的な信念を示しているのである[1]。前章で述べたように、道教には二つの相互作用の道があり、一つは義理化の道であり、もう一つは普及（大衆化）の道である。この結論は実際には、前者は主に道教の内部から見て、後者は道教の外部の社会表現から見て認識するという二つの異なる認識角度を意味している。また、前者はエリートの「大伝統」についての論述であり、後者は社会一般宗教生活の具体的な表現について論じたものとも言える。後者は、道教の社会的な本質を問う上で、より重要である。

道教の普及

道教の「普及（大衆化）」とは、道教が中国文化の影響で、中国古代社会の宗教生活に溶け込んで、宗教の社会的な機能を発揮する過程を指す。道教の普及は道教の全体的な歴史とずっと相通ずるもので、宋代以降、「叢生」と「包容」の発展に伴って次第に顕著になり、明・清以降、ついに大衆化の仏教と民間信仰と共に中国社会の宗教生活の内容を構成した。

道教の「普及」には以下のようないくつかの基本的な特徴がある。

社会通念に受け入れられ、尊重された道教の核心は、もはや道教の義理化に表現された個人の解脱

1　李亦園『宗教与神話論集』、台湾立緒文化事業有限公司、１９９８年、１７０ページ。

式の長生信仰ではなく、救世済度式の神霊崇拝となり、民間信仰の本質と一致するようになった。多くの士人が長生を実践してきたにもかかわらず、民衆の大部分は符籙や呪禁に偏り、社会的に一般的に信仰された道教の神々は、常に苦しみを救い、悪魔を追い払う機能によって存在している。普及された道教、仏教は民間信仰と共に、絶えず豊かな人格化された俗神を構築し、義理を求める道教における茫漠としてつかみどころがない自然宇宙の「道」に取って代わり、生活から遠く離れ、大衆から離れた歴代の神々をもカバーし、社会の一般的な宗教生活における本当の神になった。

道教は普及の中で絶えずすべての原生信仰と新生民間宗教を包容した。道教の叢生、包容はすでに前章に述べたが、議論されたのは主に組織的な創生宗教に偏っている。それ以外に、道教はいつも相対的に散在し、地域化・多様化した民間の祠を自分の名義の下に帰納している。あるいは別の角度から言うと、民衆は便利のために、仏陀以外のすべての神祇を道教という包容体の中に帰納することが好きである。このような帰属行為は当然の成り行きである。なぜなら、一般的な観念の中で、儒、道、釈の形式上の三分はすでに基本常識となっており、菩薩羅漢・列祖先聖でもなく、自然にきっと道教の神であるからである。中・下層の文士はしばしばこのような認識を強化したが、民衆の行動の指針となった。このことからわかるように、どの地域にも数多く存在した寺院の中で、明確に仏教、道教に帰属することができるのはすべて少数で、大半は民間信仰の様々な奉祀所であったが、仏教の寺・庙はいつも相対的に固定されたのに、道教の廟堂は変化の中にあった。特に一部の民間俗神の奉祠は道士の主宰に転じたり、本来は俗神を祀った場所が道観とされるようになった。前者の典型的な例は、土地神廟と城惶廟である。これらはもともと国家が認めた民間信仰や地方祠祀であり、地方官や村民が日常的な奉祭の管理を廟祝に委託したが、多くの地方では次第に道士の主宰に転じ、次第にそれを道教の体系に加えていった。後者は道教が民間の神を吸収したことと関系があって、例えばもともと地方の信仰であった張悪子信仰が道教に吸収されて「梓潼帝君」になった後、その祭祀の場所は政府と民衆に自然に道教の所と見なされるようになった。

中国の古代社会における最も影響力のある関帝信仰は、基本的に儒教道徳倫理の主導と国家祭祀の承認、重視によるものであり、本質的には「儒教神」であるべきである。[1] しかし、道教は同様に彼を自身の体系に組み入れ、元・明の時に関公はすでに雷部元帥の一人となり、「雷部斬邪使、興風伐雲上将、魔大将、護国都統軍、平章政事、崇寧真君元帥」となった。[2] 明の万暦年間は、道士の依頼により、関公は帝となり、廟は「忠烈」と言われた。関公が三教を統括し、天下が祭る国、民族、大小の伝統的な社会を統括する共通信仰となったのは、道教、仏教を含む社会に普及した宗教の普遍的な価値観が決定したものである。

最も重要なのは、道教の普及も仏教、儒教の「三教合一」という過程を融合させたものであり、その本質は常に俗世間の倫理・道徳と融合し、社会の一般的な価値理念に合致すると同時に、この共通

1　（日）窪徳忠『道教諸神』、蕭坤華訳、四川人民出版社、1989年、171ページ。
2　胡小偉『関公信仰与大衆文化』、（日）酒井忠夫等『民間信仰与社会生活』、上海人民出版社、2011年、181ページ。

価値観を維持、強化することができる独特な宗教の道徳信条であり、社会に影響を与える宗教の機能を発揮した。

道教を普及するのは社会の一般的な宗教生活の中で作用を発揮し、非常に明らかな「機能性」を持っていて、つまりいつもある機能性の需要のために宗教サービスを提供し、儀式的な行為を通じて信仰と理念を伝達し、民衆の関心を引く同時に家庭、宗族、村落と社会の共通価値観を強化した。普及されたすべての宗教はこのような特徴を持っているが、その儀式性が非常に強い個体属性から、道教はこの面で最も顕著である。

前にも述べたように、道教は祭祀の儀式が発達しただけではなく、その「施法儀式」は更に非常に多く、ほとんど生活のすべての方面を含み、例えば出産、病気治療、魔よけ、悪霊退治、、度亡（死者が地獄から脱出する）など。寺観で大規模な祈禳儀式——斎醮（道士が祭壇を設け神を祭ること）を行う以外に、道士は家庭や村、地域の祭り場に出かけて、法要を行う。その中で最も多いのは亡事であった。初忌、追七、周忌、安葬、除霊、服、薦祖、冥慶、冥配、度亡破幽などを含む。親しい人が死亡した後の霊魂が帰宿するというのは民間の人々の最も切実な問題であり、またその信仰の主要な内容である。よって、「度亡破幽」は中国社会で最も普遍的な宗教儀式なのである。道教はこの方面において仏教の要素を取り入れ、斎醮に関する一連の事柄を発展させ、儀式の形式上で更に繁雑・複雑である。例えば、縊死者の「金刀断索」、溺死者の「起伏屍」、異郷で死んだ人の「追魂」、出産で死んだ人の「遊血湖」、そして幽冥世界を宣伝する法要、例えば「解冤結」、「五七返魂」、「望郷台」、

「開路」、「招魂」、「斬殺」、「引喪」など。道士に呪術を唱え、魔をよけ、家を鎮めて病気を治してもらうことは、もっと一般的である。明末期の小説家、陽明学者である馮夢龍は、小説『金令史美婢秀童』の中で、金満という県府庫吏は、家臣が財産を盗んだのを疑って、道士に裁断を仰ぐこと――をこう書いた。

……

少停莫道人到了、排設壇場、却将隣家一個小学生附体。莫道人做張做智、歩罡踏鬥、念呪書符。小学生就舞将起来、像一個捧剣之勢、口称「鄧将軍下壇」。其声頗洪、不似小学生口気。金満見真将下降、叩首不叠、誌心通陳、求判偷銀之賊。天将揺首道、「不可説、不可説」。金満再三叩求、願乞大将指示真盗姓名。莫道人又将霊牌施設、喝道「鬼神無私、明彰報応。有叩即答、急急如令！」金満叩之不已。天将道「屏退閑人、吾当告汝」……天将教金満舒出手来、金満跪而舒其左手。天将伸指頭蘸酒、在金満手心内写出「秀童」二字、喝道「記著！」金満大驚、正合他心中所疑。猶恐未的、叩頭嘿嘿祝告道「金満撫養秀童已十余年、従無偷窃之行。若此銀果然是他所盗、便当厳刑究訊。此非軽易之事。神明在上、乞再加詳察、莫随人心、莫随人意」。天将又蘸著酒在桌上写出「秀童」二字。又向空中指画、詳其字勢、亦此二字。金満以為実然、更無疑矣。当下莫道人書了退符、小学生望後便倒。扶起、良久方醒、問之一無所知。

（『警世通言』巻十九）

扶箕《ふき》（中華圏で行われる占いの一種）や招霊のような事は、シャーマニズムに近く、識者の間では批判が多いが、民間では流行している。そこからわかるように、道教の普及によって、その法術の施用が「飛昇上仙」の崇高な目的から、社会生活の各方面に下がり、極めて具体的な機能性の需要を満たした。道士、卜人、師巫を含む宗教の職業者もすでに社会の階層になり、開壇施法は職業の基礎と生計の手段になった。

歳時荐享——道教と民間祭祀

社会の一般的な宗教生活の核心は神霊に対する祭祀である。道教はその巨大な包容性と発達した儀式性で中国民間の祭りに大きく影響し、最終的には民間の祭りに普及された。

中国古代の民間祭祀の対象は、道教に由来したものか、道教の影響を受けて形成された俗神であった。家庭奉祀の中で常設されているのは先祖以外に、竈神、財神、仏の祖である。常設のお札のほかに、人々は必要に応じて、例えば、家を造る、棟上げをする、嫁ぎをする、生産、学校に行く、外出、開店、土地を買うなど、異なる時間に異なる宗教の場所に行って、異なった神像や霊符を持って帰って、線香をあげて供え、朝と夜に祈る。地域的な祭祀の中で、農村の祭祀は一般的に地域の保護神と地方の伝統的な神を主とする。城鎮は多少区別があり、主に仏道の神、文武聖、土地、神隍などの普遍的な祭祀を行う。これらの祈りの対象は、一般的に人々が普遍的に信奉した保護神である。ある学者の統計によると、中国の五つの地域の八つの異なった地方に分布している千七百八十六の寺院の中で、名目上仏道に専属しているのは五百四十八軒だけで、その他はすべて民間の神明祠祀である。[1] もう一つの統計は、清代の華北沢州（現在の山西省晋城市）五県の各県上位十位の寺院についてである。[2]

高平県 関帝廟、玉皇廟、観音廟、三教堂、二仙廟、成湯廟、竜王廟、炎帝廟、祖師廟、老君廟。

沁水県 大廟、関帝廟、成湯廟、玉皇廟、観音廟、竜王廟、舜帝廟、仏堂、三教堂、祖師廟与黒虎廟、牛王廟。

陽城県 湯帝廟、仏堂、大廟、関帝廟、竜王廟、三教堂、玉皇廟、山神廟、観音廟、祖師廟。

陵川県 玉皇廟、仏堂、三教堂、関帝廟、観音廟、二仙廟、奶奶廟、祖師廟、三官廟、全神廟。

鳳台県 観音廟、三教堂、関帝廟、玉皇廟、祖師廟、仏堂、玄帝廟、竜王廟、三官廟、湯帝廟。

多くは民間の神事である。次節でさらに明らかにするように、これらの民間の神々は基本的に道教

1　（米）楊慶堃『中国社会中的宗教——宗教的現代社会功能与其歴史因素之研究』、範麗珠等訳、上海人民出版社、２００７年、26～27ページ。

2　姚春敏『清代華北郷村廟宇与社会組織』、人民出版社、２０１３年、39ページ。

と民間信仰の共同創造である。民間の神明祭りは、積み重ねられたスケジュールで順次行われることが多いである。この「スケジュール」は民間俗神様の「誕生日」である。道教は意識的に「諸神聖誕」システムを構築して修行と宜忌・祭祀の手配を行い、多くはすでに民間の祭祀に使われている。

民間神仏誕生日一覧表（吉岡文豊『中国民間宗教概説』付録一）

正月

一日　弥勒仏、元始天尊（天臘之辰）
二日　財神
三日　孫真人、郝真人
六日　定光仏、清水祖師
八日　五殿閻魔王、江東神（順星日）
九日　玉皇大帝
十三日　関聖帝君
十五日　門神戸尉、佑聖真君、正乙靖広真君、混元皇帝、西子帝君（上元天君得道）
十九日　丘長春真人（八～十五日の週に斎場を持つ者、功徳は平日の千万倍である）
二十九日　（亀神会）

二月

一日　一殿奉広主、勾陳（太陽升殿の辰）
二日　土地神（福徳正神）、済公菩薩
三日　文昌帝君
六日　東華帝君
八日　三殿宋帝王、張大帝、昌福真君（釈、迦文仏出家日）
十五日　花神、太上老君、精忠岳元帥、開潼聖王
十八日　四殿五官王
十九日　観世音菩薩
二十一日　昔賢菩薩、水母
二十五日　天元聖父明真帝、三山国王

三月

一日　二殿初江王（楚江王）
三日　王母娘娘、北極真武玄天上帝
四日　母娘娘
六日　眼光娘娘、張光相公

八日　六殿卞城主
十二日　中央五道口
十五日　昊天大帝、趙元壇、雷霆駆魔大将軍、祖天師、保生大帝
十六日　准提菩薩、江神、山神、中岳大帝（三茅真君得道）
十八日　後土娘娘、中岳大帝
十九日　太陽星君
二十日　子孫娘娘
二十三日　天妃娘娘（天後、天上聖母）
二十六日　鬼谷先生
二十七日　七殿泰山王
二十八日　東岳大帝、氣至聖先師

四月

一日　八殿都市王
四日　文殊菩薩
五日　送生娘娘
八日　釈迦仏、九殿平等王、三天尹真人、葛孝先真人

九日　九殿平等王
十日　何仙姑
十三日　河神
十四日　呂純陽祖師
十五日　離祖師（釈迦如来が仏となり、本日は一言、功徳は平素の千万倍とされている）
十七日　十殿伝輪王
十八日　紫徴大帝、泰山娘娘（頂山娘娘）、華神医
二十日　眼光娘娘
二十六日　蒋山純公、五谷先帝

五月

一日　南極長生大帝
五日　雷霆勧天君、地祇温元師（地腊の辰）
七日　朱太尉、巧聖先師
八日　南方五道将軍
十一日　都城隍
十二日　炳霊公

十三日　関平太子（関聖帝君降神、天地立一及造化万物の辰）
十七日　万府王斧
十八日　張天師
夏至日　霊宝天尊

六月

三日　書駄尊仏
六日　府君、四将軍
十日　劉海蟾帝君
十一日　田部元師
十三日　井泉龍王、王魂宮
十五日　王魂天君
十九日　扁高真人（観世音菩薩が成道する）
二十日　斗母元君
二十三日　火神、王魂官、馬神
二十四日　九天雷声昔化天君、関聖帝君、雷神、西泰王斧
二十六日　協天大帝、二郎真君、妙道真君

二十九日　天枢左相真君即宋文天祥丞相

七月

一日　太上老君
七日　魁星、七星娘娘（道徳腊）
十日　李鉄拐祖師
十二日　慈祐菩薩
十三日　大勢至菩薩
十五日　霊済真君（中元地官、地蔵菩薩が得道する）
十六日　木郎神
十八日　王母娘娘
十九日　値年太歳
二十一日　晋庵祖師、上元道化真君
二十二日　増福財神
二十三日　天枢上相真君即漢諸葛丞相
二十四日　龍樹王菩薩
二十七日　王清黄龍

二十九日　地蔵王菩薩
三十日　地蔵王菩薩

八月

一日　神功妙済真君即許真君
二日　現疹娘娘
三日　灶君、類相子牙（北斗下降の辰）
五日　雷声大帝
十日　北岳大帝
十二日　西方五道、西方五帝
十五日　曹国舅祖師、太陽娘娘（太陽朝元の旅）
十八日　酒仙
二十二日　燃灯仏、広沢尊王
二十三日　伏庵副将張王即漢侯翠徳
二十五日　太陽星君
二十七日　至聖先師孔子（北斗下降の辰）

九月

一日　（南斗下降の辰）
三日　五瘟
九日　斗母元君、張三豊祖師、重陽帝君、酆都大帝、梅葛二仙尊、蒿里、中壇元師、大魁夫子（天上聖母飛升）
十三日　華祖、元化祖師
十五日　朱聖夫子（本日は一文を布施し、功徳は平日の千万倍である）
十六日　機神
十七日　広源（増幅）財神、四大王、洪恩真君
十八日　高真人、馬元師、頡先師
十九日　自在菩薩観音（観音出家）
二十二日　大乙真人
二十三日　薩真人
二十六日　五霊官
二十八日　痘疹娘娘、馬元師
二十九日　薬師仏
三十日　薬師仏

十月

一日　東皇大帝、下元定志周真君（民歳腊の辰）
三日　三茅応化真君
五日　達磨祖師、風神
六日　五岳五帝、天曹諸司
八日　（涅槃　本日が放生し、功徳は平日の千万倍である。本日は悪いことをして、罪は平日の千万倍である。）
十日　慈民菩薩、張果老
十二日　斉天大聖
十五日　瘟神劉使者（下元水官得道）
十八日　地母至尊
十九日　（丘長春真人飛升）
二十日　第三十代天師張虚靖
二十三日　張仙
二十六日　北方五道
二十九日　日光天子
冬至日　元始天尊

十二月

一日　（本日は一巻の経を読み、功徳は平日の千万倍である）
八日　張英済王張巡（王侯腊の辰釈迦成仏）
十一日　湖神
十二日　北極罡星君
十六日　南岳大帝
二十日　魯班先師
二十一日　天猷上帝
二十二日　重陽王祖師
二十三日（馬丹真君が成道する、かまどの神様が一家の禍福をつかさどり、師走の二十三日に天に昇ってその家の過去一年間の行ないを玉皇大帝に報告するので，人々はよい報告をしてもらうために、灶神を祭る。神が天を訪問する子時に香を焚くと功徳がある）
二十九日　華厳菩薩、清浄了孫真君
三十日（太古郝真君が成道する、本日は諸仏の神々が下界に降り、善悪を視察するため、精進して線香を上げなければならない）

地域によっては、それぞれの神が祀られているため、このようなスケジュールも完全には一致しない。しかし、道教に由来するか、道教の影響を受けた「諸聖」が主要な部分を占めていたことが確認された。

原始的な祭りは、危機が起きたときや種まき、豊作、季節の変わり目など、ある特定の時期に行われる。古代の中国は農業を基礎にして、往々にして歳の時に祭りを行い、『春秋繁露』では「古者歳四祭、因四時所生、熟而祭先祖父母也。春曰祠、祠者以正月始食韮也。夏曰禴、禴者以四月煮麋餅也。秋曰嘗、嘗者以七月嘗黍稷也。冬曰烝、烝者以十月進初稲也」という。宗教的な祭祀は神を楽しみ、自分を楽しませ、祭りを行う時は祭りの日となり、後世の民間の祭りも多く祭りの日となった。中国古代の宗教祭りの中で、最も盛大なのは仏教から来た四月八日釈迦生誕の浴仏祭、七月十五日の盂蘭盆会である。しかし実際には道教も参与していた。例えば、七月十五日の中元節、同様にこの日に活働を行い、中国古代の最も盛大な宗教の祝日「中元節」を三教融合の産物にした。

大きな地域で認められた重大な祭祀が行われる時、人々はこの公共センターに向かって宗教活動に参加し、祭神、娯楽、貿易を一体にする「廟会」を形成した。例えば、明清の時に河南淮陽県・太昊陵廟会の会期は二月の初二（陰暦で月の第二日）から三月の初二までの一ヶ月間で、「あちこちに人が集まって焼香し、仮勘定屋に投宿した。……香を焚いた後、買い物をしたり、芝居を見たりして百戯を観賞したりした。そのほかにも刀、泥偶、面偶、吹打楽具などおもちゃ市場がある」[1]と言われた。

1　王尓敏『明清社会文化生態』、広西師範大学出版社、２００９年、90～92ページ。

華北地区にとって、道教と密接に関係している大規模な廟会は明代の時に「燕九節」があり、全真教の金末から元初の道士・丘祖（丘処機）を祭ることで発展した。清代後期から近代にかけては、泰山信仰でもっとも人気がある女神である碧霞元君を祭ることを主とする妙峰山春季廟会がある。

妙峰山廟会は、中国社会における一般的な宗教生活の内実を非常に典型的に説明している。妙峰山は北京の宛平県（北京市にかつて存在した県。現在の北京市南西部に相当する）に位置し、明代の初めに道士が「娘娘廟」を創建し、清康熙時に僧の住職に変わった。「碧霞元君」の原型は泰山女神信仰に由来し、道教は早くからその創造に参与し、東岳大帝の嬢と称した。しかし、碧霞元君の内実の増加と意味の変遷は、明代の秘密宗教が宣伝した「無生老母」とも無関係ではない。北方唯一の女神として、その加護機能は絶大であるため、この地区で最も盛んな俗神を祭ることになった。これによって、妙峰山も自然と民間信仰の圣地になった。いろいろな機能を備えた俗神と民間社会宗教公共センターは、必ず中国社会の一般宗教生活の諸教が混合する特徴があるため、碧霞元君祠は仏、道の公認であり、その祠内には三教（僧、道、官）を供し、さらに月老、薬王、観音、地蔵などを附祀しており、妙峰山廟会も混合祭りになっている。[1] 道教が民間の祭祀の内容に深く影響を与えたのは、道教の普及が妙峰山の縁日のような「諸教混合」現象の主導的な力をもたらしたからである。

1　呉効群『妙峰山――北京民間社会的歴史変遷』、人民出版社、２００６年、42～49ページ。

出人入神——道教と俗神の構成

俗神とは、社会大衆が共に尊ぶ神であり、その祭祀の対象でもある。中国古代の俗神のとどのつまりは民間信仰や民間宗教の創造に由来したが、その多くは義理を求める宗教やその影響を受けた。道教や道教の影響を受けた俗神から来たものが一番多いである。これは、受容体としての道教が、異なる創生要素を受容している以上、さまざまな民間の神霊を融合させ、新しい意味を与えているからである。道教が普及された宗教となり、社会的な機能を発揮し続けると、これらの神々は新たな内容を持って再び民間に戻り、民衆の選択と再創造を受け入れる。選択と再創造の結果は、人々に普遍的に信奉されている神——俗神である。

広い範囲で尊ばれ、常に活発に活動している俗神は、大まかに次のようになる。

玉皇大帝、三宮大帝、太一、四大天王
地宮大帝、土地神（土地公、土地母、城隍及各種の地方守護神）
太歳、文昌星君、雨師、電母、風伯
龍王、四海龍王、河神、湖神
東岳大神、南岳大神、泰山府君、各種山神

蛇仙、狐神、黄仙、灰山
花神、桃花仙姑、神
福神寿喜神、財神、関神、文昌帝君一梓潼帝君、真武大帝、薬王
王、各種病神、喪門、死鬼―狐塊
司命神、冥府十王――閻羅王、酆都大帝、判官
家宅六神、神、門神、火神
張天師、呂洞兵（呂祖）、丘処機
各種祖師神――行業神

ここで、道教の構成プロセスにおける具体的な役割を考察するために、いくつかの典型的な俗神を選んでみよう。

玉皇大帝

玉皇大帝の起源は二つあり、一つは原始宗教の天帝崇拝であり、もう一つは周・秦・漢以来の至上神崇拝である。直接の由来は、東晋・南北朝時代の道教の統合時期に出現した最高神「元始天尊」の一連の輔神である。すなわち陶弘景が編纂した『真霊位業図』の中で、最高の階層にある「元始天尊」の左右には、各々「高上虚皇道君」「高上元皇道君」および「玉玄太玄君」「上皇道君」「玉皇道君」「清

玄道君」「上皇天帝」「玉天太一君」「玄皇高真」「太一真君」「高上玉君」などの名号をもった神祇である。第二階層の中間位置は「上清高聖太上玉晨玄皇大道君」で、「万道の主」でもある。唐の時代、「玉皇」「玉帝」は道教仙界の支配者の汎称になり始めた。道経には『高上玉皇本行集経』という仏教演説を真似る玉皇修道証明仙の話が現れた。宋真宗は「玉皇」の命を夢み、大中祥符七年九月に「太上開天執符御暦含真体道玉皇大天帝」と玉皇聖号した。宋の徽宗はこれを継ぎ、政和六年九月に尊号を「太上開天執符御暦含真体道昊天玉皇上帝」とした。北宋の時、道教の類書『雲笈七籤』は玉皇を「天尊」の三代の一人と解釈した。かつては「元始天尊」、現在は「太上玉皇天尊」、未来は「金玉晨天尊」と、何らかの統合が試みられていた。南宋の時、道教内部では「玉真天帝玄穹至聖玉皇大帝」とされ、「元始天尊」「霊宝天尊」「道徳天尊」の下に編入された。「自玄気而化生、居大羅之下、上清之上、掌四種民梵天、而尊於三界之上、是為天主、亦不得已而強名之也。治太微玉清宮」（『上清霊宝大法』巻十）。元代の趙道一は『歴世真仙体道通鑑』の表で「昊天金闕至尊玉皇上帝」と称しており、後世の道教では基本的にこの称号を踏襲している。全体的に見れば、道教内部がどのように統合しても、「玉皇大帝（玉皇上帝）」は「玄穹主宰」の一つであるが、依然として最高神ではない。しかし、民間信仰では事情が異なり、宋代以降、各地にある玉皇奉祀では、玉皇大帝は道教の最高神であると同時に、天地を支配する至高神でもある。明代の傑出した通俗小説「西遊記」は、さらに玉皇大帝が仏、道を統括し、仙人、鬼、人間の帝王及び黎民の崇高な地位を兼ねて、玉皇大帝を人々の心の中の天上皇帝にした。

酆都大帝

酆都大帝は「泰山神（泰山府君、東岳大王）」と、主に仏教に由来する「冥間十王——閻羅王」と併ぶ陰間主宰の神で、西晋の時代に出現したと考えられている。東晋時代、南方の上清新道教がそれを発展させ、梁陶弘景が整理した『真誥』『真祀業図』によると、北方癸の地には羅酆山があり、山の上と山の下には鬼神の宮室があった。「酆都北陰大帝」は羅酆山を治して、天下の鬼神の宗である。上清道教が建てたこの一鬼府の主宰者は、最初は伝統的な泰山神のように流行しなかった。宋代頃から、四川酆都県の平都山を羅酆山と指すようになったとする説があり、その頃から宋代の元道経には鬼府が置かれていたことが知られている。宋代以降、酆都は「鬼城」となり、その後の構成では「冥間十王——閻羅王」という言葉を取り入れ、民間信仰の中で最も具体的な陰曹地府となり、歴代にも祀られている。

真武大帝

真武大帝の主な原型は古代四神の一つ北方の「玄武」であり、早期の道教は既にそれを吸収し採り入れていたが、しかし、地位は高くなかった。宋真宗の時は聖祖趙玄朗を避けるため、四神の一つである玄武を「真武」と改めた。その時には道教が栄え、道士が真武観を建て、北方の神と呼ばれ、その画像を描いた。「被発黒衣、仗剣蹈亀蛇、従者執黒旗」（『雲麓漫鈔』巻九）。宋真宗の天禧六年に「真武霊応真君」と詔号し、欽宗靖康元年に「佑聖助順真武霊応真君」と詔号した。元代の大徳七年十二月、「元聖仁威玄天上帝」と加封された。真武大帝の影響拡大は明の成祖朱棣に由来する。朱棣は兵を率いた靖難の期間にしばしば加祀され、大宝に入ると尊奉され、廟を建てて祭祀を行い、その信仰を全国に普及させた。真武大帝は「神威顕赫、去邪衛正、善除水火之患」の神性を与えられたことから、明代以来大きな影響を与えた俗神の一つとなった。

三官神（三官大帝）

「三官」は天、地、水であり、原始時代の自然崇拝に由来し、三張五斗道の時に奉天、地、水の三官を主宰の神として祀り、その後、道教もずっとそれを比較的に重要な地位に置いた。宋代の頃は「三官大帝」と呼ばれ、「三元日」と合わせて「三元日」とも呼ばれた。「三元日——上元天官、中元地官、下元水官、各主録人善悪」（『宋史・方伎伝』）。また、比較的簡明で分かりやすいためか、民間では「三官」信仰が流行していた。明代の仙伝『重増捜神記』『三教源流捜神大全』は民間説話を結合して、「三官」を擬人化して、陳子梼という人と竜王三女の生んだ子と称して、更に多くの機能を与えた。現在でも、南方農村の田畑には、像を建て祭祀を行う者がいる。

文昌神（文昌帝君）と潼帝君

二神はもともと同じではない。文昌は上古国家の祭祀と星占体系の中で北斗星座の六星からなる「文昌宮」に由来している。文昌の六星にはそれぞれ司（担当）がある。その中に文教礼楽を司る「貴相」、死生を司る「司命」、災害を司る「司中」の地位は比較的に重要で、民間信仰にも大きな影響がある。死生を司る「司命」は独立して道教に借用され、道教仙真系の重要な神霊となった。文昌は星神として道教に導入されたが、当初は主に仙籍を司ったが、他の顕著な機能はなかった。梓潼帝は三国・西晋の時に四川梓潼県一帯の地方神信仰に由来している。この神の名は張悪子で、蛇精が溶けたと伝えられている。また、晋に仕えて戦死し、郷人立廟に合祀されたという記録もある。張悪子は、唐代に入蜀し、玄宗、僖宗がそれぞれ勅封を行ったことで影響が大きくなった。宋代になると、梓潼張悪子神と灌口二郎神は四川地域で最も影響力の大きい二つの俗神となった。また、張悪子廟は長安から蜀に入るために必ず通る道にあるので、昔は士人が次々と祭られ、出世の神様になった。「士大夫過之、得風雨送、必至宰相。進士過之、得風雨、必至殿魁」(『鉄囲山叢談』巻四)。元・明時代の道士は前後して『元始天尊説梓潼帝本願経』、『元始天尊説梓潼帝君応験経』(または前者の節録)、『清河内伝』、『梓潼帝君化本』などを編纂し、道教に導入し、霊感は至るところにあるといわれている。宋・元の間はしばしば勅許を受け、元仁宗の延祐三年に「輔元開化文昌司禄宏帝」と封じられた。明代も「文昌」という名前でその宮観を表し、学宮には文昌祠があり、文昌祠には梓潼帝が祀られている。これにより「梓潼君」と「文昌星神」が統合され、文昌帝君、梓潼君と称されるようになった。面白いことに、昔の文昌廟にある文昌帝君の塑像の両側に「天聾」、「地唖」という二童子が立っている。これは「真君は文章の司であり、聾、唖を用いて、天機を漏らさない」からである(『歴代神仙通鑑』巻一)。読書を通じて階層転化を公平に実現することを渇望していた中国古代社会の普遍的な心理を深く反映していた。昔よくあった「敬惜字紙」の戒めは、儒家の口調をもって文昌帝君に頼むということであった。たとえば『勧敬字紙文』（『清河内伝』）にこう書いている。

士之隷吾籍者、皆自敬重字紙中来。如宋朝王沂公、其父見字紙遺墜、必掇拾以香湯洗焼之。一夕夢宣聖拊其背曰、汝何敬重吾字紙之勤也！恨汝老矣、無可成就、他日当令曽参来汝家受生、顕大門戸。未幾、果生一男、遂命名曽、及状元第。此事雖遠、可以為証。予窃怪今世之人、名為知書、而不能惜書、視釈老之文、非特万鈞之重、其於吾六経之字、有如鴻毛之軽、或以字紙而泥糊、或以背屏、或以裹褥、或以泥窓、践踏脚底、或以拭穢。如此之類、不啻蓋覆瓿矣！何釈老之重而吾道之軽耶?!是豈知三教本一、而欲強茲分別耳。況吾自有善、悪二司、按察施行、以警不敬字紙之類、如平生苦学雞窓、一旦場屋、或以失韻誤字、例為有司之黜、終不能一掛名虎榜者、皆神奪其鑑、以示平日不敬字紙之果報也。諸生甘受此報、恬然不知覚、甚至於子孫之不識字、挙家因之而害者。遠則不足以為戒、姑以近者言之、且瀘州楊百行坐経文、而挙家害癩。昌郡鮮於坤残『孟子』、而全家滅亡。果報昭昭、在人耳目。楊全善亦百行之兄、埋字紙而五世登科、李子才葬字紙而一身顕官。既能顧惜、陰報豈無、可不敬畏哉。

王霊官

王霊官の形成時期は比較的遅く、明代の仙伝では北宋の道士・薩守堅の弟子であり、また林霊素から道を学んだとされているが、実際に神の地位を得たのは明永楽の間である。その際、杭州の道士周思得が霊官附体を自称し、これに応じて朝廷から廟を建立し、隆恩真君に封ぜられた。それと同時に、道教もこれを吸収し、彼を真人と共に「元帥神」の系統に組み入れた。明代の一連の小説、例えば『西遊記』『薩真人呪棗記』『封神演義』のようにさまざまな面でさらに形作られていた。清代になると、王霊官は道教の重要な守護の神となり、道観内では多くの塑像を作って山門を守り、朱顔三目、顔が凶悪で、甲冑をつけて鞭を執って、威風が凛々しいである。民間でも糾察保護の神として信仰され、しばしば年画、鎮宅符、その他の神画に現れる。雷部元帥の神として、王霊官を配祀しているところもある。

八仙

八仙は神仙の組合である。鍾離権、鉄折李、張果老、曹国舅、呂洞賓、韓湘子、藺采和、何仙姑の八人の仙人は、中国民間で最もよく知られ、愛されている仙人のイメージかもしれない。八仙伝説はその由来が古く、中には鍾離権、張果老、呂洞賓、韓湘子などの実在人物の原型がある。鍾離権、呂洞賓は道教に深く関わっているが、「八仙」になったのは、民話や通俗文学が生み出した結果である。「八仙」の具体的な構成も変遷を経て、元代までほぼ安定し、明代の小説『八仙出所東遊記』の敷設によりほぼ定着した。八仙の呂洞賓は唐代の道士であり、早くから道士に神格化されて修行の道を得た仙真となったと伝えられ、宋に入ってから、社会に大きな影響を与え始めた。王喆は初めて全真道を創った時に、その一脈の伝を自称した。そのため、後世に全真道は呂洞賓を「純陽祖師」とし、元、明の時にはしばしば皇帝の勅封を受けた。同時に、民間の呂洞賓に関する伝説と通俗文芸の加工はずっと盛んで、八仙の中で最も有名で、ストーリが一番多く、イメージが最も生き生きした一人になった。

「俗神」の意義

「俗神」は鮮明な「大衆性」を持っている。俗神は大衆の信仰であり、彼らの理想と追求、善悪の出所、苦痛の根源に対する認識と解決の道を反映しており、だから俗神はどこから来ても、最後の結果はすべて擬人化であり、「神」のとどのつまりは「人」の人間崇拝という宗教の本質を表している。正真正銘の俗神は、苦難を救おうとする英雄であるだけでなく、人民の自己念願であるため、人々の普遍的な歓迎を受けるに違いない。八仙物語が広く知られ、人々に喜ばれているのは、そのイメージが民間からの創造であり、「人」に最も近い「神」であることにある。人々は自分の生活の実際から出発し、自分の感情の願望を結び付けて、自分の理想的な願望によって呂洞賓のような仙人を作り上げることができる。だから、八仙は普通の庶民の感情を持ち、凡人の気性もあり、さらに多くの欠点を持っている。彼らは人間を遊戯する態度で、災難を救助し、妖を滅ぼすこともできる。また積極的で楽観的な精神が満ちている。一言で言えば、人々は八仙を愛し、すなわち自分を愛している。もちろん、俗神も民の限界を反映している。例えば、玉皇大帝が民間信仰における最高統領になったのは、明らかに社会の現実が人々の神霊信仰に投影されたからである。「皇帝」は人間的にも天上的にも合理的な存在ではないということを人々はまだ意識していない。

「俗神」は、道教に由来するか、その影響を受ける者が多いため、包容体である道教と同様、多神性、区域性、機能的な差異性の特徴を示している。俗神の多様性はもはや問題にならない。地域的には、共通の祭神が存在するにもかかわらず、地域によって俗神に大きな違いがある。近世以来、中国の北方及び中原地区では俗神の系統が交差し、南方及びその他の辺縁地区では相対的に独特であり、福建地区の道教由来の民間俗神「二徐真人」「武夷君」「何九仙」「控鶴仙人」「十三仙」「梅仙」「三仙公」など、基本的に地方創造である。[1] 俗神の多様性と地域性は、古代中国地域の広範な、サブカルチャー多元の社会的特色を反映している。

中国古代の俗神の一つの重要な部分はいわゆる「祖師神（宗派の開祖）——業界の神」であり、それが反映した社会の内包は特に豊富である。古代中国の政治組織は極めて成熟しており、社会団体は非常に脆弱であったが、社会はあくまで血縁倫理以外に契約倫理を導入して進歩させなければならず、社会団体は無理に維持しなければならなかった。このような情況の下で、手工業者、商人とその他の職業者は多く宗教の力に助けを求めて、これによって中国古代の『祖師神——業界の神」が特に発達していることをもたらして、すべての業界は特に社会の最下層、最も圧迫を受ける下流層はすべて自分の保護神を選んで、ご祭礼のように、霊応を祈う。

1　林国平、彭文宇『福建民間信仰』、福建人民出版社、1993年。

道教に関連する業界神や祖師神

（吉岡義豊『中国民間宗教概説』等による）

職 業	行業神、祖師神或庇護神
石灰窯、扇子商、梳子商	和合二仙
油漆匠　呉道真人	
鉄匠、皮匠、磨刀匠、 蹄鉄匠、碗筷匠、炉房	老子
秤工、錫匠（銅匠）、爐匠	胡鼎真人（胡祖）
針匠	劉海上仙
染匠	梅葛仙翁
刺繍	妃禄仙女
豆腐房、成衣店、綢緞荘、估衣鋪、 皮店、煤鋪、脚行、猪肉鋪、裱糊匠	関羽
刻字、印刷、書店、 文具店、説書人	梓潼帝君、文昌帝君
墨匠	呂洞賓（呂祖）
米糧店	九天雷祖
顔料店	真武大帝
銀号銭鋪	趙元帥
剃頭	呂洞賓（呂祖）、羅祖
厨子	竈君
花匠	十二花神
変戯法	葛仙翁
楽工	南方翼宿星君、宝元帥、田元帥、老郎祖師、清音童子、鼓板郎君、三百公公、八百婆婆
太監	丘処機（丘祖）

俗神は民間信仰の叢散性、無組織性、意義多変性の特性を示した。俗神は常に多様に存在し、永遠に変遷の中にある――時間が経つにつれて、地位が上がったり、下がったり、地方から全国に向かったり、大衆の目から消えていったりする。絶え間ない変遷の中で、それらが担っている信仰の意味も変化している。俗神は大衆の選択的な創造と言える。

つまり、「俗神」は普遍的かつ特殊な価値観を支持する役割を果たし[1]、最も顕著に社会一般の宗教の社会的機能を発揮している。

善慶悪殃――道教と仏教・儒教との融合および社会の一般的な信仰の道徳信条

信仰上の「三教融合」は、道教、仏教の宗教道徳と儒家思想を主導とした世俗道徳の融合である。古代中国は農業を本とし、小農自然経済を生産モデルとする社会であり、一貫して血縁倫理の原則に基づいて社会を組織し、「尊祖敬宗」「孝親愛人」「公利為上」「滅私奉公」などを主体とする道徳的内容を形成した。文明以後の創生宗教は善と悪の是非にもっと関心を持ったが、それらは「神」の道徳

1 （米）楊慶堃『中国社会中的宗教――宗教的現代社会功能与其歴史因素之研究』、範麗珠等訳、上海人民出版社、2007年、155～157ページ。

で世俗間の道徳に取って代わることを目指した。そのため、すべての創生宗教は最初から否定と批判がなく、あらゆる客観的な違いと人為的な区別を超えた純粋な理想道徳を創造し、これをもって救い出し、苦難から脱出する条件とした。しかし、中国社会属性の制約と文化内核の強大な作用の下で、中国本土のあるいは外来の創生宗教はいずれも道徳基準の修正を行わなければならなくて、世俗文化との調和・共存の中で究極の解脱を獲得することを期待した。その結果、道教と仏教は普及の過程で伝統的な世俗道徳を融合し、社会の一般的な宗教の道徳信条を構築し、社会の核心的な価値観を支持、維持した。道教は仏教と儒教道徳を融合させて普及を実現した結果、一般民衆のために創作された「善書」の読み物に顕著に現れた。「善書」はまた「勧善書」とも呼ばれ、人を善となすことを勧めるという意味である。歴史の上でいくつかの具体的なテキストタイプが現れた。①康済録。②太上感応篇。③陰騭（黙々として善行をする徳行。「陰徳」「陰功」とも書く）文。④功過格。⑤救済の提唱と方法の指針。⑥飲食と日常生活の是非規範。[1] その中で最も典型的なのは「太上感応篇」である。

『太上感応篇』の作者と撰作の時代は確定しにくいであるが、少なくとも南宋・理宗の時に刊行本が現れて、宋の理宗は『太上感応篇』のために言葉を書き記した。「太上感応篇」は文字が多くないので、用語は易しくて、太上の言葉に託した「禍福は門なし。ただ人は自ら招くのみ。善悪の報は影の形に従うが如し」という二句から始めて、善行を積むと仙人になることを強調し、それから具体的

1 （日）酒井忠夫『中国善書研究』上巻、10ページ、劉岳兵等訳、江蘇人民出版社、2010年。

に二十余条の善行と百余条の罪悪を列挙し、人に「諸悪莫作、衆善奉行（諸もろの悪を作すことなかれ、衆善を行じ奉れ）」を勧めた。その善し悪しを例にとる。

不履邪径、不欺暗室。積徳累功、慈心於物。忠孝友悌、正己化人、矜孤恤寡、敬老懐幼。昆虫草木、猶不可傷。宜憫人之兇、楽人之善、済人之急、救人之危。見人之得、如己之得。見人之失、如己之失。不彰人短、不炫己長。遏悪揚善、推多取少。受辱不怨、受寵若驚。施恩不求報、与人不追悔。

疑いなく、「太上感応篇」の善悪基準は、完全に世俗倫理道徳と一致している。テキストは「三台北闘神君」や「三戸神」など、過ちを司る神や「神仙可冀（神仙の境地は達成することができる）」の善行の目的だけでなく、道教の意味も残っている。しかし、これは道教の普遍化、三教融合の事実を証明している。実際に、『太上感応篇』の核心内容はすでに儒家に属するのか道、仏に属するのかを選別する必要はなく、それは明らかにすでに三教が融合した社会の普通の宗教の信仰の道徳的な信条である。宗教の道徳信条と思想教諭と政治規範は内容の性質で一致することができるが、論理的な根拠と実行の目的には明らかな違いがある。宗教の特徴は、超自然的な力を持った神が存在し、神の指令は絶対的、先験的、至高の法則であり、善悪の基準を決定し、善行と悪の異なる結果を決定する。原始宗教では「積善の家には必ず余慶があり、積悪の家には必ず余厄がある」という。儒家思想は神道で教えた天命観念、道教の積徳上仙、仏教の因果輪廻は、すべてこのような神定の法則である。完全に信頼して徹底的にこの法則に帰依してこそ、本当に善行をして悪を取り除き、最後の解脱を得ることができる。そのため、宗教の道徳信条はすべての人の規範を超えて強大な力を持って、社会の価値観を守る根本的な保証である。

「陰騭文」と「功過格」は異なる方面から宗教道徳信条の神力性質を体現した。「陰騭文」は一般に『文昌帝君陰騭文』を指し、明末頃から流行し始め、その特徴は様々な例で「陰騭」——黙々として善行をする徳行の重要性を証明した。「広行陰騭、上格蒼穹」、「近報則在自己、遠報則在児孫」自身は初期の道教の「承負説」の発展で、核心的な意味は本人がこの生涯またはその子孫が善行の報いを受け、仏教の来世で報いられる思想とは違っている。道教のこの観念は仏教の輪廻因果応報思想と融合して、中国式のより広い「因果応報」の神力法則を創り出した。[1]

「功過格」の書本は多く、最初のものは正統『道蔵』に収められた『太微仙君功過格』であり、浄明道の前身である許遜教団の中で生まれたと考えられる。[2]「功過格」の淵源は自らの「考功記過」思想の産物である。日常のすべての行為を善と悪に分類し、それを点数という形で数量化して示して、それによって善悪の点数計算を行う。「功過格」は、「他律」を主とする「太上感応篇」「文昌帝君陰

1 湯一介『早期道教史』、昆侖出版社、2006年、357~376ページ。
2 (日)秋月観暎『中国近世道教的形成——浄明道的基礎研究』、丁培仁訳、中国社会科学出版社、2005年。

騭文」とは異なり、「自律」の精神を示すことが多い。しかし、「功過格」の自律は依然として宗教の神力に基づいている。道教、仏教と儒教の思想が融合した社会一般信仰は、倫理道徳で「神」に取って代わられたが、それはあくまでも先験的存在に対する誠実さであり、宗教であり、このような宗教が鮮明な文化的属性を持っているだけである。

原典を読む

『太上感応篇』

太上曰、禍福無門、唯人自召。善悪之報、如影随形。是以天地有司過之神、依人犯軽重、以奪人算[1]。算減則貧耗、多逢憂患。人皆悪之、刑禍随之、吉慶避之、悪星災之、算尽則死。又有三台北門神

1　算とは、寿算で、すなわち「賜奪紀算」と言う。これは、天帝が人に一定数の「紀」と「算」を授け、人の寿命としたという説である。一般に十二年を一「紀」とし、百日を一「算」とする。人は過失罪を犯すならば、大者は紀を奪い、小者は算を奪い、紀を計算し尽せば死ぬ。逆に、善事を行えば、功徳の大小によって紀を増やし、寿命を延ばすことができる。

君[1]、在人頭上、録人罪悪、奪其紀算。又有三屍神[2]、在人身中、毎到庚申日[3]、輒上詣天曹、言人罪過。月晦之日、竈神亦然。凡人有過、大則奪紀、小則奪算。其過大小、有数百事、欲求長生者、先須避之。是道則進、非道則退。不履邪径、不欺暗室。積徳累功、慈心於物。忠孝友悌、正己化人、矜孤恤寡、敬老懐幼。昆虫草木、猶不可傷。宜憫人之凶、楽人之善、済人之急、救人之危。見人之得、如己之得。見人之失、如己之失。不彰人短、不炫己長。遏悪揚善、推多取少。受辱不怨、受寵若驚。施恩不求報、与人不追悔。所謂善人、人皆敬之、天道佑之、福禄随之、衆邪遠之、神霊衛之、所作必成、神仙可冀。

欲求天仙者、当立一千三百善。欲求地仙者、当立三百善。苟或非義而動、背理而行。以悪為能、忍作残害。陰賊良善、暗侮君親。慢其先生、叛其所事。誑諸無識、謗諸同学。虚誣詐偽、攻訐宗親。剛強不仁、很戻自用。是非不当、向背乖宜。虐下取功、諂上希旨。受恩不感、念怨不休。軽蔑天民、擾乱国政。賞及非義、刑及無辜。殺人取財、傾人取位。誅降戮服、貶正排賢。陵孤逼寡、棄法受賂。以直為曲、以曲為直。入軽為重、見殺加怒。知過不改、知善不為。自罪引他、壅塞方術。訕謗賢聖、侵

1　三台北闘神君とは、命を司る神。「三台」とは、古代中国での星座の名。西洋天文学の大熊座のうち、北斗七星の南にある六星。「西近文昌二星曰上台、為司命、主寿」（『晋書・天文誌』）。北斗」とは「闘星」のことで、命を司る。「北門司生司殺、養物済人之都会也」（『太上玄霊北門本命長生妙経』）。

2　三尸神とは、道教では、人体には三尸があり、上屍は脳宮にあり、中屍は明堂にあり、下屍は胃にあり、人体を毒する邪悪な魔であり、人の欲望の根源であると考えている。神格化した「三尸神」は、庚申日に人の過失を言い立てることができる。

3　道教は、人間の体内の三尸神が人の罪を監察し、これを天曹に告げたことから、修道者が庚申の日に徹夜して眠らないことを「庚申を守る」という。この方法は後に民俗行事となった。

陵道徳。射飛逐走、発蟄驚栖。填穴覆巣、傷胎破卵。願人有失、毀人成功。危人自安、減人自益。以悪易好、以私廃公。竊人之能、蔽人之善。形人之醜、訐人之私。耗人貨財、離人骨肉。侵人所愛、助人為非。逞志作威、辱人求勝。敗人苗稼、破人婚姻。苟富而驕、苟免無恥。認恩推過、嫁禍売悪。沽買虚誉、包貯険心。挫人所長、護己所短。乗威迫脅、縦暴殺傷。無故剪裁、非礼烹宰。散棄五谷、労擾衆生。破人之家、取其財宝。決水放火、以害民居。紊乱規模、以敗人功。損人器物、以窮人用。見他栄貴、願他流貶。見他富有、願他破散。見他色美、起心私之。負他貨財、原他身死。幹求不遂、便生呪恨。見他失便、便説他過。見他体相不具而笑之、見他才能可称而抑之。埋蠱厭人、用薬殺樹。恚怒師傅、抵触父兄。強取強求、好侵好奪。虜掠致富、巧詐求遷。賞罰不平、逸楽過節。苛虐其下、恐嚇於他。怨天尤人、呵風罵雨。闘合争訟、妄逐朋党。用妻妾語、違父母訓。得新忘故、口是心非。貪冒於財、欺罔其上。造作悪語、讒毀平人。毀人称直、罵神称正。棄順効逆、背親向疏。指天地以証鄙懐、引神明而鑑猥事。施与後悔、仮借不還。分外営求、力上施設。淫欲過度、心毒貌慈。穢食餧人、左道惑衆。短尺狭度、軽秤小升。以偽雑真、采取奸利。圧良為賎、謾驀愚人。貪婪無厭、呪詛求直。嗜酒悖乱、骨肉忿争。男不忠良、女不柔順。不和其室、不敬其夫。毎好矜誇、常行妒忌。無行於妻子、失礼於舅姑。軽慢先霊、違逆上命。作為無益、懐挟外心。自呪呪他、偏憎偏愛。越井越竈、跳食跳人。[1]

1　跳食跳人とは、食べ物や人を踏みつける。「跳、蹶也」（『説文』）。「古者席地而坐、食時俎豆皆置之地、寝処亦然。……故以跳人跳食為戒、殆亦古之遺言歟」（俞樾『纉義』）

損子堕胎、多行隠僻。晦臘歌舞、[1]朔旦号怒。対北涕唾及溺、対竈吟詠及哭。又以竈火焼香、穢柴作食。夜起裸露、八節行刑。唾流星、指虹蜺。輒指三光、[2]久視日月。春月燎猟、対北悪罵。無故殺亀打蛇。如是等罪、司命随其軽重、奪其紀算。算尽則死、死有余責、乃殃及子孫。

又諸横取人財者、乃計其妻子家口以当之、漸至死喪。若不死喪、則有水火、盗賊、遺亡器物、疾病、口舌諸事、以当妄取之直。又枉殺人者、是易刀兵而相殺也。取非義之財者、譬如漏脯救饑、鴆酒止渇、非不暫飽、死亦及之。夫心起於善、善雖未為、而吉神已随之。或心起於悪、悪雖未為、而兇神已随之。其有曽行悪事、後自改悔、諸悪莫作、衆善奉行、久久必獲吉慶、所謂転禍為福也。故吉人語善、視善、行善、一日有三善、三年天必降之福。兇人語悪、視悪、行悪、一日有三悪、三年天必降之禍。胡不勉而行之。

『文昌帝君陰騭文』

帝君曰、吾一十七世為士大夫、身未嘗虐民酷吏。救人之難、済人之急、憫人之孤、容人之過。広行

1 一月の最後の日は晦、一年の最後の一月は臘。晦日、竈神は天に参詣し、人の罪を言い立てる。臘は昔の臘祭に由来する。「臘先祖五祀」（『礼記・月令』）。「五祀、門、戸、中霤、竈、行也」（鄭玄註）。「臘、冬至後三戌、臘祭百神」（『説文』）。

2 三光とは、一説には日、月、星を指す。「三光、日月星也」（許慎『淮南子』註）。一説には「三大辰」を指す。「立三賓以象三光」（『礼記・郷飲酒義』）。「三光、三大辰也」（鄭玄註）

陰騭[1]、上格蒼穹[2]。人能如我存心、天必錫汝以福。於是訓於人曰、昔于公治獄[3]、大興駟馬之門[4]。竇氏済人[5]、高折五枝之桂[6]。救蟻中状元之選[7]、埋蛇享宰相之栄[8]。欲広福田、須憑心地。行時時之方便、作種種之陰功。利物利人、修善修福。正直代天行化、慈祥為国救民。忠主孝親、敬兄信友。或奉真朝闘、或

1 陰騭とは、本来の意味は黙定であり、神が黙って人の善悪行為を監視し、そして賞罰を施すことを指す。ここでは暗行功徳（黙々として善行をする）を指す。

2 格＝感動。

3 于公とは、西漢定国の父、善治獄。「其父於公為県獄吏、郡決曹、決獄平、羅文法者於公所決皆不恨。郡中為之生立祠、号曰於公祠」（『漢書・於定国伝』）

4 駟馬とは、四馬一乗の車を指して、官位を顕し、特に恩寵を受ける者のために用いる。于公治獄には陰徳が多いと言われ、子孫が顕達し、門庭光耀である。「始、定国父于公、其閭門壊、父老方共治之。于公謂曰、少高大閭門、令容駟馬高蓋車。我治獄多陰徳、未嘗有所冤、子孫必有興者。至定国為丞相、永為禦史大夫、封侯伝世雲」（『漢書・于定国伝』）

5 竇氏とは、即ち竇禹鈞、宋初の人。「竇禹鈞、範陽人、為左諫議大夫致仕。諸子進士登第、義風家法、為一時標表」（範仲淹『竇諫議録』）

6 俗に言う「五子登科」のことで、竇禹鈞の五人の息子はみな朝廷に重んじられ、歴代の逸話として伝えられている。範仲淹は、竇禹鈞の家門の顕達は「陰功を積む」の善報であると考えた。「禹鈞生五子、長曰儀、次曰儼、侃、偁、僖。儀至礼部尚書、儼礼部侍郎、皆為翰林学士。侃左補闕、偁左諫議大夫、参知政事、僖起居郎」（範仲淹『竇諫議録』）

7 宋庠がアリを救助するために善行を積むことを指し、殿試は一位である。『厚徳録』巻一引『遯斎閑覧』を参照してください。

8 埋蛇享宰相之栄とは、孫叔敖が二頭の蛇を殺して埋めること。「孫叔敖為嬰児之時、出遊、見両頭蛇、殺而埋之。帰而泣、其母問其故、叔敖対曰、吾聞見両頭之蛇者死、向者吾見之、恐去母而死也。其母曰、蛇今安在?曰、恐他人又見、殺而埋之矣。其母曰、吾聞有陰徳者、天報之以福、汝不死也。及長、為楚令尹、未治、而国人信其仁也」（『新序・雑事』）

拝仏念経。報答四恩、広行三教。済急如済涸轍之魚、救危如救密羅之雀。矜孤恤寡、敬老憐貧。措衣食、周道路之饑寒。施棺槨、免屍骸之暴露。造漏沢之仁園、興啓蒙之義塾。家富提携親戚、歳饑賑済隣朋。闘秤須要公平、不可軽出重入。奴仆待之寛恕、豈宜責備苛求。印造経文、創修寺院。舎薬材以拯疾苦、施茶湯以解渇煩。或買物以放生、或持斎而戒殺。挙歩常看虫蟻、禁火莫焼山林。点夜灯以照人行、造河船以済人渡。勿登山而網禽鳥、勿臨水而毒魚蝦。勿宰耕牛、勿棄字紙、勿謀人之財産、勿妒人之技能、勿淫人之妻女、勿唆人之争訟、勿壊人之名利、勿破人之婚姻、勿因私仇使人兄弟不和、勿因小利使人父子不睦、勿倚権勢而辱善良、勿恃富豪而欺窮困。善人則親近之、助徳行於身心。悪人則遠避之、杜災殃於眉睫。常須隠悪揚善、不可口是心非。恒記有益之語、罔談非礼之言。翦碍道之荊榛、除当途之瓦石。修数百年崎嶇之路、造千万人往来之橋。垂訓以格人非、捐資以成人美。作事須循天理、出言要順人心。見先哲於羹墻、[1] 慎独知於衾影。[2] 諸悪莫作、衆善奉行、永無悪曜加臨、常有吉神擁護。近報則在自己、遠報則在児孫。百福駢臻、千祥雲集、豈不従陰騭中得来者哉！

1　ご飯を食べる時にスープの中で、座っている時に壁の上で先賢に会うことを指して、いつも極度に慕慕して、いつも追想する感情を体現している。

2　一人で身を慎み、恥じることがないこと。「独立不慚於影、独寝不愧於衾」（劉昼『劉子・慎独』）

文昌帝君功過格（劉沅『易知録』）

倫常第一

父母（祖父母継母毎善加一倍、庶母伯叔父母毎善同）

【善条】

晨昏定省、致敬尽養　一日一善

代受一労苦　──（命代倶準）

教一善必従

一事責怒順受　以上一善

賛成一善　──（如謹身節用之類）

解一怒、舒一憂　──

順親心、不吝財物　──

一大事、勧親改過遷善　以上三善

守一義方訓　──

為親補一過、代還一逋欠　──（如修徳勤学之類）

親所愛敬人、加意愛敬　以上十善
親久病、小心侍奉獲痊　二十善
見悪於親、能積誠感動　｜
顕親揚名　｜
喪葬誠信　以上五十善（内尽其心、外竭其力）
親於倫常、有違勧之和楽　｜
化親行仁成徳　百善

【過条】

淫蕩忘身、剛狠招禍、貽親憂　｜
阻善唆悪　｜
喪葬草率　｜
厚妻子、薄父母　｜
縦家人婦子逆親　｜
有親不孝、拝他人義父母　｜
惑於風水、動親柩　｜（当遷者不論）
久淹親柩　以上百過

無故倒伐祖塋樹木　――
暴親一短　――
親病不小心医治　――（請医不審、進食不調、湯薬不謹）
親有過不諫　――
背一義方訓　以上五十過
有疾不慎、致親憂　――
聴私言、以成心待親　――（事即準）
責怒抵触　以上三十過
親所愛敬人、故薄之　――
親年老挙動、生一厭薄心　――
親憂負債、子私貨財　――
吝一財物、違親心　――
生一怨言　――
対親一疾声厲色　――
親老、令之任労　――
親老、遠出　――
遠出忘親　――（如不通音問約期不帰之類）

一事欺親　以上十過
書言不避祖父諱　―
嘗新不薦先人　―
父母忌日葷酒　―
推諉一日供膳　以上十過
貧不能養、遂不顧親　―
不求成立、致親憂　以上一日一過
直言諫親、致親不悦（致彰親失者、加一倍）
忘親疾　―
先一飲食　以上一過
行止出入不稟命　一次一過
不以修徳勤学慰親心　一日一過

兄弟（異母兄弟毎善加一倍、過同）

【善条】

敬兄愛弟、推逸任労　―

同一事不生異心　以上一功
財物不論尓我　——（代完官銭私債公用車馬衣服之類）
一大事勧善止悪　——
容忍一過、不聴婦仆讒言　以上十善
独任一大事　——（門戸差役、嫁娶喪葬之類）
　分産譲多取少　以上五十善
患難相扶　——
兄弟破産者復与同居共爨　以上百善

【過条】
闘訟　——
欺淩一幼弟　——（任其遊蕩、不使之成立者同論）
阻善賛悪　以上百過
聴一讒啓釁　（聴妻妾仆婢讒倍論）
争競　以上三十過
求借一財物不応　十過
抵触兄長　一次五過（言語不譲、責怒不受）

貧常忌富、富不顧貧　一念二過
不和睦　一日一過
同事、生一異心　一過
私占財物　百銭二過
見一過不勧　（照自作例準）
蔵一怒、宿一怨　一念一過

妻妾（略）

子侄
【善条】
垂一義方訓　―
択得一明師良友　―
一大事教道見従　（有関名教之事、教之以道、必見其従、方是真教、方為善教）
禁刻薄取利貪縁功名　―
導之敬祖睦族　以上三十善
化之仁成徳　百善

【過条】

不以義方立教、致成敗類　——
酷虐一他人子　以上百過
誤一他人子　五十過（不能因才成就、五十過）
教子弟占便宜　——
棄一不才　（謂因其愚魯狂悖而姑聴之也）
教打罵人　——
縦一悪習　以上三十過
偏愛憎一人　——
開一不善事端　以上十過
恣意打罵、不従容訓戒　二過
教誨一事不尽心　一過
護一短　（照自作例準）

宗親

【善条】

敬尊長睦同輩、貴賤平等　一日一善

貧乏求借不吝　二百銭一善
周給貧乏　百銭一善
修一族譜　十善
結親択一賢良、不計勢利　―
代辦一婚嫁喪葬　以上三十善
教一孤児使之成立　―
建一祠、歳時団聚宗族　―
立義田義屋、養活一人　以上五十善
収養一老幼残疾　―
本族絶支、立一嗣不利其産　―
娶一残疾女　以上百功（謂原聘者）

【過条】

本族絶支、利其産、不為立嗣　―
嫌貧弱、改嫁毀婚　―
一急難、可救不救　以上百過
薄本族、妄認一同宗　五十過

以財勢、傲一貧賤宗親　——
婚嫁惟計勢利　以上三十過
貧病無依者、能顧不顧　二十過
貧乏求借不応　——
抵触一尊長　以上十過
乖一尊卑次序　一過

師友

【善条】

敬師尊教訓　——
尊一前輩、親一賢友　一日一善
通有無　二百銭一善
淫朋招飲遊戯、不従　——
弔慰敬誠　（如変服、致哀、謹礼、択言之類）
践一約　以上一善
以徳行文章相勧勉　一次一善
朋友有過忠告善道　——

不忘一父執　（如饋遺、候問之類）
不忘一厳師　以上十善
不忘死友、不忘貧賤交　―
不負一托妻寄子　以上五十善
嫁娶一故人子女　―
救一急難　以上百善

【過条】

一急難、可救不救　百過
負一妻子托　―
背一明　（如生無饋送、死絶通問之類）
仮義気陥人　―
負一死友、一貧賤交　以上五十過
交朋不択賢良、但慕勢利　―
軽棄一賢友　―
軽棄一賢父執　以上二十過

訕謗師長　——
戯侮老成　以上十過
随一淫朋遊戯　——
三過慢師　——（如問答不恭、礼節失時之類）
厭一貧賤友　——（如辞色傲慢、挙動軽褻之類）
疏慢一畏友　——
謔一友妻子　——
有無不相通　以上二過
同業不敬所事　一日一過
知過不告　——（照自作例準）
爽一約　——
失一吊慰　以上一過
違師友教訓　——（照事例準）
規過無術、致友疏　一次一過
仆婢（略）

敬慎第二

存心

【善条】

悪念起即掃除　｜

常求放心　｜

誦経書、不起雑念、心解力行　以上一善

一日謹懍幽独　｜

時時存誠、一切妄想不生　以上十善

寡思息夢、心常惺惺　一月百善

【過条】

一日常存機心悪念　二十過

一日心常昏惰　｜

聞人失利名、生歓喜心　｜

暗挙悪意害人　以上五過

誦経書起一邪念　｜

聞人善、不生信心　以上二過
展転一淫念　—
蓄一妒念、嗔念及諸妄念　—
誦経書雑念不除　以上満一時者一過
応事

【功条】
一日守分循理、臨事敬慎　一善
作事刻期、不遷延時日　—
処一事、唯知為衆　以上二善
聞一過即改　—
見一善、即誠敬遵行　以上三善（本善外另加）
不附人財勢　—
処一事公直　以上五善
不苟且求一名位　—
譲一善、任一過　以上十善
当大事、能損己益人　百善

【過条】

仮行窃名惑遠近　――

当大事、損人益己　以上百過

受恩、得報不報　五十過

仮公行私　――

存成心待人　（如人已改過、我猶逆億也）

炎涼　――

苟且一名位　――

処一事不公直　――

任功諉過　――

竭尽一人情誼　以上十過

知過故犯　――（本過外另加）

窺一人私書　――

酣飲嬉笑於有喪之家　――

私事幹求官長　以上三過

見一善不行　――

為一善不終　――

処衆惟知為己　——以上二過
臨人正経事不敬
作事不如期　一日一過

慎言

【善条】

発一至徳言
出一方便語
説果報勧人
揚人一善　以上一善
与人言、不欺一字　一日三善
聞説道理、啓聞不倦
為人詳弁一古今疑跡訛字　以上三善
弁雪一人大冤　五十善
白一人誣跡　十善
闡発一部済衆経書　百善

【過条】

誣壊一人清徳　―
造謗誣陥一人　以上百過
摘発一人陰私　―
誹謗聖賢　―
発一閨壼　以上五十過
両舌離間人　三十過
伝述一人傷風敗化事　―
変一是非　―
舎聖賢経伝、譚異端言　以上二十過
出意損徳之言　―
評一女色　―
悪口犯一貧賤交　以上十過
造一人譁名歌謡　―（有関人行止者）
播一人悪　以上五過
出一不利人語　―
冷語刺人　―

背後詆毀人　——
譏時政　——
嘲笑人体相不具　——
戯謔傷人　以上三過
偽訣一人　——
軽諾於人　——
揚人一短　——
捏一誑語　（妄伝謡言同）
談一淫賭趣　——
竟日多浮浪語　以上一過
事神聖

【善条】

事神明祖先斎戒至誠　——
祈禳止許善願　以上一善
修理損壊寺観装飾、剝落神像　百銭一善

【過条】

褻瀆祖先神霊　百過
侵占一庵観屋宇　五十過
戯譃神聖　三十過
指神明、証一鄙猥事　十過
祀礼失時　｜
呵風雨、褻三光　｜
携葷酒入聖殿　｜
縦婦入廟　｜
対北悪罵及涕溺　｜
汙穢井竈　｜
祈禱不誠　｜
祀時不敬　｜
夜起裸露　｜
朔旦号怒及行邪　｜
毀壊供器　百銭二過
不信神明果報　一念一過

節忍第三

気性（略）

　衣食

【善条】

一日安粗糲、不虚度衣食　―

拾遺粒　以上一善

禁屠時持素　一日二善

一月安淡惜福　十善

【過条】

厭棄悪衣食　―

縦酒及乱　以上十過（如喪徳失儀之類）

無故剪裁　―

禁屠私買生物　―

服一非法服　以上五過

生日宴楽無度　―

強索人酒食　——

無故白昼謀飲　——

狼藉五谷　以上一過（不特本身撤棄、凡婢仆傾潑、小児践踏、及在田抛棄不収、在場掃除不浄、倶家長記過）

貨財

【功条】

分財公平　——

借貸能如期還　——

与人財、不遅時日　——

不吝器物、借人済急　——

不負人寄托　——

不取非義財　——

還遺　——

代還官銭私欠　——

饒免貧戸租欠　——

荒年平糶　——

仮銀入手棄不使行　｜
譲利譲産　以上百銭一善
放債出、当済人急、不計利　二百銭一善
不逼取貧債　十善
譲債還遺全人身家　百善

【過条】

造低銀仮銀　｜
蕩廃祖父産業　｜
重利逼取貧債　以上百過
交易田宅不清割　五十過
図買一産　二十過
刻薄利己
誘人賭博　以上十過
設阱詐騙　｜
以勢及倚勢白占　｜
乗難覬取　以上百銭二十過

荒年囤米過待高価　——（僅足自贍不論）
強索、巧取　——（二事）
負人寄托
負貸　以上百銭十過
賎価強買人貨物　——（虧及百銭）
匿遺
用低銀　以上百銭五過（仮銀倍論）
闘秤出入不平　五過
受不義財　——
侈用人財物　——
損人一器物　——
無益縻費　——
暴棄天物　以上百銭一過
当与、故遅一日　——
不問、取人一針一草　以上一過
美色（略）

仁愛第四

人類

【善条】

収養無依一人　――

済一人饑　――

済凍人暖室一宵　――

施一暗夜路灯　――

借人一雨具　――

施薬一服　――

指人迷途　――

救接一人力乏　――

不沈滞一人書信　以上一善

賑貧苦　――

贖男女還人　――

施姜茶　――

修路造橋、疏河掘井　――（涼亭渡船同）

助人嫁娶　｜
置義冢　｜
施襖被　以上百銭一善
兇年施粥　｜
疫癘施薬　｜
歳終為人贖罪　以上百銭一善
途遇病人。設法調養　一次一善
留無帰人　一宿一善
尽心謀人一事　｜
療人一軽疾　以上三善
掩一暴露棺、埋一白骨　｜
伝一人経験秘方　以上五善
伝一人保益身命事　｜
病難人求借不吝　｜
一小事、為衆出力　以上十善
救堕一胎
救一軽刑　以上五十善（無辜者）

救一人重疾 ―
施棺木一具 ―
施地葬一人 ―
見人侵淩孤寡、竭力保護 ―
除一人害 ―
伸一人冤屈 ―
救一人危難流離 ―
救一溺嬰 ―
完聚一人骨肉 ―
救一賎為良 ―
救一人軍徒重罪 ―
葬一無主柩 ―
救人一命 ―
延続一嗣 ―
収養一無主棄孩 ―
曲全一婦女節 ―
完聚一家骨肉 ―

地方大事出言造福、出力任労　――
興建一大利　以上百善

【過条】
致死一人　三百過
設阱陥害一人　――（造謀不成者減半論）
謀成一人軍刑　――（本非其罪）
溺殺一嬰　以上百過
絶一人嗣　三百過
致一良為賎　――
壊一人陰地　――
発一人屍　以上一百過
医家計利、誤人一命　――
合一毒薬　――
見一人死、可救不救　――
侵淩一孤寡　――（宗親倍論）
乗危下石排擠人　――

以私怨傾一人家業　――
致一人流離　――
破一人婚姻　――
嫁禍一人　――
平一人冢　以上百過
掘地遇人骸骨、抛棄不顧　――
学一厭呪邪法　以上五十過
践踏人禾稼　――
損壊一義井橋渡　――
技術不精、蠱惑害人　――（風水家加倍）
見人欺淩孤寡、可護不護　――
見人冤、得白不白　以上三十過
疑病妄薬　――
伝人一仮方　――（妄伝者減半）
遇一難、可救不救　以上二十過
秘一経験方　――
医家治病不用心　――（遅慢不急救同）

侮弄一老幼残疾人　｜

侵一貧弱　｜

幸災楽禍　｜

阻截一日通衢橋渡　以上十過

城市中馳馬　五過

責一不応責人　｜

謀成一人軽刑　三十過（徒杖以下）

欺一無識　｜

強役一人力　｜

故辱一乞丐　｜

沈滞一書信　｜

為人謀一事不忠　｜

恐嚇人　以上三過

施済後悔　｜

窮乏哀告不応　｜

故犯一人忌諱　以上三過

物類

【善条】

救一無力報人畜命　——（如山禽、野獣、魚蛇等類）

救一細微百命　——（如蝦螺虫蟻等物）

葬一自死禽獣　——（有力報人者加一倍）

救畜力疲　以上一善

買放生命　百銭一善

見殺、聞殺、為己殺、不食　二善

戒食牛犬　一月五善（前此原食者）

節殺生　一年二十善救

一有力報人畜命　三十善（騾馬牛羊犬等物）

戒殺生　一年五十善

倡放生　百善

【過条】

倡殺、阻人放生　百過

私烹牛犬　——

殺一有力報人畜　――（贊助同）
偸殺畜物　以上五十過
非法烹炮生物、使受極苦　――
填覆一巣穴　以上十過
無故殺一無力報人畜　――
無故発蟄驚栖　以上三過
殺細微十命　――（入薬者減半）
不憐畜疲頓　以上二過
畜一殺衆生具　――
籠戯禽畜　以上一日一過

勧化第五

善類

【善条】

勧人為一切善　――（較自為者減半論）
贊助人一切善　――（較勧人者減半論）

勧人出財作福　二百銭一善（福如済人利物等類）
施一善書一善成一人美事　百銭一善
成一人家業
感化人一家好善
薦引一有徳人
建義学教誨一人
表揚一人隠徳　以上三十善
得一人交修共化　百善（一年無間）
倡一善利済一方　百善

【過条】
排擯一有徳人　—
阻人施済　以上百過
毀壊一人戒行　—（如戒淫、戒毒之類）
毀人成功　以上五十過
止人一善　—
見一善、能挙不挙　以上二十過

為私、不賛成人善　——

菲薄人、不屑教　以上五過

没一人長　三過

悪類

【善条】

勧人改一過　——（照過記善）

勧止播人一悪　——

揜人一悪　——

解人一憂　——

息人一闘　以上三善

解釈一人怨恨　五善

止人侵毀一賢善　——

息一人訟　——（関風化者倍論）

止人揚一隠悪、談一閨壷　以上十善

阻人一非為　——

解免陰謀下石　以上三十善

勧人勿溺一子女　——
勧一為非者改行　——
調停一人内外骨肉　——
勧人改一悪業　——以上五十善（屠猟、闖場、誣状之類）
化転一人至仁孝　百善

【過条】

教人作一切悪　——（較自作加一倍）
賛助人一切悪　——（照自作例準）
見人非為、可勧不勧　——（較自作減半）
唆寡婦適人、因之取利　百過
送子弟為僧道　——
引誘一蕩子　——
離間一人骨肉　——
以幼男寄拝一僧道　——
女無礼於夫父母、復護其非　——
唆一人訟　——

薦引一匪人　——（庸医、地師倍論）
伝人一悪術邪法　以上五十過
賛助一人訟　三十過
親一悪人　——
唆一人闘　以上二十過（致死及間系倫理者百過）
増一人憂恐　——
附和一人怨忿　——
見人訟、可勧不勧　以上五過
当衆斥一人過失　三過
見人失誤、不与明言　——
見人憂、聞人訴怨、不解勧　以上一過

文学第六

著述

【善条】

作字端楷　一日一善

拾遺字一千　——（残器之上有字、人多忽略）
穢中拾一字紙、洗浴焚化　以上二善
焼毀一巻邪書淫書　十善
編輯一巻済世善書　—
正一文体　以上三十善
作文伝一善行、揚一隠徳　五十善
著撰一巻済世善書　—
闡明一巻経書、刊刻行世　以上百善

【過条】
無識毀議経書　五十過
編輯一淫書邪書　百過
代写一離書　—
翻刻一淫書邪書　以上五十過
毀壊一巻宗経書　二十過
汙穢経書　—
戯謔経書　以上十過

著者紹介

趙　益（チョウ・イ）南京大学中文系古典文献研究所教授。文学博士。著書に『丘処機』（江蘇人民出版社）、『王覇義利：北宋王安石改革批判』（南京大学出版社）、『古典術数文献述論稿』（中華書局）、『六朝南方神仙道教与文学』（上海古籍出版社）、『古典研究方法導論』（華東師範大学出版社）、『六朝隋唐道教文献研究』（鳳凰出版社）など。

よくわかる中国道教文化　　**定価 2980 円+税**

発　行　日　2020 年 8 月 10 日　初版第 1 刷発行
著　　　者　趙益　王楚
訳　　　者　青山優太郎
監訳 / 発行者　劉偉
発　行　所　グローバル科学文化出版株式会社
〒 140-0001 東京都品川区北品川 1-9-7 トップルーム品川 1015 号
印 刷・製 本　モリモト印刷株式会社

ISBN 978-4-86516-060-4　C0014